心理学へのいざない

研究テーマから語るその魅力

福田　廣・名島潤慈　監修
田邊敏明　編集

北大路書房

はじめに

「心理学ってどんな学問ですか」。この質問に対して何をどう語るかは非常に難しい。誰がどういう意図を持っての発問なのかによってその答えが違ってくるのは当然であるとしても，特に，心理学を学びたい人に向けてどのように答え，方向づけを行ない，学ぶ意欲を高めさせていくのかは教える側にとっては悩ましいものである。初学者に対しては，「さし当たり，だまされたと思って，カリキュラムに沿って与えられたものを３，４年間，やってみて下さいね」というのが，筆者の常套句である。ただ，これは共通教育科目の一つとしての心理学を学びたい人には，不親切不適切なフレーズであろう。15コマ程度の時間が用意されている講義科目において，幾つかの領域についての話題や理論を取り上げ，さらに全講義の最初或いは最後に「心理学とは」のテーマで語ってみても，語り手も聞き手も満足はできないであろう。

この質問への回答が容易ではない理由の一つとして，以下のような現況があると考える。昨今のインターネット検索の充実，心理学関係の上梓件数の多さをもってすれば，自学による心理学習得も可能な時代である。そういう中で，直接的な対面教育の価値を何処に求めるのかは頭の痛いところである。手始めとして心理学研究の面白さや難しさを伝えるのも一興かと考える。しかしその場合にも，この面白さや難しさをどのような形で具現化し伝達するか，さらに言えば，教える側同士に共有できる"伝えたいもの・伝えるべきもの"があるのだろうか，という問題が生じる。これに対して，「そんなものありっこない。研究者として自分の専門性を通して語ればそれで充分。それが高等教育というもの」というものから「誰に教わったかで，印象が異なる学問なんて…。今や，グローバルスタンダードが必要な時代ではないのか」というものまで，種々の意見があろう。こうした問題は，心理学に限った問題ではなく，諸学問に共通なものであり，たとえば大学教育研究フォーラムをはじめとして，諸学会でも高等教育のあり方や教員のＦＤ活動の問題として議論されているところである。

こうした議論に対して，格別の意見や回答をもっている訳ではないが，「心理学への誘い」を行なう側としては，陳腐な表現をすれば，「心理学の効用と限界」，砕けて表現するならば前述した「心理学の面白さと難しさ」を伝えることであると考える。それは基礎的研究から実践・応用的研究まで多彩な興味をもつ多くの心理学専門家が，それぞれの立場での「心理学教育・研究のメタ化」を図ることにより可能であろう。つまり，教育や研究という実践活動を少し退いたところから眺めて，自身の実践の持つ意味を学び手に伝えるというものである。たとえば，対面教育の中では，この種のこ

とに関連して，語り手サイドは時折のつぶやき，語らい，主張を断片的に行なってはいるが，本書では，改めて紙面の中にそれらを体系的に文字化しようとするものである。「心理学で取り扱われている専門術語，現象，理論は私たちの暮らしの中で，こんなふうに関連しています。こんな意味をもつことになります」，「この研究はこんな意味で面白い。ここはさらなる研究の余地がありそうです」，「私はこんな事に興味関心をもち，これを紹介したいのでこの研究をしています」等の切り口から自分自身の研究や教育実践のメタ化を行なおうとするものである。なぜこの現象を取り上げて学び手に説明しようとするのか，この研究を継続するのはこういう理由からである，といった意味での個人的価値観を文字化することで，学び手に心理学研究・教育への興味関心が高まることを期待したい。また，学び手が研究の成果にのみ着目するのではなく，その導出過程を吟味し，常識を疑う姿勢をもつ契機になればと思慮するものである。

「心理学ってどんな学問ですか」への回答は，最終的には学習者が自ら探し出し，理解を深めてそれなりの満足を得るものであろう。その際に，語り手・教授者も幾らか参与できればと思慮したのが本書の出版意図である。この本は心理学の中でも専門の異なる同僚の賛意を得て，上梓の運びとなった。実質的な取りまとめにご苦労いただいた編者に本書の内容構成について解説をお願いする。　　（監修者代表　福田廣）

本書は，監修者が上述しているように，各担当者に，今まで心理学の研究者として関心を抱いてきたテーマについて，どこが面白いのか，どこを伝えたいのか，どこが難しいのかを盛り込み，加えてこのテーマを研究することが，現在なぜ必要なのかという必然性についても言及する内容とした。いわば自分の教育あるいは研究について，メタ化を試みたと言える。つまり，"興味のあるテーマについて，現代における必然性（○○を通して）から理解する"について，その研究内容の面白さや難しさを読者に伝えるという主旨である。ここでのメタ化とは，研究者として自分の研究テーマを上位から客観的に眺めて評価することである。その結果，基本的な次元やキーワードが浮かび上がっている。

序章の福田は，巻頭を飾るものとして，心理学の講義において，リレー講義等の実践を試み，心理学がどのような印象を与えるかについて検証した中で，いくつかのキーワード（次元）を明らかにし，心理学を多角的にメタ化している。

第1章は，小野・福田の二人が担当で，感覚・知覚領域のみならず認知領域にいたるまで，同化と対比という興味深いキーワードで現象を説明できることを提唱した。たとえば，幾何学的錯視等は多様な要因から説明されることが多いが，そこを今回は

同化と対比からメタ化し，さらに日常生活経験においても同化と対比に気づけることを示唆している。

　第2章は，小杉担当で，特に研究指導において，世の中の現象の原因を求めるという帰属という推論について，研究者の頭の中の推論が先走らないように伝えている。探りたい対象の特徴を明らかにするためには，既成の質問紙に乗りかかるのではなく，極端に言えば自前の質問紙を作るくらいの研究姿勢が求められることを述べている。

　第3章は，沖林担当で，大学教育における一般的な批判的思考の教育実践から，情報技術による協同的的相互作用学習における教育実践まで，批判的思考を育成する実践研究の一連の流れを概観した上で，ポイントとなる点の変遷を追い，批判的思考研究によってどのような資質が育成されるかを述べている。

　第4章は，恒吉担当で，臨床心理学における自己を，講義で使いやすい映画という材料を通して探っている。映画には様々な自己が表現されたり，自己の変容過程が描かれており，臨床場面とは違った映画による自己の伝え方についても言及している。

　第5章は，田邊担当で，よく用いられるにも関わらず今まで体系化されることのなかった教科教育の「わかり方」におけるメタファについて具体的に紹介し，いくつかのポイントにメタ化して示した。具体物による一属性からの抽象化という有用で面白さがうがかえる反面，危険性も伴うことを詳述している。

　第6章は，名島担当で，現代においてその早急な対策が迫られている自殺において，特に学校教育という未然予防できる場における具体的な手法を伝えている。自殺という研究対象の性質から興味深い点と言うより，実践での対応点を詳述し，最後に対応の困難さについても言及している。

　第7章は，大石担当で，現代不登校の傾向をふまえた分類をまず示し，実際の支援や対応での新たな興味深い視点を提供している。本稿では不登校児童生徒の「自己領域の保証」という概念がメタ化のキーポイントとなっている。

　第8章は，木谷担当で，発達障害への支援において，日常生活という視点，長期に，また人的ネットワークを使って行う発達障害への支援が重要で，しかもその考えは心理臨床全体に適用できることを伝えている。

　本書は，以上のような内容で構成されており，心理学のすべての領域を網羅しているわけではないが，各テーマの研究や教育において，このようなメタ化を試みることは研究者にとって必ずや必要とされることと思われる。これから心理学を研究したいと考える学生や，日々の教育実践に精励されておられる現職教員の方においても示唆あればと願っている。

（編集者　田邊敏明）

目次

はじめに　i

序章　『心理学』講義の意義について，実践のメタ化を通して理解する　1

　1節　大学の講義として心理学を教える　1
　2節　自作テストの特徴や講義のイメージを測る　3
　3節　心理学をリレー講義する　5
　4節　心理学教育のミニマムエッセンシャルを探す　8
　5節　「心理学教育の実践」をメタ化する　11

Ⅰ部　概念から心理学を理解する

第1章　感覚・知覚領域の概念について，日常的な素材を通して理解する　14

　1節　心理学初学者にとっての知覚・認知心理学　14
　2節　知覚心理学における同化と対比　15
　　1．色の知覚　15
　　2．幾何学的錯視　16
　　3．位置と形状の知覚における時間的側面　18
　　4．運動刺激による位置の歪み　20
　3節　認知心理学における同化と対比　22
　　1．系列効果　22
　　2．行動の感染　23
　　3．主観的時間の伸縮　25
　4節　知覚・認知心理学の広がり　26

第2章　社会心理学における帰属概念について，研究指導を通して理解する　28

　1節　帰属研究からみえてくるもの　28
　　1．帰属研究の系譜　28

2. 帰属研究から導かれること　29
　　　3. 帰属研究と社会的構築主義　31
　2節　研究計画の立案と帰属の関係　32
　　　1. 方法論から入ってはいけない　32
　　　2. 数値化すると本質を逃すので質的研究をしなければならない？　33
　　　3. 心理尺度集は使ってはいけない　35
　3節　研究に対して帰属概念からいえること　38
　　　1. 努力に帰属しない―量的研究の落とし穴　38
　　　2. 誰だってそれぞれの事情がある―質的研究の落とし穴　39
　　　3. まったくわかりやすくてまったくおもしろくない論文へ　41
　4節　まとめに代えて　41
　　　1. ワンショットの研究にならないように　42
　　　2. 総合行動科学と関係性の科学へ　42
　　　3. どうしようもない現実とともに　43

第3章　教育心理学における批判的思考について，教育実践を通して理解する　46

　1節　はじめに　46
　2節　批判的思考とは何か　46
　3節　大学教育で育成する批判的思考とは何か　49
　4節　批判的思考教育を大学で実践する　51
　5節　今後の展望―ITを利用した批判的思考教育による学習者間相互作用の促進　56
　6節　批判的思考教育を通した自己調整学習の促進　61
　7節　批判的思考を研究することのおもしろさ　63

II部　方法から心理学を理解する

第4章　教科教育における「わかり方」について，メタファを通して理解する　66

　1節　メタファのおもしろさ　66
　　　1. 他の具体物にたとえるというメタファの意味　66
　　　2. メタファとアナロジーおよびモデルとメンタルモデル　67

2 節　教科教育におけるメタファ　68
　1. 教科教育にメタファを用いること　68
　2. 使用する教師からみた教科教育におけるメタファ　68

3 節　各教科にみられるメタファの特徴　70
　1. 国語科のメタファ　70
　2. 社会科のメタファ―歴史教育　72
　3. 算数・数学科のメタファ　73
　4. 理科のメタファ　76
　5. 英語科のメタファ　78
　6. 音楽科のメタファ　80
　7. 美術科のメタファ　81
　8. 技術・家庭科のメタファ　81
　9. 体育科のメタファ　82

4 節　教科教育におけるメタファで伝えたいこと　83
　1. メタファの分類の可能性　83
　2. 包括的な分類としての収束と拡散　84

5 節　メタファの危険性とその防止策　86
　1. メタファの特徴からくる危険性　86
　2. メタファの危険性の解決策　87

第5章　臨床心理学からみた「自分」について, 映画を通して理解する　90

1 節　映画を通してみる自分の臨床心理学　90
　1. 臨床心理学からみた映画を通してみる「自分」のおもしろさ　90
　2. 「自分」の発達における "New Object" と移行対象の役割　91
　3. 自己の変容過程　92

2 節　映画を通してみる「自分」　93
　1. 『サイドカーに犬』にみる "New Object" の移行対象としての役割　93
　2. 『憑神』にみる自らの「分」を知ること―青年期のアイデンティティ形成　97
　3. 『しゃべれどもしゃべれども』にみる自分らしさと自己変容　98

3 節　「自分」についての講義素材としての映画　100
　1. 講義素材としての映画　100
　2. 臨床理解の素材としての映画　102
　3. 日常生活の臨床心理学―映画を通して「自分」をとらえる意義　104

Ⅲ部　実際の支援を通して心理学を理解する

第6章　学校臨床場面における自殺について，実際の支援を通して理解する ……… 108

1 節　なぜ自殺を防止しなければならないのか　108

2 節　小学生の自殺問題と対応　110
　1. 小・中・高校生の自殺者数　110
　2. 小学生の自殺場所と手段　110
　3. 小学生のうつ病の問題　111

3 節　中・高校生の自殺問題と対応　112
　1. 中学生の自殺の特徴　112
　2. 高校生の自殺の特徴　114
　3. 自殺の危険因子と予告サイン　114
　4. 学校で自殺生徒が出た場合の対応　115
　5. 自殺を志向する生徒との面接上の留意点　117

4 節　大学生の自殺問題と対応　120
　1. 大学生の自殺の特徴　120
　2. 対応上の留意点　121

5 節　青少年の自傷行為について　124

6 節　自殺への対応方法を研究することのむずかしさ　126

第7章　学校臨床場面における不登校について，実際の支援を通して理解する ……… 127

1 節　不登校から何を学ぶのか？　127

2 節　不登校の現代的傾向と背景理解　129
　1.「現代型不登校」について　129
　2. 不登校をとらえる2つの視点　131
　3. 不登校の背景―なぜ学校に行かなくなるのか？　132

3 節　支援の実際―発達を踏まえた支援　137
　1. 前思春期までの不登校支援　137
　2. 思春期からの不登校支援　139
　3. 思春期不登校の支援事例　139

4 節　不登校が問いかけていること―「自己領域」の視点から　143

1. 学校と教師への問いかけ　143
2. 保護者への問いかけ　146
3. 関係性の結び直しとしての不登校支援　147

第8章　学校臨床場面における発達障害について，実際の支援を通して理解する　150

1 節　発達障害の最近の研究動向　150
1. 発達障害に関する生物学的研究の概観　151
2. 当事者の手記から理解できる世界　151
3. 発達障害への理解と対応のむずかしさ　152

2 節　「発達障害」との出会い　153

3 節　発達障害児者がもつ「豊かな心の世界」へのアプローチ　154
1. ウェクスラー式知能検査（WISC-Ⅲ・WAIS-Ⅲ）の臨床的活用を通した支援　154
2. 「自分らしく生きる」姿が反映される心理アセスメントを通した支援　156
3. 学校という「場」への支援　158
4. 地域がもつ特性を活かす支援―心理的環境の重要性　160

4 節　「発達障害」支援を通してみえる学校臨床の新たな可能性　161
1. 心理的環境としての日常生活への支援を基盤とする視点　161
2. 発達を長期的に支援する視点　162
3. 人的ネットワークで支援する視点　163

5 節　まとめにかえて　164

文献　165
人名索引　179
事項索引　182
おわりに　187

序章

『心理学』講義の意義について，実践のメタ化を通して理解する

1節　大学の講義として心理学を教える

　心理学は哲学的思弁的なアプローチではなく実証的，すなわち自然科学で用いられていた観察や実験などの手法により，人を含む生活体の心解明を目指し，それが「心の科学」としての出発点となった。科学としての要件は，客観性，信頼性，妥当性，再現可能性等であり，データ収集の厳格さを求め，条件統制的方向を指向させた。その結果として，研究は脱日常的な方向に流れやすくなり，微細な心的過程の追求に明け暮れ，全体的実用的な問題の解明まで手が届かない状況をつくり出した。

　一方で，今日の複雑化している社会状況下においては，特に，特異的な非社会的・反社会的問題行動出現のプロセス解明や援助・対応を求める世間の期待が心理学に向けられている。特定個人の心理解へのニーズが高まり，臨床心理学の興隆を招来することになった。

　この流れは，心理学という単一の学問のみならず高等教育としての学問に向けられている，学習者やマスコミおよび世間一般がいだく実用的価値指向の時代風潮ともいえる。旧態依然とした象牙の塔が拒否され，学問が産学協同路線に組み込まれることは大学の堕落であるという考え方が跋扈していたのは，昭和40年代前半である。今や，官や民からの研究助成を積極的に受け，実社会への学問的成果の応用・還元が文系学問にさえ求められるなかで，学問や大学への期待も様変わりしてきた。

　大学等の高等教育の意義について，論議の1つの枠組みとして「陶冶」という概念を用意することができる。ドイツ語のビルドゥング（bildung）の訳語で，外から形づくるということを意味し，知識や技能・方法，能力や習熟の形成を表わしている（小野, 2003）。学校教育を考えるとき，授業は知識・技能の形成を通して発達をうながす「陶冶」が目的になるというのである。教育学の分野では教育的働き

かけ方の問題として，形式陶冶や実質陶冶というテーマとしてとらえられる。吉村（2003）によれば，形式陶冶とは「教材（陶冶材）を媒介にしながら，推理力・記憶力・想像力などの人間に備わった心的ないし精神的能力を，その教材内容と関係なく発展・発達させるという教育の考え方」である。それに対し，実質陶冶は「陶冶の過程においてそれの媒体となる対象・教材に根本的な役割を与え，児童・生徒が教材の内容を習得して知識や技能を獲得することを教育目的とする考え方」である。ヨーロッパでは，近代になり自然科学が学校の教科に導入され，実学重視に伴い実質陶冶が有力になったともいわれている。

　日本の大学教育のなかでも，現在，学問を媒介にして教える側と学ぶ側にどのような相互交流がなされ，いかなる成果が生み出されているかを検証していくことは大切であろう。過去にあっては学問の成果やその生成プロセスを学び手にどのように伝えるかの判断決定は教授者サイドに任され，その自由度の大きさこそが高等教育の高等たる所以であったのかもしれない。同一学問であっても講義者の数だけその講義内容や形式に幅があり，学び手もそれを享受する風土があったと感じる。そういった風土のなかで，「A先生の講義内容はさっぱりわからなかったけど，学問に取り組む熱っぽさが魅力的だった」とか「B先生が講義中によく使っていた専門用語は，最初はよくわからなかったけど，じつは日常生活のあちこちで使えるよね」等，いわば，形式陶冶にくみする考え方が是認されていたようにも思える。しかし，既述したように，心理学に対して，心が引き起こす諸問題への現実対応策を希求する強さは相当高い。これは，実質陶冶を学問に期待していることの顕れともいえる。

　こうした陶冶の論議を念頭に置きつつも，筆者は自身が教育の与え手側になって講義を行ない，総括としてのテストを実施するなかで，何がどのように受け手に伝わっているのかが気になり，心理学の何をどのように伝えることが，よいサービスなのかを考えるようになった。半ば個人的趣味の範囲で，自作のテストが測っているものについての研究や講義イメージとテスト成績の関連等について研究を行なった（2節）。さらに，国立大学の法人化に伴って，大学が進学者，保護者，一般社会へのアピール，説明責任を果たさなければならない時代になって，教育組織や教授者個人の教授理念・技術が改めて問われているのが現況であり，さまざまな学問領域で大学教育についての省察が行なわれるようになってきている。京都大学高等教育センターで毎年開催されている「大学教育研究フォーラム」は，その一例であろう。筆者および同僚も，いくつかの研究発表を行なってきた。具体的には，山口大学の共通教育において，2名の教員による心理学講義実践の効果を測定した

(3節)。次に，同一科目名「心理学」として開講される単独講義者の講義で，何が受講生に伝わっていくのかを複数教員間で効果比較した（4節）。そうした大学教員の教育資質向上を目指しての相互合流的な教育の営み，いわゆる FD（faculty development）の一環として心理学教育実践を対象化し，省察した（5節）。

2節　自作テストの特徴や講義のイメージを測る

　福田（1990）は，前期30時間，後期30時間，計60時間の心理学概論講義を行ない，その内容理解テストとして，客観テスト（客テ：多肢選択，真偽法，完成法，組み合わせ形式のすべてを含む小問）と論述形式の論文体テスト（論テ）を実施した。受講生130名を，G1：前期客テ・後期客テ，G2：前期論テ・後期客テ，G3：前期客テ・後期論テ，G4：前期論テ・後期論テの4群に分け，テストを実施した。また，前期後期各時期で4群への共通問題として，心理学の鍵概念を利用し，日常生活における現象の心理学的説明解説を求める応用問題テストを課した。たとえば，「気のあった仲間とレストランに入って，今日はお金の持ち合わせもあるし，美味しいステーキでも食べようかと思っていたけど，みなが『サービス定食で』と言うので，結局サービス定食にしたよ」の文を提示し，これに対して「同調行動」という概念・術語を用いて説明・解説を求める設問である。データ分析として，各群のテスト成績差の原因や共通応用問題の構造特性について検討した。テスト自体の特性（配点，範囲，分量，時間，難易度），受講者特性（動機づけ，努力度，テストへの準備姿勢）との関連によってテスト成績は変動するので，軽々の結論は差し控えるべきであるが，教員自作のテストがどのような特色をもつものであるか吟味することができた。すなわち，教師自作テストの特色の影響を受けて，特に不利益な評価を受けるような学習者が出現していないかなど，自作問題の長短を思慮して，最終評定値を見直すことに利用した。

　次に，昨今，大学ではノルマ化されている授業評価に関して，多くは講義技術，講義内容等の項目に受講者が評価判断を行なうが，判断の心的負担を軽減し，総合的印象判断を可能にする SD 法を用いて，実践検討した（福田, 1994）。受講生は当該講義の印象とそれまでに彼等自身が履修した過去の特徴的講義印象とを比較した。当該講義である教育心理学の講義（E 講義）と「入学以来，もっとも心に残る総合評価としてのポジティブ（P）（あるいは，ネガティブ（N））の評価を与える講義を P 講義（あるいは N 講義）の講義をイメージして回答してくださ

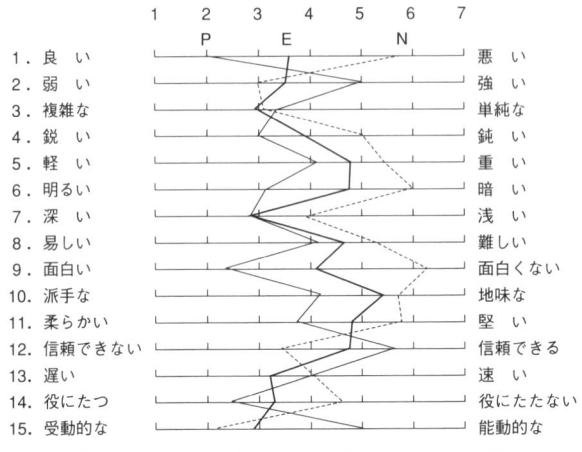

図 0-1　各講義のイメージプロフィール（福田, 1994）

い」との教示による講義との比較を行なった。また，E講義への評定（100点満点）と，その根拠となる観点，視点，枠組みなどを記述させた。3つの講義を各評定尺度別に平均値をプロットしたものが図0-1である。

　3つの講義のイメージを各15項目の尺度を用いて因子分析したところ，共通する因子として「良い－悪い」「強い－弱い」「能動的な－受動的な」「役にたつ－役にたたない」等の「評価・価値的基準」因子が得られ，PN両講義には「講義内容」と「講義方法の外面的印象」の2因子が存在していた。E講義は受講生の男女別に分析を行なうと三因子構造となり，男性では「表層的印象」「講義内容理解」「価値的評価基準」，女性では「価値的評価基準」「表層的印象」「講義内容のイメージ」と命名された。また，講義評定点と因子構造との関連をみたところ両性ともに価値的評価基準と評定点とには有意な正の相関があった。加えて男性では講義形態の外面的印象が，重苦しく地味で受動的な感じをいだく傾向が強くなると，評定点が下がる傾向を示していた。通常，授業評価で行なわれる尺度は直接的に価値判断を求める質問項目が多い。これは意図的および無意図的に反応をゆがめる可能性が高いのに対し，質問項目の意図性が軽いSD法による講義印象評価の有効性が検証された。この研究で得られた一過的な教授効果と，教材の習得・理解といった第二次の教授効果の測定結果との照合がなされるならば，教授者にも実効性の高いフィードバックとなるであろう。

3節　心理学をリレー講義する

　理工系学部を中心として，開設科目の技術者教育の教育プログラムを認定する機構として日本技術者教育認定機構（JABEE：Japan Accreditation Board for Engineering Education）が存在するが，心理学講義も JABEE 対応科目とされることが増えている。その場合，出欠確認や評価方法といった授業管理が問われているが，授業の目標や内容構成等の統一見解については今後の検討課題として残っている。たとえば，共通教育科目の，概論としての心理学の講義が同一科目名で異なる教員が講義するような場合，表面上の取得単位は同じであっても同一の何を保証したことになるのかは，厳密に考えればやっかいな問題であり，どの学問でもその種の問題が生じているのではと思慮したことが，研究の端緒となった。

　福田・恒吉（2007）は，心理学のなかでも専門領域の違うFおよびT教員が1つの授業科目を2クラス開講し，それぞれを7コマずつリレー担当（F→Tクラス，T→Fクラス）しての教授効果を学生授業評価やテスト成績との関連で考察した。学生授業評価8項目は基本的に1因子構造で，「話し方の聞き取りやすさ」「説明のわかりやすさ」「非言語的行動の適切さ」といった「講義内容理解」因子（F1）と付加的に「教材呈示」因子（F2）から成り，両因子尺度得点は二教員間に有意な差が存在した。テスト成績については，両教員の各担当領域の差異，試験問題の難易度を考慮して偏差値変換し，受講者の成績をクラスター分析した。F，T成績とも中位群（CL1），T得点が特に低い成績定群（CL2），F得点が特に高い成績高群（CL3），両得点がともに高い成績高群（CL4）に大別された。また，テスト成績と学生授業評価その他の諸変数との関連をみるために，F，T各テスト成績得点の高低判別を数量化Ⅱ類により分析したところ，Tでは，出席率，F1尺度得点，文系/理系学部所属等の変数が影響を及ぼしており，FではF1因子得点，講義実施順序，性別等の影響が大きかった。また，受講者の自由記述による感想のなかには，授業に飽きが来ない等の肯定的受け取りの反面，一方の授業のやり方に慣れたころ別の教員にシフトし，とまどった等の否定的印象ももたれた。そこで，2教員による異なる形式でのリレー講義の実践を行なった（小杉ら，2008）。2人の教員がそれぞれ90分の講義を半分に分け，授業の途中で教員が入れ替わる形でリレーを行なった。最後の1コマは2クラスの学生を1か所に集め，別の教員Kを司会者とし，FとTの講義内容，講義方法，心理学における2つのアプローチの特徴を対比して議論す

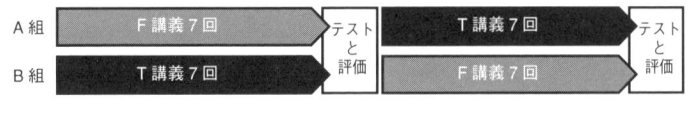

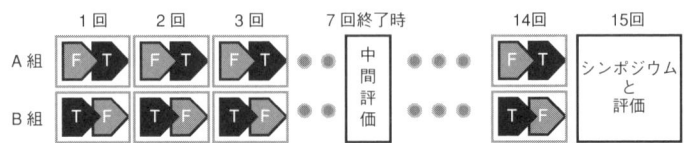

図0-2 上:クォーター型リレー講義 下:ハーフ&ハーフ型リレー講義 (小杉ら,2009に基づき作図)

るシンポジウム的講義を開催し,講義の総括としたこのやり方をハーフ&ハーフ型と命名し,福田・恒吉 (2007) のクォーター型リレーと区別した。図0-2に示した。

学生授業評価,テスト成績による学生クラスター,テスト成績と学生授業評価との関連について分析した。得られた結果の1点めは,学生授業評価については各教員における年度間評価に変化はみられず,ハーフ&ハーフ型では期末の「両者に対する総合評価」は,図0-3に示すように,FとTの評価の平均に近い値になった。

これは,一方の長所をスポイルするものの,他方の短所をカバーするところとなり,FD活動としての一定の評価にはつながるものといえる。2点めは学生のテスト成績は文系/理系の別と関係しており講義内容そのものが文理の違いと相関的であるともいえるが,Tの成績には文理差がないことから,講義スタイルの違いが影響しているものとも考えられる。3点めは,講義の技術的問題は学生の態度と密

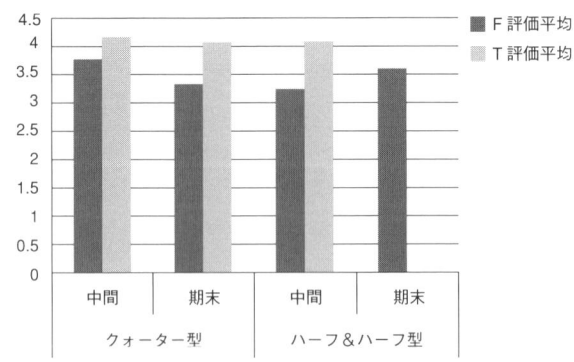

図0-3 クォーター型,ハーフ&ハーフ型それぞれの教員評価 (小杉ら,2008)
ハーフ&ハーフ型の期末評価は,両教員を合わせて講義全体での評価を求めている。

に関連していることである．これは，必ずしも視聴覚メディアの使用が多くないF講義に対して不満がない学生はF成績も高く，2点めの特徴とあわせて考えるならば，講義の内容に魅力があり，学生が学ぼうという態度をもっていれば，講義の技術的な優劣は問題として顕現化してこないことになるともいえる．

これらの2通りのリレー講義形式の講義実践の結果から，同一科目のなかでも，講義者の教授技術や講義スタイルといった広義の処遇と，受講者の性別，出席率，所属学部等，受講者の適性が相互作用し，テスト成績に影響していることが判明した．講義者の諸処遇条件と学習者の諸特性の絡みを最大限に生かすことができるならば，相互FDが可能な複数教員の担当講義実施も意義があろう．一連のリレー講義実践は，講義者と受講者によってつくり出される教育的営みのなかでは自明の理ともいえる適性処遇交互作用を検証したにすぎず，現実的な講義の運用においては過度に重要視されるべきものでもない．

ただ，2種類の実践例の意義を考えるとき，いくつかのキーワードを通して心理学教育におけるFD活動の今後のあり方の糸口がみえてくる．小杉ら（2009）は，「自発性と創造性」「類似性と相補性」「多様性と統一性」を指摘している．全学的・画一的なFD活動への半ば強制的な参加は教員の自発性を減じる方向のものであり，専門性の高い高等教育においては，同一専門科目内での質量ともに高いきめ細やかな技量の高め合いが創造性を導くことになろう．次に，「類似性と相補性」について述べよう．特に，複数学部の学生が多数受講し，JABEE対応科目としてアウトプットの均一性への要求は，各教員の長短所の共有・統合化を求めることになる．が，心理学にあっては，個々の研究者により，その実証的アプローチと了解的アプローチの心理解の立脚点の相違が明白であり，単なる知識教育であれば別であるが，内容の濃い教育サービスを図ろうとするならば2方向の専門性を志向する講義者の相補的なリレー講義は，実践者の精神的負担の軽減化にもつながることになる．この延長線上には，さらなる多様性を求めて，いわゆるオムニバス形式での講義も考えられるが，そのなかに共通性・一貫性を受講者が見つけ出すことはむずかしくなり，講義者側の評価も評定点算出などでの苦労が増加する．結果として統一性を崩さない適度な多様性が必要であり，担当教員の公的・私的つながりの柔軟性が求められることになる．

以上，リレー講義という私たちの教育実践を，主としてFD活動からの視点から総括してきたが，何をどのように伝えることが講義者に必要であり，受講者にとってよいのか，各教員が実施している心理学教育において，共通する別の物差しを当

て，心理学教育のミニマムエッセンシャルを探すこととした。

4節　心理学教育のミニマムエッセンシャルを探す

　小杉ら（2010）は，心理学教育におけるミニマムエッセンシャルを探る一環として，心理学のイメージをT（前述のT教員）とKの2教員による個別の心理学講義（T講義，K講義）の各開講時と閉講時に測定し，その変容をとらえた。7段階尺度によるSD法で使用した形容詞・形容動詞および講義クラスおよび実施時期を要因とした結果は表0-1の通りである。

　結果から，クラスの効果についてはT講義のほうが柔らかく鋭いイメージ，K講義がより不安定なイメージをもたれること，時期の効果では複雑さや重たさが減り，より確率的と感じるイメージが増大することが示された。また，いずれのクラスにおいても受講後に文系的なイメージが下がること，特に，K講義ではやや理系的なものへの変化がみられた。こうしたことから，心理学初学者へ「科学的，論理的な『心の理解』への知の営み」が両講義において中核的に伝わっていることが示唆された。ただ前述したように教授者の個人的特性，教授内容，教授方法により心理学イメージも変化すると考えられるので，さらなる事例検討を要する。

表0-1　心理学イメージの変化（小杉ら，2010）

	受講前	受講後	クラスの主効果	時期の主効果	交互作用
やわらかい−かたい	3.375	3.490	K(3.528)＞T(3.293)		
強い−弱い	4.113	4.046			
鋭い−鈍い	3.336	3.322	K(3.543)＞T(3.168)		
安定した−不安定な	4.683	4.441	K(4.887)＞T(4.519)	○	
丸い−四角い	2.935	3.161		○	
複雑な−単純な	2.012	2.414		○	
慎重な−軽率な	2.537	2.783		○	K前(2.509)＜K後(2.971)
速い−遅い	4.701	4.593			
重い−軽い	3.132	3.517		○	
男性的な−女性的な	4.399	4.230	K(4.187)＜T(4.431)	○	△
神秘的な−現実的な	3.814	4.031			
理系的な−文系的な	4.633	4.015	K(4.193)＜T(4.504)	○	後K(3.698)＜後T(4.318)
確率的な−運命的な	3.777	3.502		○	
動的な−静的な	4.326	3.924		○	
東洋的な−西洋的な	4.601	4.616			

注）数値は形容詞対の左側が1，右側が7となっている。

序章 『心理学』講義の意義について，実践のメタ化を通して理解する　9

表0-2　本研究で用いた批判的思考態度尺度（平山・楠見，2004）

1	複雑な問題について順序だてて考えることが得意だ
2	考えをまとめることが得意だ
3	ものごとを正確に考えることに自信がある
4	誰もが納得できるような説明をすることができる
5	何か複雑な問題を考えると，混乱してしまう※
6	いろいろな考え方の人と接して多くのことを学びたい
7	生涯にわたり新しいことを学び続けたいと思う
8	さまざまな文化について学びたいと思う
9	外国人がどのように考えるかを勉強することは，意義のあることだと思う
10	自分とは違う考え方の人に興味をもつ
11	1つ2つの立場だけでなく，できるだけ多くの立場から考えようとする
12	物事を決めるときには，客観的な態度を心がける
13	いつも偏りのない判断をしようとする
14	自分が無意識のうちに偏った見方をしていないか振り返るようにしている
15	ものごとを見るときに自分の立場からしか見ない※
16	結論をくだす場合には，確たる証拠の有無にこだわる
17	判断をくだす際には，できるだけ多くの事実や証拠を調べる
18	何事も，少しも疑わずに信じ込んだりはしない

注）※は逆転項目である。

　次なる課題として，複数教員が同一科目名の講義を行なうような効果測定として，受講生に批判的思考態度が形成変化していくかを指標として分析した。

　藤木・沖林（2008）は大学入学時から3か月間の教育により心理学イメージに関する自由記述において論理性に関する気づきを媒介として批判的思考態度が向上することを指摘している。それを受けて，沖林ら（印刷中）は，2年間にわたり同様の調査を実施し，信頼性を検証しつつ，以下の3つの目的，①複数の共通教育科目「心理学」における批判的思考態度の講義開始・閉講時前後の変化について講義間比較，②一般的な授業評価アンケートに対する意識と批判的思考態度の関連，③期末試験の成績と批判的思考態度の関連について検討した。批判的思考態度は平山・楠見（2004）の尺度を用いた（表0-2）。

　1～5が論理的思考への自覚，6～10が探求心，11～15が客観性，16～18が証拠の重視に対応している。また，授業評価アンケートに対する有効性認知尺度として，大学が実施する授業評価をして意見を聞くことの賛否度と授業評価による講義の改善への協力の賛否度の2項目についてデータを得た。初年度のデータを用いて，対象3クラス，批判的思考態度4因子，調査時期2の三要因分散分析を行なった結果，クラス

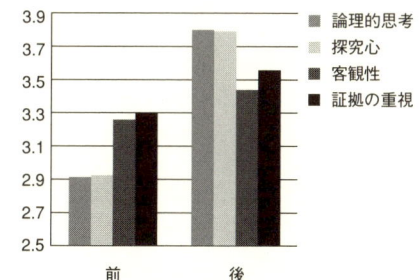

図0-4　授業時期と批判的思考態度（沖林ら，印刷中）

の主効果はなく，残りの主効果，批判的思考態度と時期の交互作用が有意で，「論理的思考」と「探求心」が講義終了時に上昇していた（図0-4）。

また，批判的思考態度の各因子別得点とアンケート有効性認知得点との相関を求めたところ，探求心と有効性認知得点との間にのみ負の相関関係が得られた。すなわち，探求心が高くなると受講生に意見を聞くことや授業評価による講義改善への賛成度が低くなる傾向を示すものであった。

次年度収集のデータは，2クラスを対象として批判的思考態度の変容，講義アンケート有効性認知，新たに期末試験と批判的思考態度との関連について検討した。批判的思考態度はクラスによる違いはみられず，講義時期の効果があり，「証拠の重視」「探求心」が上昇していた。講義アンケートに対する有効性認知2項目との相関については，「探求心」と受講生の講義評価による講義改善への賛成度との間，「証拠の重視」と講義評価による意見聴取との間に，いずれも負の相関があった。期末試験成績と批判的思考態度の変化との関連については，事前・事後の合計得点および変化量と期末試験との間に有意な相関はなく，事前・事後ごとに各因子別にその平均値と期末試験の成績との関連を求めたところ事前事後ともに「探求心」と成績とに弱いプラスの相関があった。また，事前における「論理的思考の自覚」と成績の間にも関連が認められた。

以上の一連の結果は，「心理学」の講義にあっては講義者が異なっても，批判的思考態度やスキルを受講者に提供できることを示唆したもので，なかでも「探求心」を向上させうるものであり，これは期末成績との関連の高さからも納得しうるものである。ただ，批判的思考尺度の2項目は事前態度得点と成績との相関があり，尺度が個人固有の内的動機づけ的側面を測定している可能性もあり，講義によって批判的思考態度が獲得増強されたとは言いがたい。さらなるデータの収集により，事前から事後への態度変化が成績の上昇に連なることが検証されるべきである。しかしながら，講義のなかで伝えられるべきものとして，批判的思考を中核的なものとする方向性は正しいものといえる。アメリカの某大学においては，学部卒業時の批判的思考の到達目標として「偏見を認め，仮定を試み，帰結を見きわめ，論理的な結論に到達し，新しい問いをつくり出す」能力の獲得をあげている（沖林ら，印刷中）。また，子安（2011）はイギリスの高校生の大学進学への科目試験の1つとしての「批判的思考」科目を紹介し，その目的は，「注意深くリフレクティブ推論に基づく議論を行なう能力を育成し，公平的な考え方，健全な懐疑心，論証に対する自信などを涵養すること」としている。

本研究は共通教育科目の一講義として「心理学」を取り上げ，一観点として「批判的思考態度」を取り上げて分析したに過ぎない。さまざまな他の講義科目での検討，別種の社会的態度，志向性，スキルの指標を用いての効果測定が，大学入学前・中・後の，いわゆる，アドミッション・ディプロマ・グラデュエーションの各ポリシーとの関連のなかで総合的包括的に検討されるべきであろう。折しも文部科学省が現役大学生に学力成長テストとして，読解力，論理的思考力，批判的な思考力，文章表現力などを問い，その成長度を可視化しようとしている（朝日新聞「大学生に学力成長テスト」2012年2月16日）。学生や教員の単なる負担増だけではなく，将来の有為な人材育成につながることを期待したい。

5節 「心理学教育の実践」をメタ化する

　心理学教育，主として共通教育における心理学を初心者にどのように伝えたら受講者にとって望ましいのか，という個人的関心事から出発して，教育実践で得られたデータを，新たに心理学の研究として俎上に載せ分析していくという歩みを眺めてきた。
　1節では，実践研究の動機にあたる部分について述べた。講義者が講義を行ない，受講者は単位を取得するという営みのなかで，心理学の単なる単位取得以上の付加価値的要素を生み出しうるのであろうか。平たくいえば，「それなりにおもしろかったよね」「まわりの人や物を眺めると，これまでとは違った受け止め方や整理ができるようになったかもね」「自分だけが特殊かと思っていたけど，そんな状況になると，多くの人がそういう気持ちになったり，行動したりすることがわかって安心したよ」といった類の感想をもってもらえるとすれば，講義者にとっては嬉しいものであり，受講者にもいくらかのプラスの価値をもたらすものと思われる。実利的意味で「何か役に立つ」という即時的有効性には遠いものであるとしても，最低限これまで蓄積されている知識，技術を伝え，その学問を適切に理解してもらうことは，講義者受講者双方にとって意味があろう。
　2節では著者自身が行なった講義がどのようなイメージをもって受け止められているのか，自作のテストは何をどの程度測っているものだろうかといった，半ば趣味の範囲内での研究であった。当然この研究で，心理学では何がどのように伝えられているといったように一般化できるものではない。ただ，自己の教育実践を振り返り，その特徴がどこにありその結果として，何が生み出されているかということ

をわずかながらでも知ることができたのは楽しいことである。

　3節では，了解的方法論を駆使して心理学研究を行なっている同僚と実証的アプローチ研究を主とする筆者が，分担して講義を行なうことの効果を調べたものである。講義領域，講義技法，講義者の個人属性も含めて，種々の要因が関連しており，要因を特定することは困難である。しかし，講義の狙いを周知徹底するならば，受講者にも更なるメリットが生まれる可能性は期待できる。さらに，本研究に携わって講義全体を観察したティーチング・アシスタント達の感想も参考にするならば，大学における初期教育よりは，むしろ専門教育でのほうが効果的であるのかもしれない。

　4節では，本学において心理学教育に携わる人をさらに巻き込んで，心理学教育の効果としてどのような資質が身につくのか，育ちうるのかという視点で，現在着目されている「批判的思考態度」に焦点化して研究調査を行なった。心理学に限らず，高等教育課程のなかでの学問が学習者に獲得させうる資質として「批判的思考態度」が主要なものであることは不動のものであろうが，既述したように，今後積み上げられていく実践研究のなかで，その位置づけが明確化されることになろう。ここでは，別の視点での意義を指摘しておきたい。それは，個人的関心を端緒としての教育実践のメタ化が，次つぎにその輪が拡大していったことである。関係研究者数の増加，研究内容の深化は自己満足に過ぎないが，FD活動との関連で考えるならば，それなりの意義があったのではと考えている。ある学問で得られた教育の知見や評価の高い優れた講義技術を，金科玉条のごとく，すべての学問のあらゆる領域に適用しようと発想しやすい状況と比べ，比較的相互交流のしやすい同一専門科目内で，研究を楽しみながら自主的に研鑽を積もうとする姿勢は，大学における研究や教育の説明責任を求める声にも応えるものとなろう。

Ⅰ部

概念から心理学を理解する

第1章

感覚・知覚領域の概念について，日常的な素材を通して理解する

1節　心理学初学者にとっての知覚・認知心理学

　多くの人にとって心理学という言葉からイメージされるのは，カウンセラーや科学捜査といった比較的，応用領域のワードであることが多い。こうした傾向は心理学を専門として学び始めた学部1年生も例外ではない。しかしながら，いざ大学に入学してみると心理学のなかには驚くほど多くの領域が存在しており，そのなかには感覚・知覚心理学といった，彼らのイメージからすれば医学や生理学の分野に近い領域まで存在する。たとえば，感覚・知覚心理学の講義の序盤では，人間がものを見るしくみを目や脳の構造から解説する。上記のような応用領域の心理学をイメージして大学に入学してきた1年生は，こうした基礎的な内容に「これが心理学なのか？」と出鼻をくじかれることが少なくない。

　しかし，まったく別の学問であるようにみえる心理学の各領域も，人間の心をある側面からみるとそれぞれがつながっており，人の心を理解する，という心理学の主たる目的のためには，それぞれの領域の知見を理解しておくことは非常に重要である。たとえば，同化（assimilation）と対比（contrast）というキーワードに関していえば，扱っている現象は違うが，心理学の複数の領域で同化と対比という言葉で説明される現象が存在する。一般的に，同化とはあるモノの周辺に似た特性のモノがあると違いが目立たなくなり，同じ方向に変化して知覚される現象であり，対比とは，異なる特性のものを並べると，その違いがいちじるしくなり，反対の方向に変化して知覚される現象である。この同化と対比で説明される現象は，心理学の各領域において非常に重要な位置を占めていることが多く，人間の心を形成する重要な要素の1つであるとも考えられる。本章では心理学の各領域に共通して存在する概念である，同化と対比という2つのキーワードに焦点を当て，知覚心理学から

認知心理学までを概観する。

2節　知覚心理学における同化と対比

1．色の知覚

　われわれはふだん，身のまわりのモノの「色の見え方」について疑問をもつことはあまりない。しかしながら，物理的には同じ色であっても，モノの周辺の条件によってまったく異なる見え方をすることが知られている。たとえば，色の見えに関する心理現象として，色の同化と対比がある。色の同化とは，ある色と別のある色を一定の方法で並べると，一方の色がもう一方の色に近づいて見えることである。このとき，近づける力をもっている色を誘導色，近づけられる側の色を被誘導色とよぶ。図1-1では，白と黒の線による明度の同化が起こり，左側の背景色は明るく，右側の背景色は暗く見える（実際は左右で同じ背景色）。

　スーパーなどで見かける，みかんを入れる赤いネットは，この色の同化を利用したディスプレイ方法である。つまり黄色いみかんは赤い色のネットに入れることによって色の同化を起こし，より赤みを帯びて，より甘そうにおいしく見える。他にも枝豆が緑のネットに入っているのも同じ理由である。

　上記のように，ある色が周辺の色に近づいて見える現象とは対照的に，ある色が周辺の色とは遠ざかって見える現象も存在する。たとえば，ある色とある色が並べられたとき，両方の色の性質の違いが強調して感じられる場合がある。この現象を明度の対比とよぶ。図1-2では，左の灰色と右の灰色を見比べてみると右の灰色のほうが少し明るく見える（実際は同じ灰色）。つまり中心より背景のほうが明度が高い場合は中心の色が少し暗く見え，右のように中心より背景のほうが明度が低い場合は中心の色が少し明るく見える。こうした色の対比は色の差が大きいほど顕著に現れる。また色の対比には，同時に色を見るときに対比の効果が現われる同

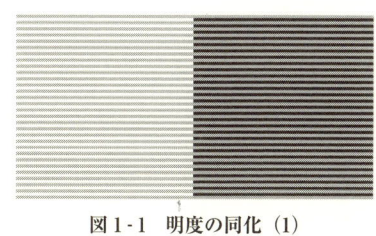

図1-1　明度の同化（1）

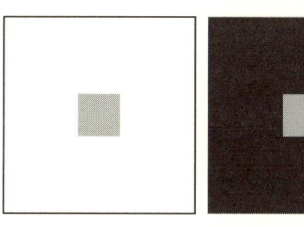

図1-2　明度の対比（2）

時対比と，ある色を見た後，継続して別の色を見たときに対比の効果が現われる継続対比とがある。

　色の同化と対比は，どちらも隣接する色の影響によって異なった色に見える現象であるが，色の見え方は対照的である。この2つの現象は隣接する色の面積で決まるとされている。ヘルソン（Helson, 1963）は灰色色紙の左半分には多数の黒線を平行に描き，右半分には白線を同様に描いて，黒線と白線に挟まれた灰色地の見えの明るさを比較した。黒線と白線の横幅を，観察距離3メートルで，3ミリメートルから50ミリメートルへと変化させると約10ミリメートルまでは同化が生じ黒線に挟まれた灰色地のほうが白線に挟まれる灰色地よりも暗く感じられた。しかし，線の幅がそれ以上に広がると対比が現われて，黒線に挟まれる灰色地は白線に挟まれる灰色地よりも明るくなった（濱田, 1994）。

　すなわち，みかんを入れる赤いネットはこまかい網状になっていることが重要であり，仮にみかんを赤いお皿の上に置いた場合，色の対比により，みかんは実際よりも緑がかって見えてしまうのである。

2．幾何学的錯視

　われわれがふだん，何気なく行なっている「見る」という行為は，非常に複雑なプロセスで成り立っている。目から入った映像情報は脳内のいくつもの処理過程を経て，われわれは視覚世界を知覚している。こうした視覚情報の処理過程のなかで，実際の映像にはない「歪み」が生じる。この視覚の歪み現象が錯視（visual illusion）である。錯視のなかには見て楽しめるものも多く，近年，メディアでも取り上げられることが多くなってきた。しかし，錯視は単なるエラーではなく，その原因は視覚処理の複雑な過程を反映しているため，錯視の生起メカニズムを解明することにより，われわれの視覚プロセスの特性を知ることができる。

図1-3　デルブーフ錯視（1）

　図1-3と図1-4は，代表的な幾何学的錯視の1つである，デルブーフ錯視である。この錯視は，ベルギーの哲学者デルブーフ（Delboeuf, J.）が1865年に考案したといわれている。中央の円を少し大きい円で囲むことで，同化が起き，中心の

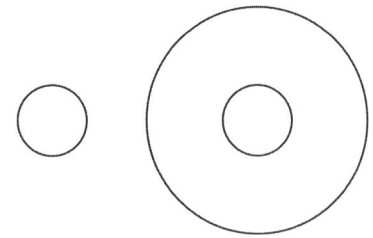

図1-4　デルブーフ錯視（2）

円は実際よりも大きく見える（図1-3）。しかし反対に，中心の円よりもとても大きい円で囲むと，対比により中心の円は小さく見える（図1-4）。つまりわれわれの大きさの判断は対象とするモノだけでなく，まわりにどのようなパターンがあるか，といった文脈に大きく影響を受けることを意味している。このような幾何学的錯視は，単純な刺激で強い効果が得られるため，日常生活においてもいたる所に見ることができる。たとえば，つばのついた帽子を選ぶ際に，つばの小さい帽子をかぶると同化により顔が少し大きく見えるが，つば大きい帽子をかぶると対比により顔が少し小さく見えるかもしれない。

　図1-5は，記憶の研究で有名なドイツの心理学者エビングハウス（Ebbinghaus, H.）によって報告されたエビングハウス錯視である。左右のそれぞれの中心円は物理的には同じ大きさであるが，それぞれ大きな円か小さな円で囲まれることによって左の中心円は小さく見え，右の中心円は大きく知覚される。この錯視は前述のデルブーフ錯視と同様の原理で生起するといわれているが，エビングハウス錯視は高次な認知的要因も関係していることがわかっている。たとえば，中心の円と周辺の円の代わりに，犬などの動物の絵を書いてもこの錯視は生起するが，中心と周辺の動物のカテゴリが同じほうが錯視量が大きいことがわかっている（Coren & Enns, 1993）。すなわち，この錯視の生起メカニズムには物理的要素だけでなく，動物のカテゴリのような高次の概念的要素も含まれていることを意味している。

　さらに近年の研究により，エビングハウス錯視による錯視量が大人より子どものほうが小さいことが示されている（Doherty et al., 2010）。彼らの実験結果では，子ども（特に7歳以下）の場合，この錯視による大きさの錯視が生じることを示す証拠はほとんど見られなかった。この結果は，視覚世界を部分ではなく，全体を文脈として把握しようとする脳の能力がゆっくりと発達するものであることを示唆している。

　図1-6は，人間が無意識に感じてしまう遠近感を利用した錯視である。1番上の真ん中の円と，下から2段目の円は物理的にはまったく同じ大きさの円であるにもかかわらず，上の円のほうが大きく見える。この錯視では背景が強い奥行き感をもたらしている。わ

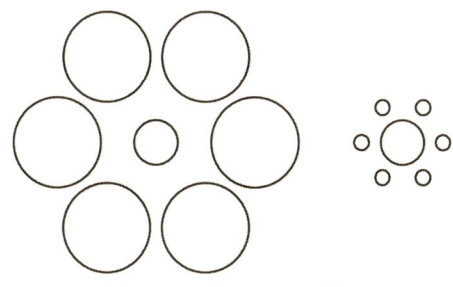

図1-5　エビングハウス錯視

れわれの視覚システムは，背景から想定されるそれぞれの奥行きで大きさを判断していることから，こうした大きさの歪みが生じると考えられる。

図1-7は，重力レンズ錯視とよばれる錯視である。左と右の絵の中の小さい4つの黒点はどちらも平行四辺形の頂点に配置されているにもかかわらず，左の黒点はゆがんだ四角形の頂点をなしているように見える。すなわち，小さな刺激は近くの大きな刺激に同化し，引き寄せられるように見えるのである。発見者はこの錯視の生起メカニズムとして重力のモデルを提案している（Naito & Cole, 1994）。このように，単純な線分のみで構成されており，一見，われわれの実生活とは関係のないことのように思える幾何学的錯視において，われわれがも

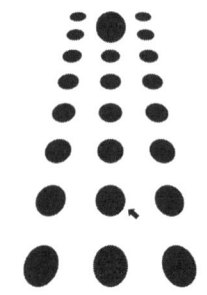

図1-6　遠近感を利用した錯視
(Doherty et al., 2010)

図1-7　重力レンズ錯視
(Naito & Cole, 1994)

っている遠近感の知覚や重力の知識が大きく関係している。

3．位置と形状の知覚における時間的側面

われわれが知覚するモノの位置はさまざまな要因によって実際とは異なった位置に見えることが知られている。そのなかでも，モノを見る際に重要な役割を果たす「視覚的注意」は位置の知覚に大きな影響を与える。鈴木とカバナ（Suzuki & Cavanagh, 1997）は，瞬間提示された標的の位置を答える際に，標的提示の直前に，注意を引きつける手がかり刺激を提示した。この場合，手がかり刺激とは単なる白い円であるが，われわれの視覚的注意は新しく出現したものに自動的に引きつけられるという特性をもっている。実験の結果，知覚された標的位置は実際の位置よりも手がかり刺激から遠ざかる方向に知覚された（注意による反発効果）。具体的には，図1-8にあるように縦に一直線に並んだ2つの線分の位置が，上の線分は左へ，下の線分は右へシフトして知覚された。

さらに小野と渡邊（Ono & Watanabe, 2011）は，標的提示の「直後」に手がかり刺激を提示することで，視覚的空間の知覚に与える逆行性注意の影響を調べた。もしも標的提示の直後でも標的提示の直前と同様の効果があるなら，標的位置は実

際の位置よりも手がかり刺激から遠ざかる方向に知覚されるはずである。しかし実験の結果，標的提示の直後に手がかり刺激を提示すると，標的位置は実際の位置よりも手がかり刺激に近づく方向に知覚された（注意による引力効果）。すなわち，これらの相反する結果

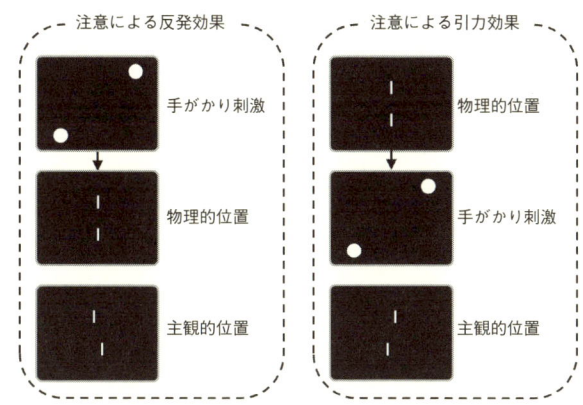

図1-8 注意による反発効果と引力効果
(Ono & Watanabe, 2011; Suzuki & Cavanagh, 1997)

は，われわれの視覚空間が視覚的注意を向けるタイミングの違いで，空間知覚に与える影響がまったく異なることを示す結果である。言い換えるなら，瞬間提示されるモノの位置は，直前に注意を向けた場所からは離れ（対比），直後に注意を向けた場所には近づく（同化）のである。

またわれわれが瞬間提示されるモノの形を判断する際にも，その直前にどういった刺激を見ているかによって，直後の形状の知覚が歪むことがわかっている。鈴木とカバナ（Suzuki & Cavanagh, 1998）は，正円と線分という単純な刺激を用いて，時間的側面から形状知覚の処理過程を調べた（図1-9）。実験では，瞬間提示された円形の視覚刺激の形状を答える際に，円の提示直前に垂直（水平）の線分を提示すると，実際は正円であるにもかかわらず横長（縦長）に知覚されることを示した（形状対比効果）。また小野・渡邊（2010）は，円の提示の「直後」に線分を提示することで，円は実際の形状よりも線分と同方向の形状に誤って知覚された（形状同化効果）。すなわち，物理的には同じ2つの刺激（正円と線分）であっても，提示する順番の違いによってまったく異なった形状を知覚することになるのである。

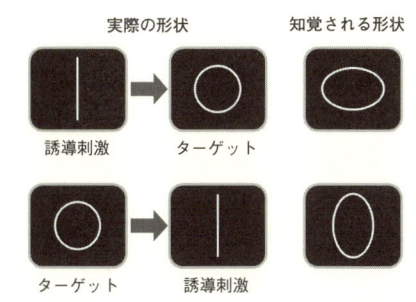

図1-9 時間的側面からみた形状知覚の処理過程
(小野・渡邊, 2010; Suzuki & Cavanagh, 1998)

4. 運動刺激による位置の歪み

　われわれの日常生活における視覚世界は，いつも静止した空間というわけではなく，ときにダイナミックな変化を含む動的な空間である。したがって人間の視覚プロセスを明らかにする際には動的側面からのアプローチが必要不可欠となる。こうしたアプローチはモノの位置の知覚についてもあてはまる。図1-10は，運動刺激による位置変位の1つであるフラッシュドラッグ効果（Whitney & Cavanagh, 2000）を図示したものである。実験では，時計回りに回転する縞模様刺激の左右に，フラッシュする光点を提示すると物理的には水平に同じ位置のフラッシュであるにもかかわらず（図1-10の左図），左のフラッシュは実際よりも上に，右のフラッシュは実際よりも下に知覚される（図1-10の右図）。すなわち，近接した刺激（縞模様）の運動方向に引っ張られて，位置の変位が起きるのである。言い換えるならば，フラッシュドラッグ効果はあたかもフラッシュ刺激が近接刺激の運動に同化して，位置がシフトして見えるということができる。

　図1-11は，もう1つの運動刺激による位置変位であるフラッシュラグ効果を図示したものである。実験では，運動する刺激の真下の位置で光点がフラッシュすると，実際には2つの刺激が垂直方向に並んで提示されているにもかかわらず（図

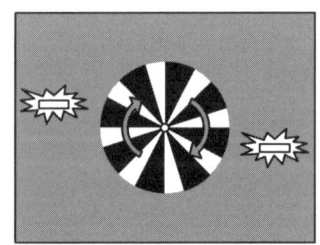

図1-10　フラッシュドラッグ効果　（Whitney & Cavanagh, 2000）

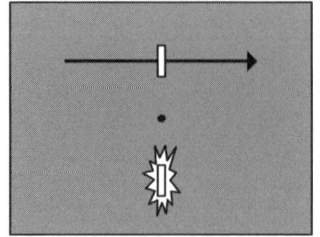
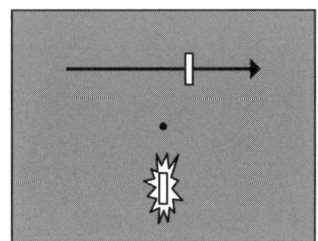

図1-11　フラッシュラグ効果（1）　（Nijhawan, 1994）

1-11の左図),運動刺激が運動方向にズレて知覚される(図1-11の右図)。ニジャワン(Nijhawan, 1994)は,人間の視覚系においては,網膜に刺激が与えられてから知覚が成立するまでに約100ミリ秒の遅れがあり,運動刺激の処理においてはこの遅れを相殺するようなつじつまあわせが行なわれるために,移動する光点と運動を伴わない光点との間の位置のズレが知覚されると考えた。すなわち運動刺激とフラッシュ刺激がその処理プロセスの時間的対比により,異なった位置に知覚されるのである。このフラッシュラグ効果の生起メカニズムの解明に関しては,現在もさまざまな研究が進められているが統一した見解にはいたっていない。

　また,このフラッシュラグ効果がサッカーのオフサイド判定の誤審を引き起こしている可能性があることが報告されている(Baldo et al., 2002)。図1-12はサッカーの試合で,攻撃側の選手Aが相手ゴールに向かって走っていると仮定し,その選手に向かって味方選手Bがパスを出すシーンを図示したものである。このパスの瞬間に選手Aが相手選手Cよりも前に出ているとオフサイドになる。しかしAはゴールに向かって走っている。すなわち運動刺激である。そのときに相手選手Cの足が止まっていると仮定すると,運動刺激(選手A)のほうが静止刺激(選手C)よりも前にズレて知覚されてしまうのである。実際に1998年ワールドカップを含む合計200試合を検証した研究ではオフサイドの判定の9.3%は誤審といった報告もある(Oudejans et al., 2000)。上述したように,このフラッシュラグ効果は知覚処理の時間的対比に基づく現象であるため,知識や経験を得ることによって効果がなくなることはないと考えられている。

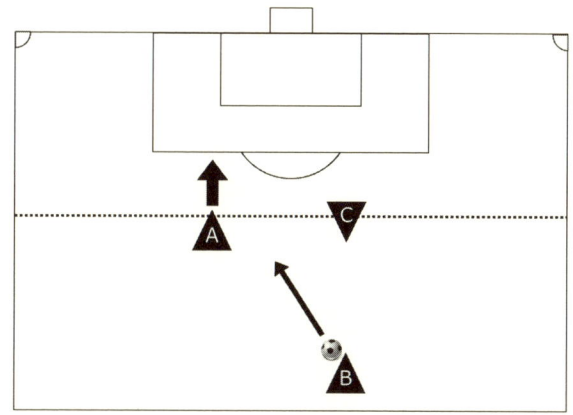

図1-12　フラッシュラグ効果(2)　(Baldo et al., 2002)

3節　認知心理学における同化と対比

1．系列効果

われわれの日常では，数々の評価や判断を次々に行なったり，評価される場面に遭遇する。たとえば，スーパーでの買い物の際には，類似商品を手に取って比較する。また入社面接などの審査の際には，面接官に順番に評価される。ここでは人間が順番に提示された事物を評価する際に生起する同化と対比の影響を紹介する。

たとえば，刺激の物理的特性（たとえば光の明るさや音の大きさ）を順番に評価するときに，直前の刺激の強度が強い場合（強い光や大きな音）には次の刺激に対する評定値は低くなり，直前の刺激強度が弱い場合（弱い光や小さな音）には次の刺激に対する評定値は高くなる（図 1-13）。その一方，直前の刺激に対する自らの評定値が高いほど直後の評定値も高くなり，直前の刺激に対する評定値が低いほど直後の評定値も低くなる（図 1-14）。すなわち，われわれの評価値は直前の刺激強度には対比効果がみられ，直前の自らの評定値には同化効果がみられるのである（Petzold & Haubensak, 2001）。この現象は「系列効果」とよばれ（Holland & Lockhead, 1968），マグニチュード推定などの心理物理的測定において光刺激の明るさや音刺激の大きさ，線分の長さなどに関して調べられてきた（Stewart et al., 2005）。

近年ではこの系列効果が物理的特性の評価のみならず，より高次の評価においても生じることが報告されている。たとえば，近藤ら（2011）は実験参加者に顔やモノの魅力度を評定させると同化効果により，魅力度の評価は直前の試行の評価が高いほど高く，低いほど低くなることを示した。さらにマシューとスチュワート（Matthews & Stewart, 2009）は椅子やスニーカーの価格の評定につ

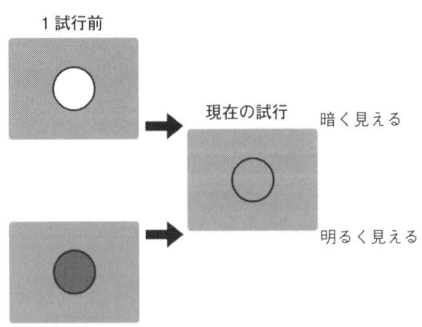

図 1-13　刺激に対する評定値の系列効果（1）

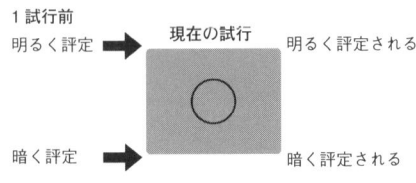

図 1-14　刺激に対する評定値の系列効果（2）

いても同化効果が認められることを明らかにした。系列効果の生起メカニズムについては，反応方略，記憶，選択的注意などによる解釈が諸説あるものの，いまだ議論が多く，統一した見解にはいたっていない。

このような主観的判断における系列効果は，社会のなかでの評価においても生じる可能性がある。たとえばオーディションや教育場面など，人の評価や審査を行なう場合や，医療現場での診断，犯罪捜査における人物判断など，客観的でフェアな評価が必要とされるような場面において，評価者は個々の対象に対しそれぞれ独立に評価を行なっているつもりでも，現在の評価は直前の評価の影響を受けている可能性がある。実際に，ダミッシュら（Damisch et al., 2006）は2004年のオリンピック競技のパフォーマンスに系列的な効果があることを発見し，直前の競技者のスコアが高いと現在の競技者のスコアが高くなることを示した。またペイジとペイジ（Page & Page, 2009）は，TV番組のオーディションにおけるパフォーマンス評価において同化効果が生じており，前のパフォーマーに対する評価がよいと，現在のパフォーマーに対する評価もよくなることを明らかにした。

教育現場や実技のパフォーマンスで生じる系列効果は，評価者の観点からは，最もよい候補が最終的に選ばれないという効率性の欠如につながり，また被評価者の観点からは，パフォーマンスとは無関係な理由で不利な立場におかれるという公正さの欠如が生じると考えられる。本研究の手法を発展させ，実社会での現象を実験室に取り込むことにより，現実場面における系列効果の解明が望まれる（近藤ら，2011）。

2．行動の感染

われわれは自分でも気づかないうちに他人のまねをしていることが多い。たとえば，ある土地に引越しをして，職場のみなが使う言葉のイントネーションや方言にいつの間にか似通ってくることがある。こうした現象の背景には，自分と他人の心理的な同化が関係していると考えられる。ここでは，他人との心理的同化により，われわれの「行動の速度」が影響を受けている現象を紹介する。

バーグら（Bargh et al., 1996）は，ある種の人のステレオタイプ（典型型）を思い浮かべるだけで，自分の行動の速度がそれに沿ったものになってしまうことを報告した。実験は2つの段階からなり，第1段階では，参加者に5つの単語を使ったパズル課題を行なってもらう。その際，半数の参加者には，「年老いた」「厳格」「昔ながらの」といった，高齢者と結びつきやすい単語を提示する。残りの半数の参加者には，高齢者とは関係のない単語を提示する。パズル課題を終えた参加者に対し

て，実験者は出口につながるエレベーターまでの道を告げる。その後，参加者は実験室を出て，エレベーターまで歩く。じつはこの廊下を歩くこと自体が実験の第2段階である。実験室からエレベーターまで歩く時間を計測したところ，高齢者とは関係のない単語を提示された参加者の平均時間は7.3秒であったのに対し，高齢者と結びつきやすい単語を提示された参加者の平均時間は8.3秒と1秒もの違いがあった。これは参加者が無意識のうちに高齢者と同化し，歩くスピードがゆっくりになったためであると考えられている。

また，ダイクステルハウスとファン・クニッペンバーグ（Dijksterhuis & van Knippenberg, 1998）は，同様のパラダイムを用いて，ステレオタイプを思い浮かべることが知識に関するパフォーマンスに与える影響を調べた。実験の第1段階では，参加者は大学教授について5分間話をした。その後，第2段階として雑学クイズを行なったところ，大学教授について話した参加者は，そうでない参加者よりもクイズの正答率が高かった。大学教授のステレオタイプを頭に思い浮かべた参加者は，無意識のうちに自分を大学教授と同化することで，自分の知識を信頼できたのかもしれない。

近年，こうした行動の感染が自分の行動の限界を超えさせる効果をもつ可能性があることが明らかになっている。渡邊（Watanabe, 2008）は，複数の光の点の動きだけで人間の動作を表現するバイオロジカルモーションを用いて，人間のボタン押しの反応速度が他人の動きの影響を受けることを示した。実験では，コンピュータの画面上に，バイオロジカルモーションによって，歩行や跳躍など人が動いているようすが表現された動画が提示される（図1-15）。動画の直後に画面上に十字模様が提示され，十字模様の一部の色が変化する。参加者は，十字模様のどの部分の色が変化したのかを，なるべく早く正確にキーを押して反応する。その際，バイオ

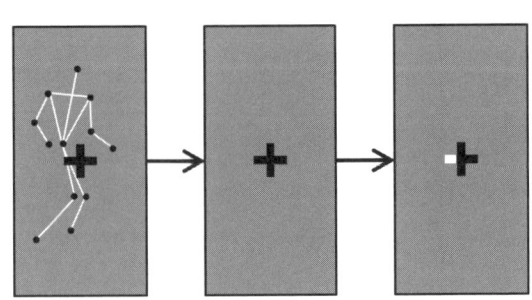

図1-15　バイオロジカルモーションによる行動の感染実験　（Watanabe, 2008）

ロジカルモーションのスピードをさまざまな速度（1/2倍速，通常の速度，2倍速）で提示したところ，2倍速の動画を提示すると，通常の速度の動画を提示したときよりも，直後のボタン押しの反応時間が短くなった。反対に1/2倍速の動画を提示すると反応は長くなった。通常の速度の条件は，われわれが日常で目にしている速度であるため，その速度を見た後のボタン押しの反応時間が，その人の限界ということになる。しかし2倍速の動きをみせることで反応時間が短くなった。すなわち，その人の限界を超えたことになる。統制条件として，バイオロジカルモーションの光点の配置をバラバラにしたり，四角形等のオブジェクトの形に配置したところ，反応時間は早くならなかった。すなわち，反応時間における行動の感染は人の動きに特有な現象である。

3．主観的時間の伸縮

友人を待っている30分は長く感じるのに，友人と過ごす楽しい30分はいつの間にか終わっている。物理的には同じ時間でも，われわれの感じる時間の長さはさまざまな要因によって実際よりも長く，または短く感じられることが知られている。ここでは主観的時間の伸縮における同化と対比の効果を紹介する。

主観的時間の認知において，最も重要な要因の1つは「時間に向けられる注意」である。これまでの研究により，時間経過に向ける注意が多いほど時間は長く感じられることがわかっている。たとえば，困難な作業をしている時間は容易な作業をしている時間よりも短く判断されやすい。これは容易な作業を行なっている際には，時間経過に多くの注意が向けられ，時間が長く感じられる。反対に，経過時間中に行なう作業が困難な状態では，時間経過へ向けられる注意が少なくなり，時間を短く感じると考えられている。すなわちわれわれの主観的時間の長さは，時間に向けられる注意量と同化する関係にあるということもできる。この現象は，さまざまな課題を用いて調べられている。たとえば，記憶課題（Hicks & Brundige, 1974），鏡映描写（Brown, 1985），ストループ課題（Sawyer et al., 1994）などで同様の現象が確かめられている。

しかしここで紹介した注意の効果は，主観的時間を測定する方法が違うだけでまったく異なる効果をみせることがある。主観的時間の測定方法は，時間の判断をどのタイミングに行なうかによって大きく2つに分類される。1つは，時間を判断すべきイベントをあらかじめ知っている場合に行なう，予期的時間判断（prospective time judgment）と，もう1つは過去にあったイベントに関して，どのくらいの時間の長さであったかを判断する，追想的時間判断（retrospective time judgment）

である。ここまで紹介した注意の効果に関する研究は，予期的時間判断を用いたものである。追想的時間判断では，被験者は時間判断を行なうことをあらかじめ知らないことが前提であるため，1人の被験者に対して原則的に1施行しか実験を行なえない。そのため，データの収集がむずかしく，研究数も予期的時間判断を用いた研究よりも少ない。予期的時間判断と追想的時間判断は，時間判断プロセスにおいて注意のかかわり方が大きく異なる。たとえば，注意負荷の高い実験状況，すなわち時間経過に向けられる注意量が少ないときに，予期的時間判断では時間経過は短く判断されるのに対し，追想的時間判断では時間経過は長く判断される（Block & Zakay, 1997）。すなわち，追想的時間判断を用いた場合は，主観的時間の長さは時間に向けられる注意量と対比する関係にあるといえる。

　日常生活においても，楽しい時間，たとえば親しい友人との旅行の最中は，時間経過に向けられる注意量が少ないため，時間がいつの間にかたっているように感じる。しかし，旅行から帰ってきて，しばらくして旅程を思い出し，旅行の時間を思い出すと意外と時間は長く感じると考えられる。

4節　知覚・認知心理学の広がり

　本章では，人間の心を形成する重要な要素の1つである同化と対比といったキーワードに焦点を当て，知覚・認知心理学を概観した。当然ながら他の心理学領域においても，同化・対比現象は存在するが，知覚・認知心理学の領域だけでも多くの現象があることがわかる。本章では，視視覚に焦点を当てたが，同化・対比効果は他のモダリティ（聴覚・触覚・嗅覚・味覚）のすべてで生起する現象である。たとえば，スイカに塩をふりかけることで甘さを引き出すことは味覚における対比効果を利用したものである。他にも，香水をつくる際には，悪臭を放つ物質を1つ混ぜることでよい香りを引き立たせることがある。このように，多くの同化・対比効果が，驚くほどわれわれの日常生活と密接に結びついている。

　このように多くの領域で認められる同化・対比効果は，1つの統一的理論で説明できるわけではないが，ある理論が説明できる範囲が必ずしも1つの現象に限られるものではない。ケーラー（Köhler, 1920）は，図形残効を説明する際，観察者の大脳皮質における先行図形に対応する領域に電気的な飽和が生じるために，続いて呈示される図形が変位して見えると考えた。ヘルソン（Helson, 1963）の順応水準理論によると，ある刺激が生活体にどのような反応を引き起こすかは，順応水準か

らの，その刺激の逸脱度によって規定される。レヴィン（Lewin, 1951）は，人間は個人の特性によるだけでなく，その人がおかれた「場」に影響を受けて行動すると考えた。これらのまったく異なる理論は，領域は異なるが，どれも同化・対比現象を説明するものである。目に見える現象は異なっていても，同じ人間の心で生起する同化・対比現象であるならば，共通のメカニズムが働いている可能性は十分に考えられる。したがって，異なる領域で生まれた理論を，他の領域の現象に適用することによって，これまでとはまったく異なる側面からのアプローチを可能にするかもしれない。

　知覚や認知といった基礎系の心理学領域は，心理学を学び始める大学1年生に無機質な印象を与えてしまうことが少なくない。基礎系の研究を無機質なものとしている原因の1つは，実験条件の統制にかかわる作業である。心理実験で扱う変数は，独立変数，剰余変数，従属変数といった言葉を使って説明する。独立変数とは原因であり，従属変数は結果である。剰余変数とは実験の目的以外の要因である。心理学実験において，いかに剰余変数の影響を統制するかが非常に重要になってくる。特に基礎系の心理学領域においては，比較的，剰余変数の統制が容易であるため，徹底して統制することが多い。こうした作業を経て，剰余変数を極限まで統制した結果，コンピュータの真っ黒な画面に単純な線分で描かれた，無機質な実験画面になるのである。

　しかし本章で述べたように，心理学における領域は違えども，人間の心には共通した原理が働いていることが多い。すなわち，基礎系の心理学実験で明らかになる現象と同じ原理が，応用を含めた他の領域で違った形で生きてくることがある。実際に，知覚・認知領域という生体として基礎領域で得られた知見が社会心理学や臨床心理学という複雑かつ多変量的要因の絡む応用領域のなかにおいても，メカニズム説明のための中核概念となっている。一見すると，基礎系と応用系でまったく異なる心理学であるが，その根底では共通した原理でつながっていることを意識することで，これまでと違った心理学の見方ができると考えられる。

　「目は心の窓」というように，視覚は外界の環境刺激を受け入れ，そしてまたその外的環境に働きかける「心」という器の担い手として重要な役割を果たしている。目や耳を単なる感覚器官としてとらえるのではなく，人間の心的プロセスの一部であると考えるならば，感覚・知覚・認知という末梢から中枢までの神経システムのなかで生じる現象の説明概念を実証的に吟味していくことは，まさに「心とは何か」という心理学の根本的な問いに答えようとする営みであると考えられる。

第2章

社会心理学における帰属概念について，研究指導を通して理解する

1節　帰属研究からみえてくるもの

1．帰属研究の系譜

　社会心理学の研究テーマの1つに，帰属（attribution）がある。人が環境から刺激を受けたときに，その原因をどのように推測するか，というのが帰属の基本的な概念である。原因帰属ともよばれ，なぜそのような認知的過程が起こるのか，またどのようにその認知過程が進むのかについて研究が重ねられてきた。

　さて，社会心理学の1テーマとして紹介したが，この概念は上の簡単な定義からもわかるように，非常に適用できる範囲が広い。むしろ人間の認知的過程のほとんどすべてに関係する，心のかなり根源的なメカニズムであると考えられる。日常生活において誰しもが気づかずに行なっていることにも，帰属のメカニズムは働いている。本章では，特に心理学的研究を行なう際にも働いている帰属のメカニズムを明らかにし，研究指導の現場においてどのようにその理論的含蓄を実践していくべきかについて，論じてみたい。

　人間の心性そのものともいえる帰属的メカニズムであるが，これが社会心理学の領域で扱われるようになったのは，この概念を初めに研究したのが，バランス理論で有名なハイダー（Heider, F.）であるからだろう。ハイダーはしかし，今でこそ分類するなら社会心理学者とよばれるかもしれないが，彼が活躍した時代は社会学や心理学といった人間に関する科学が渾然一体としていた時期であり，社会心理学という枠組みにおさまりきらない人であることは論を俟たない。

　ハイダーが帰属の着想を得るにいたったきっかけは，アニメーションを使った実験であろう。自伝（Heider, 1983）によれば，この実験を行なったとき，「その目標は私自身にとってまだはっきりしたものではないにせよ，私は十分に気づいてい

た」という段階で，帰属概念として結晶することを目的としつつ，模索している段階であったようである。この実験で用いられた映像は，大きい三角形，小さい三角形と円という幾何学図形が，長方形の枠の内や外でウロウロと動き回るというものである。この映像を見せた被験者に対し，「この映像のなかで起こっていることは何か」を書き出すように求めた。その結果，誰もがその映画を生物の行為として，それも2名が鳥の事例としたが，他の大半は人間の活動と感情に置き換えてみていたことがわかったのである。このことから，人間は幾何学図形のような刺激に対しても，意図をもつ主体を見，因果関係の枠組みで解釈しようとする傾向があることが示され，帰属研究の扉が開かれたのである。

その後の帰属研究の展開において，人はいかにして推論するかについて，さまざまな仮説モデルが提唱された。ケリーのANOVA（Kelley, 1967）モデルやワイナーら（Weiner et al., 1972）の内外／安定・不安定に分割するモデルなどがその代表格である。

ところで，ロス（Ross, 1977）によって示された，状況要因の影響を過小評価し，個人特性の要因を過大評価する人の認知傾向は，基本的帰属錯誤とよばれる。こういった，「意志をもった主体」によって「因果的」な世界であると理解する仕方は，人間にとって避けにくい認知的なかたよりであり，ひいては偏見にもつながるといった否定的な印象をもつ向きがあるかもしれない。しかし，このメカニズムは，バロン＝コーエン（Baron-Cohen, 2004）のいう「心の理論」，すなわち，他者に心があるというモデルを構築して世界を読み解くこと，にもつながる。あまりにも常識的すぎてふつうは気づかないのだが，逆にこの理論をもつことができない「マインド・ブラインドネス」が存在することが近年明らかになり，帰属概念に新しい課題が付与された。統計的な傾向であるが，という念入りなただし書きのもとで，バロン＝コーエンは女性に比べて男性にこの傾向が強いことに言及し，自閉症児のほとんどが男児であること，心の理論をもつかどうかを検証する課題（サリー・アン課題等）で早期発見ができることなどを報告している。アスペルガー症候群やAD/HDなど，学校現場や臨床場面で増えてきたとされる発達障害の事例を通じて，今後の帰属研究の展開が期待できるかもしれない。

2．帰属研究から導かれること

ハイダーや彼の友人レヴィン（Lewin, K.）あるいは彼らが師事したコフカ（Koffka, K.），ケーラー（Kohler, W.），ウェルトハイマー（Wertheimer, M.）らは，ベルリン学派，あるいはゲシュタルト学派とよばれる。ハイダーの帰属理論は世界を全体

として，整合的に理解する枠組みについての探究であり，ゲシュタルト心理学の影響を強く受けた考えであった。ゲシュタルト心理学は，要素還元主義に対するカウンターとして成立しており，世界は要素に分解しても理解できないという思想である。しかし，部分に分割せず全体で評価する場合，その「全体」が何を表わしているのか詳述できない。むしろ,「詳述する」とは要素に分割して理解することであり，そのような試みこそゲシュタルト学派が批判する点になってしまうのである。ゲシュタルト心理学は多くの錯視図形など，知覚刺激からゲシュタルト質を説いてきたが，何が生体にとってよい刺激であるのか，厳密な定義にはいたらなかった。

レヴィンはゲシュタルトの考え方を，対人関係や集団などより高次の社会刺激にまで拡張できると説いた人である。集団心理学（group psychology）でなく集団力学（group dynamics）という名称にそのこだわりが表われている。レヴィンはある一時点の刺激要素からなる全体を生活空間とよび，t 時点と t + 1 時点の変化量をとることで一般的理論を形成できると考えた（Lewin, 1951）。その変化は要素の変化だけでなく全体的な変化であり，ある部分の変化が他の部分にも影響することを仮定した理論モデルの提唱である。しかし，これも残念ながらどのような定式化，一般化ができるのかまでは明らかにされなかった。

ハイダーのバランス理論もまた，ゲシュタルト心理学の影響を受けたものである。バランス理論は対人関係における心象の形成についての理論であり，バランスのとれた状態とそうでないインバランス状態を定義する。インバランス状態は不安定で緊張をもたらすため，バランス状態に変わるよう人は動機づけられる，と仮定する。しかし，ここでのバランス状態の定義は3つの頂点と紐帯からなるグラフで示されるにすぎない。つまりゲシュタルト心理学のもつ共通の問題点である,「何がよい形か」は示された形で定義するしかなかった。

小杉ら（2004）は，グラフで描かれた三項関係を行列の形に書き換え，またエイベルソンとローゼンバーグ（Abelson & Rosenberg, 1958）の symbolic psycho-logic に裏づけられた心理操作によって，行列の階数がより少ないことがバランス状態であるとした。認知的経済性の原則，あるいは認知的倹約の原則ともよばれるこの原則は，ゲシュタルト心理学でいうプレグナンツの法則とも合致する。関係情報の圧縮という観点から考えれば,「よい形状」の定義は明らかである。すなわち，情報がより少ない階数で表現される関係性こそ，単純な関係性であり好ましく，バランスのとれた関係になるのである。

エイベルソンらの symbolic psycho-logic は，所与の関係から帰納する算出法

としてだけ利用できるものではない。不十分な情報から，演繹的に展開することも可能な心理操作である。こうした演繹的アプローチは，数理社会学では推移性（transitivity）とよばれている。すなわち，味方の敵は敵である，というロジックによる社会関係の構築である。われわれの推論プロセスは，意識するにせよしないにせよ，このロジックにとらわれている可能性が高い。すなわち，より単純な形，より整合性のとれた形で世界を理解しようとするあまり，外的情報を推移性が成立するように，解釈のほうで不足する情報を補完してしまう可能性である。詐欺師はこういった人間の推論のバイアスを利用する。たとえば振り込め詐欺においては，「オレオレ」という情報だけで「この電話をかけてきて，私にオレオレ，という表現で自己紹介するのは，孫であるに違いない」と誤った推論をさせ，その検証である「おや，コウジかい？」という回答に「そうそう」と答えることで推移性を成立させる＝バランス関係を成立させる＝より簡潔でよい関係性を提供する，ことから始まるのである。

　われわれは，論理的に考える際に，真にロジカルな論理性においてのみ考えられると妄信するのは危険である。エイベルソンらが心理－論理（psycho-logic），すなわち論理的に真ではないけれども心理的に真となる論理，と命名したことに留意し，われわれの推論や帰属が心的な影響を受けていないかどうかに対して，十分に配慮する必要がある。

3．帰属研究と社会的構築主義

　心理学の特徴の1つは，その研究法の一般化，徹底した共通化である。そういった傾向をもつようになった主たる要因は，物理学のような心の理学とすることで近代科学となろうとした，心理学黎明期の強烈な羨望であったろう（道又, 2009; 吉森, 2002）。心のメカニズムにまかせておいては，いずれ取り込まれることを恐れた心理学者は，二重盲検法のような仕掛けを外挿することによって対応しようとしたといえるだろう。

　しかし，そもそも心理学が目指した科学，より厳密にいえば近代物理科学は心理学においても成立可能なのだろうか。近代物理科学は，数学的現象主義（関数主義），実証主義，機械論，要素還元主義によって特徴づけられる（道又, 2009; 鞠子, 1996）。しかし，神が死んだ今となっては，神の視点から見る完全な客観性は成立し得ない。原理的には，独我論との衝突を避け得ないのである。

　これに対する1つの答えが，社会的構築主義であろう。歴史の学としての社会心理学というガーゲンによる衝撃的な論文（Gergen, 1973）は，完全なる客観性を追

い求めることはしょせん無理な望み，そもそも叶うはずのない望みであったことを明るみに出し，むしろ共有できるストーリーとしての（社会）心理学になることを表明した。これは，システム論の系譜において，第三世代システム（河本, 1995）であるオートポイエーシス（Maturana & Valera, 1980）によって提唱された世界観と共通する点が多い。心理学において，ナラティブアプローチが提唱され，質的心理学（質的心理学研究の発刊が2002年，質的心理学会が2004年発足）といういびつな名称が世に出てきたことも，この流れをくむものである。

われわれの内的世界を超えて，客観的な，あるいは間主観的な場で「社会は存在する」といえるのだろうか。それが共同幻想にすぎないという意見も極端であれば，素朴実証主義のように「あるに決まっているさ」と楽観視することも極端であろう。心理学の研究を志すものは，もはやナイーブではいられない。方法論についての俯瞰的な立場，個人の認識哲学を明らかにした上で研究対象と向き合い，アプローチしていかなければならないのである。

以下では，心理学的な研究を実践する際，上のような人間の認知的バイアスが，研究指導をする上でどのような問題を生じさせるか，それから脱却するためにどのような考え方が必要か，について論じていく。

2節　研究計画の立案と帰属の関係

1．方法論から入ってはいけない

心理学が心理学たる所以の1つは，学界内で共有されている手続きを用いていることである。手続きや分析方法に（学界内での）一般性，普遍性があるので，心理学界での異なる下位分類（○○心理学）に属するものどうしであっても議論が成立する。このことは長所でもあるが，短所にもなりうる。すなわち，心理学界で議論するためのマナーを身につけておかないと，同じ問題関心をもっていたとしても，心理学者としての会話ができない。そこで，心理学の教育プログラムでは，初期段階に実験や統計といった基本的なマナーを身につけさせる。不運なことに，この基礎教育は初学者に対して，往々にして多大な努力を強要する。特に統計的アプローチについては，一般に知られている心理学のイメージとはかけ離れており，かつその技術的進歩がいちじるしいため，多くの新しい分析方法，聞き慣れない分析方法が追加されていく。古い分析法にとらわれず，流行をただ追うだけでなく，その本質的な理解が必要である一方で，技術的な対応も改訂を求められる。

このような学習上の乗り越えるべき困難さが存在するため，研究指導をしていてときおり驚くような質問をされることがある。たとえば「分散分析をしなければならないのですよね？」といったように。

　まず理解しておいてもらいたいのは，方法論を定めて研究を始めてはいけないということだ。分散分析をしなければならない研究，というのは存在しない。対象の特徴を検証するためにそれが必要であればやらなければならないし，必要でなければ（たとえば全数調査を）やる必要は当然，ない。

　また，「因子分析をしなければならないのですよね？」というのも同様の問いかけである。概念が定まっていれば，それを測定する尺度を開発し，その開発プロセスのなかに項目どうしの相関関係を手がかりにすることが多いので，因子分析的アプローチをしたほうがよいことがほとんどである。しかし，「因子分析をしていないから駄目」というわけではない。少し発展して「5件法でないと因子分析をしてはいけないんですよね」と聞かれることもある。これについては，統計理論的背景によって状況が変わっている。

　そもそも，統計学的には7件法以上の段階が必要，といわれる。これは項目上の態度分布が正規分布に従うかどうか，近似させるなら7段階ぐらいないと実質的にできない，ということによる。しかしこれは，項目間の相関をピアソンの積率相関係数でとり，その検証に多変量正規分布を仮定するから生じる問題である。たとえば順序尺度水準の相関係数（ポリコリック相関係数など）を算出し，因子分析に用いる（カテゴリカル因子分析）ことでこの問題は解決される。7件法，5件法どころか，3件法であっても正規分布上のカテゴリー反応の閾値を調節することで，潜在的な連続量を仮定した相関係数を算出することができる。また，西里（2007）のいうように，そもそも相関係数を線形の正規分布を仮定したものにこだわらず，双対尺度法（対応分析，数量化Ⅲ類）によってカテゴリー反応に適切な数値を割り振るという考え方の転換があれば，段階数にこだわる必要はまったくない。

　であれば，われわれが身につけるべきは方法論ではなく，対象にあわせて方法を選ぶことのできる視野の広さであり，研究対象に対するオープンな態度でなければならない。推移性によってより簡潔に閉じようとしたがる帰属的動機に対し，あえて抗う必要がある。

2．数値化すると本質を逃すので質的な研究をしなければならない？

　心理学には実践的アプローチと了解的アプローチの二大潮流がある（吉森, 2002; 下山・丹野, 2001）。これは研究の目的が異なるもので，研究方法と直接関係はない

のだが，得てして前者は量的研究，後者は質的研究をすると考えられることが多い。では量的研究，質的研究とは何か。

両者を対比する場合，前者のほうは比較的わかりやすい。たとえば，対象を何らかの方法で測量し，その数量的関係を統計モデルから把握しようとするもの，といえるだろう。後者の場合は，測量しにくい現象や対象の様相を事細かに描写することで，その特徴を描き出そうとするものである。前者の統計的アプローチは，多くの事例を集計するとある代表値に収束するという原理（大数の法則）に立脚したものであることを忘れてはならない。質的研究はそもそもそういった傾向がみえないものの，あまりにも特殊であるような事柄から知見を得ようとする試みである。吉森（2002）はエミックとエティックという対比でこの両者のアプローチを比較している。

さて，そもそも本質的に異なる目的と方法論において，共頻関係から両者が強く相関しているようにみえ，ひいては因果関係まで帰納的に考えてしまうとこれは大きな過ちになってしまう。たとえば，「数値化すると本質を逃してしまうので，質的な研究をしなければならない」という考え方のように。しかしこれは量的・質的アプローチの本質的弱点ではなく，「数値化すること」と「表現すること」の問題である。

心理学における測定とは，「質的」な状態，事例，実態を「量的」な数値にすることである。質的・量的の区別は，狭義には名義・順序尺度水準を質的，間隔・比率尺度水準の数値を量的とするものである。ここでの区分は数値化できる・できないの違いではなく，四則演算できる・できないの違いなのである。演算不可能なデータであっても，たとえば逐語録でも，そこで用いられている言葉，単語と単語の関係，発話者の属性などを名義尺度水準として数値化することは可能である。究極的には，表現できさえすればそれは数値化できる。表現できないもの，広義の意味での質的なものは，科学的アプローチがそもそも不可能である。

心理学はそもそも，本質的に質的なものを何らかの形で表現しようとしてきた営みである。質的な研究であることはどこまでいっても避けられない。たとえば量的研究の代表格である多変量解析を用いて，手続きを客観化して分析を進めたとしよう。これはたいへん量的で客観的で科学的なようにみえる。しかし，因子分析で因子数を決める，因子に命名する，因子得点を算出する，といった手続き1つ1つにおいて，意味，実態，了解を無視して完全に機械的に進めることはできない。もしできたと考えるのなら，それは残念ながら，統計ソフトの規定値に従っているだけ

であり，自分の理解が及んでいないことを告白していることにほかならない。

　研究の目的，方法，計算手続きそれぞれが，互いに深く関係し合っている，少なくとも実際の研究事例を集めてみればその共頻関係は明らかである。このことが，誤った帰属を導くことがある。自らの数学的知識・技能・意欲のなさを所与の条件とした心理-論理が働き，自分に都合がよいように研究方法を選択しているのではないか，という内省が強く求められるのである。

3．心理尺度集は使ってはいけない
(1) だまされるのではなく，信じやすい性質をもっていることに気づく

　心理学研究は上述のように，質的なものを量的なものに数値化しようとする。心理学の研究は，測定法，尺度開発法と深く深くかかわりがある。ある説明概念にそれを測定する複数の尺度が存在する，ということも少なくない。そこで，逆引き辞典のように，尺度集から研究の足がかりを見いだすことがある。非常に便利な方法で，これを利用すると，「ある概念AとBを思いついた，尺度集を見たら尺度があったので，それを両方入れて調査票をつくった」という計画がすぐさまでき上がる。

　方法論にとらわれた学生は，「これで有意差が出るでしょうか」「関係があると思うのですがどうでしょうか」と質問してくることがある。関係があるか，と言われたら，個人内の反応である限り完全に独立していることは少ないだろうから，あるといわざるを得ないだろう。少なくとも，下位尺度間のどこかに有意なパスが1つぐらいは出てくるだろう。サンプル数が多ければなおさら有意になりやすくなり，そこに目的をおくならば最も失敗しにくい研究計画といえるだろう。

　しかし，そもそもが自らの保身的態度，バランスを求める態度に基づいており，こうした指針は研究計画全体をミスリードしていくことが多い。具体的には，当初の研究計画と実際のデータに整合性がない，ということが生じてしまいやすくなるのである。

　研究指導をする側は，まず研究計画をヒアリングするところから始める。指導学生に対して，どういう概念を重要視していて，それらがどのような関係になると考えているのか，を問う。ここが明確に答えられない場合は研究にならないので，受容はともかく共感的態度で計画内容を導き出す，統計カウンセリングを行なうことになる。社会心理学の研究方法として，大きく調査・観察・実験の3つがあるが，特に質問紙調査は始める前に，デザインの段階で9割方成功するかどうかが決まるため，慎重に進めなければならない。データをとってから，考えていたことが含まれていない，ということがあればやり直すことが現実的にむずかしいからである。

調査研究に含まれる心理学的な構成概念は，目に見えず論証されているだけの実体であるので，少なくとも研究者のなかでしっかり定まった外郭をもっていなければならない。これを構成概念妥当性とよぶが，多くのつまらない研究は，構成概念妥当性が不確かなものを追い求めていることに起因している。

たとえば自尊心，ストレス，対人相互作用という，日常用語としても通じやすい概念1つとっても，本当にそのような概念を想定する必要があるのかどうかは，専門的には議論がわかれるところである。専門性のレベルがあがり，専門用語として用いる場合は特に，その存在基盤を明確にしなければならない。

専門性の高い＝聞き慣れない構成概念は，初学者にとって魅力的な響きをもって現われることが多い。これもまた，インバランス状態から早く脱却したいという動因に知らず知らずに導かれており，「あ，これが答えだったのだ！」と思うことでバランス状態を手早く達成しようとしてしまうことに起因する。さて，その概念をどのように具体化すればよいのか？　どのように測定すればよいのか？　を調べてみたら，なんと心理尺度集という本が出ていて，そこに測り方が記載されている。あぁ，先行研究があるんだ，測定法まで確立されているんだ，じゃあまちがいない，と思い込む。

こういったプロセスは，まさに振り込め詐欺にだまされる被害者と同じである。実際に研究計画を検証してみると，考えている概念Aは本来A'あるいはBともいうべきものであって，Aを測れるらしいともってきた尺度はαを測るもので…というズレが重なり，研究計画ではA'→B'がしたいようなのに，調査票に載っているのはα, β, γである，という状況になっていたりする。

こういったミスリードを許した環境的要因の1つは「尺度集を見たら載っていたので正しいと思う」という箇所だろう。研究指導をする上では，心理尺度集は使ってはならない，少なくとも安易に飛びついてはならない，ということを声を大にして伝えなければならない。技術的な理由もあるが，それよりも本質的な理由として，その研究における構成概念の妥当性についての検証を怠りやすいからである。

心理尺度集，あるいは心理学論文に掲載されている尺度のなかには，概念的妥当性について学界でも統一見解がとれていないものも含まれている。少なくとも，特定の文脈を離れると怪しい概念がある。しかるに，自分が見つけたい専門用語が名称としてついているので，ついついだまされてしまう。この場合は，だまされるというより信じやすくなっていると表現したほうが正しい。

すでに述べたように，因子分析において因子に命名するという作業は，非常に質

的で職人的感覚に基づいて行なわれる作業であり，慎重の上にも慎重を課す必要がある。なぜなら一度命名してしまうと，今度はその名前をつかって考えるようになるからだ。名が体を表わしていなかったら，思考全体がまちがったことになる。つまりラベルにミスリードされる可能性が高いからである。

(2) 推移性で世界を取り込もうとしてしまう

尺度を使って測定し，相関関係をみるという心理学研究は多いが，調査研究の大前提として「調査対象の，ある一時点の心理特性を，こちらから与えた刺激に対する反応としてとらえる」ということにも，十分自覚的でなければならない。たとえるなら，調査研究は世界の一部を論理構成のなかに切り取ってくるわけで，「切り取ってくる世界はそれでいいか」という問いかけを忘れてはならない。われわれは，わずかなヒントからも推移性を働かせ，世界全体に対する印象形成を行なうことが可能だからだ。

心理尺度で測定すれば，何らかの反応は得られるし，その尺度上で比較検討することができる。逆に言えば，無理矢理反応させることになるし，その尺度上でしか検証できない。だからこそ，用いる調査票には，問題意識にかかわる心理変数（世界とか論理空間とか問題空間とよぶべきか）がすべて含まれている必要がある。

たとえば学校不適応について研究したいとする。

不適応尺度について測定すると，不適応の程度が測定される。その後相関係数を出すと，不登校の程度が高い人はどういう傾向があるか，ということが示される。しかしその得点を標準化して比較してしまうと，不登校傾向の高低でしか人が表現されない。

不適応尺度の項目は「学校が楽しくない」「家を出たくない」というような表現で構成されていて，そこから出てくる因子に命名するときは，どうしても「不登校傾向得点」といったネガティブな表現になるだろう。これだけみれば合理的推論である。

しかし，研究者による世界の切り口が「人は多かれ少なかれ不登校傾向がある」という先入観に基づいている場合（無自覚な場合も含む），本質がみえなくなっている可能性がある。すなわち，健康で楽しく学校に通う児童生徒に対して，心理学者が「そんなはずはない。人は多かれ少なかれ，あるいは無意識的に不登校なのだから，本当のことを明らかにする必要がある」と迫って，「そう言われたら，行きたくない日が1日もないわけじゃないけど」という反応を捕まえて「ほらみろやっぱり不登校だ」と論証する，そんな論理展開になってしまっていないだろうか。

どのような尺度を使っても，欠損値でない限り何らかの反応がある。これは言い換えると，研究者が研究対象をその尺度上でしか評価しない，その尺度上に態度のほうをあわせて表明せよ，と迫っているという側面が少なからず存在することに，自覚的でなければならない。なぜなら，われわれは認知的バイアスによって，機構的に，そのような傾向をもつ生き物だからである。

心理学が目に見えない「心」を研究対象にしている，ということは，研究上いくつかの危険性をはらんでいる。1つは，研究する側が推移性にとらわれている可能性。もう1つは，研究対象が同じく推移性にとらわれている可能性。すなわち，原因を問われたことによって帰属をし，原因を探し出してしまう可能性である。世の中には，1つの事象が原因で，1つの行動が生じるという整合的なことばかりではない。これを研究する側も，される側も過度に単純化し，「そういった行動をとった原因は何であるか」と問い，問われて「こうであったかもしれない」と回答し，心理学の知見とすることでよいのだろうか。

そもそも科学という営みが，因果関係の枠組みで世界を「説明」し，「予測と制御」をすることにあるということを否定するものではない。心理学も科学たらんとして，この枠組みから完全に自由になることは不可能である。しかし，せめて研究する側は，このことに自覚的であり，自らインバランス状態を生み出しながら検証を重ねていく，という態度がことさら強く求められるのが心理学という学問なのである。

3節　研究に対して帰属概念からいえること

1．努力に帰属しない―量的研究の落とし穴

ハイダー自身は，インバランス状態が悪くて好ましくない状態である，という評価はしていない。むしろ，変化可能な状態であることを高く評価している。まったく変化のない定常状態からは，創造性や自発性が発揮できないからである。われわれがバランス状態＝安定を志向する強い本能的な動因にとらわれていることを意識して，いかにそこから脱却するかを，心がけなければならない。

これも研究指導をしていた際のあるケースだが，テキストマイニング（逐語録の作成，形態素解析，共頻行列の作成，対応分析という一連の流れ）をした結果，仮説通りの語群が得られなかった，という報告を聞いたことがある。この結果をどのように解釈するか，と問うたところ，「もっとがんばります」という返事があった。

学生が努力すること自体はすばらしく，指導していて嬉しいし支援したくなる。

しかし，結果が思うように出なかったときに，その努力の方向性がまちがっていたと考えずに，努力不足という内的な世界に帰属するのは早計ではないか。計量的アプローチをとるということは，そのデータが切り取った世界のすべてであり，その世界に存在しないのは切り取ってきた主体の問題ではなくて，世界のあり方そのものである，と帰属するほうが先になければならない（少なくともその程度の気概をもって，データを収集しなければならない）。

「がんばる」ことの意味が，サンプルサイズを大きくするということを表わしているのならば，それはそれで問題をはらんでいる。これもまた，心理学の悪しき習慣の1つでもある。

統計的仮説検定などで仮説を検証する場合，検定法の基本的性質として，サンプルサイズが多くなればなるほど微妙な差異を検出してしまう（永田, 2003に詳しい）。そこで有意差を求めるあまり，サンプルサイズを大きくして対応しようとする。一方，近年はインターネットを使った調査のようにデータが集めやすい場合があり，サンプルサイズが数千を超えるようなケースも少なくない。このような場合は，有意差がどこでも見受けられ，有意差そのものに実質的な意味がない。有意差を検証するために，効果量（effect size）による評価が以前から指摘されているが（たとえばAPA（2001）にはすでにeffect sizeを論文に記載するようガイドされている），国内の論文で実際に記述されている例は少ない。本来，データから読み取るべき差とは，実質的な差，標準化された差，有意差の3種類あって，前から順に重要なはずである（豊田, 2009）。

また，このケースのように，数量化Ⅲ類（双対尺度法，対応分析）やKJ法によって対象間の類似度をもとにグルーピングをする研究アプローチでも，「がんばる」という対応が的はずれなことがある。そもそもKJ法はアイデアを生み出すための方法で，類似性をもとに対象を分類することが目的ではない（川喜田, 1967）。分類された図面を見て，変数間の次元を解釈したり，空間状の隙間を見いだして「そこに何かがあるはずだ」という発見的，創造的利用ができるところに真価がある。この意味で，表わされた空間にはすべてのヒントがすでに出そろっているわけであり，「見たかったものが見えない」のは，本来見るべきものを見ていない，自分の解釈世界を飛び出そうとしないことと同義である。これも，バランス状態に固執するあまり研究の本質を見落とす例ではないだろうか。

2．誰だってそれぞれの事情がある─質的研究の落とし穴

量的アプローチの場合，データが論証しようとしている世界を十分反映している

かという根本的な問題は含むにしろ，手続きのなかで歯止めがかかるシーンがいくつかある。たとえば，危険率を設定して検定するというのは，いかに希望をもっていたとしても，有意差がないと判断されれば数値を捏造しない限り，対立仮説を棄却しなければならない。こういったルールの外在化が研究をオープンなものにしている。

　しかし，すでに述べたように，量的アプローチは基本的に大数の法則に従うような性質の現象に研究が限定される。一過的事例や，たくさんのサンプルが集まりそうにないことから現象をとらえる場合は，必然的に質的アプローチになる。そこでは事例・現象の詳細な記述，観察者の目を通して見た事実の描写がなされ，そのなかで問題をできるだけ解き明かしていかなければならない。

　この点から考えれば，明らかに質的アプローチのほうが量的アプローチよりもむずかしい取り組みであることがわかるだろう。なぜなら，外在化された規範が存在しないため，自らの世界を内側から打ち破っていくしかなく，つねに「自分が気づき得ない事象が存在する」ことを踏まえなければならない。バランス状態に移行したがるより本能的な人間の動因をどのように押さえ込むか，が研究の成否の鍵を握るからである。

　質的アプローチに妄信的にこだわる場合，量的アプローチにこだわる場合に比べて，研究の価値が低くなりがちである。その事例，その事象に深く深くのめり込むことで，そこにかかわる多くの事実を知り，多くの手つかずの問題を発見することは，じつはたやすい。言い換えるなら，まったく情報がない状態から新しい世界に飛び込むと，最初は目に映るものがすべて新しい刺激なので，次々と発見の喜びに触れることができる。量的研究が，その喜びを得るために苦行ともいえる理論的訓練，技術的訓練を要するのとは対照的である。しかし，人間は適応を始める。本稿の文脈でいえば，推移性を働かせて帰属をくり返し，論理的に整合的な世界を脳内でつくり上げる。新しい発見に出会う可能性は指数関数的に減少していくため，帰属の罠に捕らわれて安定した世界観が比較的早い段階で完成してしまいやすい。このとき新しく現れた事実を「認識の枠組みに合わない」という理由で，意図的であれ無意図的であれ発見しない（できない）危険性がある。もちろん，量的アプローチにもそれはあり得るのだが，データの収集方法が客観的で明らかであるだけに，見落としを指摘するのもしやすいのである。

　また質的アプローチによって問題が見いだせない可能性は，研究者にとって別の苦労も抱え込むことがある。すなわち，対象となる事象全体がいかに論理的に整合

性があったとしても，社会全体に対する問題のあり方が矮小すぎて議論にならないとか，希有な特殊事例だと考えて選び出した事象であっても同様の構造が別のところでも乱立している，という可能性である。つまり，研究者が研究対象と相対化した態度をとりにくく，対象となる世界全体が小さくまとまってしまう，という問題である。もちろん優れた質的アプローチも多く，すべての研究がそうであるというわけではない。帰属の罠に陥ることなく論理世界を構成していくという作業において，初学者にとって過ちを犯してしまう危険性がより高いことを，老婆心ながら指摘したい。

3．まったくわかりやすくてまったくおもしろくない論文へ

研究論文を仕上げるということは，研究者の視点にそって切り取られた論理空間を整合的にデザインし，新しい発見・知見をもたらすことにほかならない。帰属のバイアスがかかわってくるのは，おもに「切り取る」プロセスと「デザインする」プロセスである。では，上述の帰属の罠をすべてかいくぐってでき上がった論文はよい論文といえるだろうか。これは必ずしも真ではない。すなわち，話がまったくわかりやすくて，まったくおもしろくない論文というのがあり得るからだ。論理的に整合性がとれているけれども，目新しさがない。これもまた，科学論文の評価としては欠点となりうるのである。

辻本（2010）が指摘するように，研究とは「もっともらしい」研究をすることが重要なのではなく，論理的に整合性がとれている，理論的にはまったく筋が通っているけれども，結論が意外であるとか違和感を覚えることが重要である。ここで「もっともらしい」とは，研究者にとって，あるいは研究の知見を共有する人間にとって，心理論理が働きバランスが達成できるということであるが，それが目的となってよいのだろうか？　もっともらしくないが論理的な説明がつく，ということがあるからこそ，当事者以外の視点で研究者が介入する意義があり，インバランスな状態から次のよりよいバランス状態に移ることができるのである。

4節　まとめに代えて

帰属概念と帰属のメカニズムは，われわれの日常生活に密着している。ハイダーはこういった心理学を素朴心理学（Naive Psychology）とよんだ。考え方がナイーブなのではなく，あまりにもあたり前のように生活的であり，人間的でありすぎる考え方だからだ。日々の生活のなかでも帰属の罠から逃れることはできない。いや，

だからこそ，研究のような純粋に論理的な世界のなかでは，帰属のバイアスから逃れるような方法論を考えておかなければならないのである。以下では，社会心理学の今後に向けて，どのような方法論的可能性があるかに言及して，まとめに代えたい。

1．ワンショットの研究にならないように

特に社会心理学的文脈において問題となるのは，文化的社会的背景をもとにしておきながら，研究が一時点のもの，いわゆるワンショットサイコロジーになってしまっていることである。調査研究を1回行なっただけでは，一時点の状態しかわからず，そこからたとえば構造方程式モデル等を構成して概念間の因果モデルを構成したとしても，実態から離れやすい傾向になる。因果関係とはそもそも（1）原因が結果に先行すること，（2）原因が他の結果を引き起こさないこと，（3）結果が他の原因から生じないこと，などが確認されて初めて検証できることであり（豊田，1992），一時点の調査結果から示されるわけではない。高次積率モデルを使えば，因果のパスは一方向に決まるが（豊田，2007）こういった技術で解決できる問題とは別次元の話である。

時系列的な研究や，1つの事例をじっくり追いかける研究は，成果に結びつけるのに時間がかかる。大学における業績主義はこの問題を助長している。すなわち，すぐに何らかの結果が出るような研究業績を積み重ねること，が高く評価されがちである。しかし，少なくとも社会心理学は，文化や風土というバックボーンを説明する科学としての立場からは，十数年単位でないと明らかにならないことが研究の対象であるはずである。成果を急がず，慎重に社会と文化の関係を考える，社会学的社会心理学がもっと評価されるべきである。

2．総合行動科学と関係性の科学へ

社会心理学の展開の方向性として，この他に3つの方向性が考えられる。1つ総合行動科学としての社会心理学，1つは実践科学としての社会心理学，最後は関係科学としての社会心理学である。

総合行動科学としての社会心理学とは，進化心理学や実験経済学と深くかかわっている。すなわち，キーワードとしてのゲーム理論や行動パターンを扱い，それぞれのエージェントが並列分散的に自己の目的関数を最大化するという結果，創発的に社会が誕生し，その社会に適応する形でエージェントもふるまいを学習していくという考え方である。少し前は，複雑系科学として（Waldrop, 1996；井庭・福原，1998），「並列分散処理と創発」という文脈で強調されたし，社会心理学はいち早く「ミクロ・マクロダイナミクス」とよんでいたものである（たとえば日本グループダイ

ナミックス学会は1992年に機関誌「実験社会心理学研究」で〈ミクロ・マクロダイナミクス特集〉を組んでいる）。この方向性は，他の社会科学も巻き込んだ大きな運動でもあり，今後いっそうの展開が期待できる。惜しむらくは，この発展形態は予測科学としては成立せず，説明科学にとどまるのではないかという点である。この点については，筆者の予想をよい意味で裏切ってもらいたいという気持ちではあるが，進化論をベースにおいている限り大きな裏切りは求められないかもしれない（たとえば Horgan, 1996）。

　2番目の実践科学としての社会心理学とは，これまで過度に求めてきた予測と制御の科学，古典物理学を範とした社会心理学を捨て，より現象や実態，事例に近いレベルでかかわりを続ける社会心理学である。竹村（2004）は「新しい社会心理学の形」のなかで，これまで社会心理学者が理論の世界というバランスのとれた社会のなかで安穏としすぎていたことを指摘し，もっと現実の問題に対して対応できる社会心理学にならなければならないという警鐘を鳴らす。より臨床的な社会心理学のあり方というのは，そもそもレヴィンが求めたアクションリサーチの考え方でもある。

　最後のアプローチは，いささか理論的かつ観念的，言い換えれば哲学的で思弁的な社会心理学のあり方かもしれない。しかし，関係科学としての社会心理学のあり方は，じつは社会心理学業界が最も蓄積を有する業界であり，学問的資産に富んだ分野なのである。性格心理学が類型論，特性論を経て，今や「関係による性格のあり方」に展開していくように（遠藤，2000），アイデンティティの研究がより流動的な自己実現の形にフォーカスしていくように，われわれが実態をつかもうとすればするほど「関係」という言葉のなかに消えていった対象は少なくない。そもそも，帰納的，帰属的に実態を求めると得てして特定の実態にあたることは少なく（福岡，2009），関係の総体としてしか表わし得ないものが待ち構えている。社会心理学は，そもそも関係の科学であったし，そのなかで集団や社会という目に見えない高次レベルの対象を，あたかも実態であるかのように研究してきた。実体であることは疑い得ても，関係の科学としてその構造と帰納を分離しつつ，全体にとってよい形態とは何かを探求する問題意識は，レヴィンやハイダーのころから共通するものである。抽象的で論理的にしか語り得ない世界だが，社会心理学の行く先はそこにあるのかもしれない（藤澤，1998）。

3．どうしようもない現実とともに

　社会心理学がその学問的オリジナリティを問われれば，少なくとも1つは「シス

テム的観点に基づく現象の理解をすること」と答えられるであろう。対象のなかに含まれる要素と部分を分解し，構造と機能の2側面に分類して考察する。社会学においてもこういった特性はあり得るが，社会学は全体と構造の側にフォーカスするのに対し，社会心理学は部分と機能の側にフォーカスするものとして棲み分けができるだろう。

　構造（しくみ）と機能（働き），の「分離」に自覚的であるという意味では，他の心理学的分野のなかでも社会心理学が特に秀でている。心理学は基本的に機能的側面についてアプローチする学問である。全体のこのしくみはどのように働くか，心のこのしくみはどのように働くか，ということを刺激に対する反応，インプットに対するアウトプットという関数関係でとらえるのが心理学の基本である（道又，2009）。これは，心理学が研究対象とする人間が，その人道的背景から破壊実験を許さない対象だからであり，壊すことなくその特徴を明らかにするためにはどうしても，関数主義的にならざるを得ない。しかし，関数的アプローチだけでは限界がある。人間は人体というハードウェアと，心というソフトウェアから構成されているとたとえればわかりやすいだろう。親密な対人関係における情念を研究しようとしたときに，生理的反応を無視することも，眠れない夜を悶々と過ごすプロセスも無視できないのは当然である。理念的な構造と実体としての機能の狭間にこそ現実があり，不合理な現実から逃げ出すこともできないわれわれは，どうしようもないままその日その日を歩んでいくしかない。

　社会心理学が研究の対象としてきたのは，ミクロレベル，メゾレベル，マクロレベルの3段階に分けられる（大坊，1989）。個人，集団，社会，というこの枠組みに対して，機能，構造の2側面からアプローチするが，構造的アプローチは比較的簡単である。個人の構造的アプローチは，生理心理学や認知心理学に基盤をおいた生得的反応から考えられるし，集団に対する構造的アプローチはコミュニケーション構造や利得構造といった状態からとらえられる。社会に対する構造的アプローチは，規範や制度，文化といった側面からとらえられる。対して，機能的アプローチは，個人の場合は複雑に絡み合った対人関係の認知であり，集団の場合は推移性による単純化の働きであり，社会の場合は流行や流言といった現象から理解されるだろう。いずれにせよ，社会心理学がこれまで独立に研究してきた分野ではあるが，統合的観点のもとでアプローチしてきたものである。こういった俯瞰的視点，分離的視点に加え，階層間の相同性も踏まえたシステマティックな視点というのが社会心理学のコアなのである。

社会心理学の帰属，あるいは心の基本的機能としての帰属過程は，構造的側面による介入をおくことで機能の暴走を防ぐことができることを示す。心理学，特に社会心理学的アプローチを志すものであれば，機能的側面を構造的に抑制すること，構造的になりすぎず機能的であること，の両立を目指す観点を獲得しうる。心理学は，機能的対象を機能的実体が扱う学問であるので，機能的問題を抑制するのには構造的な（しくみによる）歯止めが必要なのである。

　一言でいえば，心がけより仕掛け，である。統計的アプローチが心理学と親和的であったのは，機能的な判断力に対するチェック機構を外在化させることで，帰属の罠に陥らない仕掛けが必要だったからである。もちろん，より具体的・手続き的なレベルで，たとえば二重盲検法のように，より厳格に「心がけ」を「仕掛け」で対応する例も少なくない。研究実践の場においても，社会心理学の研究成果である帰属の概念は，非常に示唆に富んだものなのである。

　社会や集団は，説明の要に駆られて生み出された帰属対象である。心や神がそうでないと，どうして言いきれるだろうか。

第3章

教育心理学における批判的思考について，教育実践を通して理解する

1節　はじめに

　インターネットの情報系のウェブサイトには，「テレビのニュースや新聞，あるいはインターネット等における情報について，鵜呑みにせずに自分で判断しましょう」「インターネット広告にはなりすましの情報があるので気をつけよう」という言葉が毎日のように掲載されている。筆者自身，大学の授業において，レポート課題を課す際の教示として，引用文献や情報のソースについて，明記するようにくり返し説明している。われわれを取り巻く環境にはさまざまな情報があふれているともいえる。そのような環境を生き抜く市民を育成するために，大学教育はどのように寄与することができるだろうか。本章では，「批判的思考」という言葉をキーワードとして，この問題について取り組むことを企図している。

2節　批判的思考とは何か

　批判的思考という言葉は，近年，われわれの教育実践を語る際にも聞くことが多くなってきた。筆者が大学の授業で「批判的思考という言葉を聞いたことがない人はいますか」と聞いてみても，知らないという学生はほとんどいない。しかし，彼らに「批判的思考とはどのような特徴をもつ思考ですか」と質問しても，「批判的に考えること」というような同語反復による回答が多い。そのため，まず，批判的思考とは何か，どのような特徴をもつものであるのかについて，概説したいと考える。
　楠見（2011）は，批判的思考とは，広範な思考を含む概念であり，さまざまな定義がある，とした上で，批判的思考を3つの観点から定義している。まず，批判的思考は，論理的・合理的思考であり，規準（criteria）に従う思考である（楠見，

1996）というものである。次に，批判的思考とは，自分の推論プロセスを意識的に吟味する内省的（reflective）・熟慮的思考である，というものである。そして，批判的思考とは，よりよい思考を行なうために，目標や文脈に応じて実行される目標志向的思考である（Halpern, 1998；楠見, 1996）というものである。楠見（2011）は，これらの定義を踏まえて，批判的思考の中核的要因を次のように述べている。すなわち「批判的思考は，目標に基づいて行われる論理的思考であり，意識的な反省を伴う思考である。批判的思考における情報を鵜呑みにしないで判断する能力は日常生活の実践を支える能力であり，学習や学問を行なう基礎となる能力である。これは，批判的思考は，さまざまな市民生活，職業，学問領域において適用できるジェネリックスキルであり，転移可能なスキルであるという位置づけと結びつく」（Phillips & Bond, 2004）というものである。批判的思考が適用される場面は，意思決定が必要とされる場面一般であると考えることができる。そのなかには，情報を鵜呑みにしない，あるいは正しい情報を取捨選択するというような，市民としての日常生活に必要とされる能力もあれば，専門的な文章の読解や産出，あるいは職業に応じた特別な認知的スキルに適用されることもあるだろう。このように，批判的思考は市民の日常生活や職業における業務遂行を円滑に行なうための重要な役割を果たすといえる。それでは，批判的思考の認知的構成要素とは何かについて検討する。

　楠見（2011）はエニス（Ennis, 1987）を改変して図3-1のようなモデルを提案している。このモデルとそこで適用される構成要素を，楠見（2011）は次のようにまとめている。まず，情報の明確化である。ここでは，意思決定や問題解決に先立って，そのベースとなる情報を正確に理解することが行なわれる。明確化は，メタ認知によって自分自身の試行をモニタリングし，コントロールするプロセスに支えられている。次に，情報の分析である。ここでは，情報源の信頼性を判断する，意見，事実，調査・観察やその報告の内容自体を評価する，ということが行なわれる。次に，推論がある。推論には，演繹の判断，帰納の判断，背景事実・結果の判断，選択肢・バランス・重みなどの決定に関する判断，倫理などの個人の価値判断が必要となる。日常生活では，形式論理によって正し

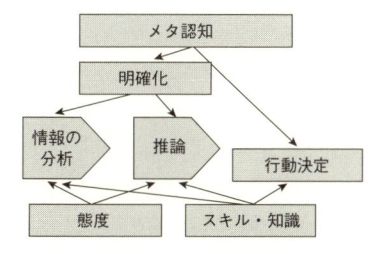

図3-1　批判的思考の構成要素とプロセスのモデル（楠見, 2011）

い解決を導出できる場面は数少ない。日常生活における問題解決では，われわれは，形式論理による問題解決に不十分な情報を適宜推論しながら判断している。そこで，いろいろな様式の推論を適切に利用することが最終的な意思決定に重要な意味をもつ。最後に行動決定である。これまでのプロセスに基づいて結論を導き，自分のおかれた状況を踏まえて，発言，執筆，選択などを支える行動決定を行ない，問題を解決する。特に，議論や共同問題解決などは他者との相互作用がかかわるとしている。

また，近年の批判的思考の研究では，個人差変数として，推論や意思決定のスキル面にのみ焦点化するのではなく，批判的思考態度の重要性も指摘されるようになった（平山・楠見，2004）。平山・楠見（2004）は4因子18項目からなる批判的思考態度尺度を開発している（表3-1）。批判的思考態度を構成する4因子「論理的思考への自覚」「客観性」「探究心」「証拠の重視」の4つである。平山・楠見（2011）によると，論理的思考への自覚とは，自分自身がどの程度論理的に考えようとしているかを示す。客観性とは，主観にとらわれず客観的にまたはさまざまな立場からものごとを考えようとしているのかを示す。探究心とは，さまざまな多面的な情報や考え方を求めているかを示す。証拠の重視とは判断の根拠として，証拠を重視しようとしているのかを示す。平山・楠見（2004）では，環境ホルモンに関して対立する主張が書かれた意見文を参照し，自分なりの結論を導出するという課題を実施した結果，批判的思考態度のなかでも，とりわけ探究心が，自分の信念にとらわれることなく，意見文の内容を適切に吟味し，正しい回答を導出したことを明らかにした（図3-2）。

表3-1　平山・楠見（2004）の批判的思考態度尺度の構成

批判的思考態度尺度	
論理的思考への自覚 ・複雑な問題について順序だてて考えることが得意だ ・考えをまとめることが得意だ ・物事を正確に考えることに自信がある ・誰もが納得できるような説明をすることができる ・何か複雑な問題を考えると，混乱してしまう(逆転項目)	客観性 ・いつも偏りのない判断をしようとする ・物事を見るときに自分の立場からしか見ない（逆転項目） ・物事を決めるときには，客観的な態度を心がける ・1つ2つの立場だけでなく，できるだけ多くの立場から考えようとする ・自分が無意識のうちに偏った見方をしていないか振り返るようにしている
探求心 ・いろいろな考えの人と接して多くのことを学びたい ・生涯にわたり新しいことを学びつづけたいと思う ・さまざまな文化について学びたいと思う ・外国人がどのように考えるかを勉強することは，意義のあることだと思う ・自分とは違う考えの人に興味をもつ	証拠の重視 ・結論をくだす場合には，確たる証拠の有無にこだわる ・判断をくだす際には，できるだけ多くの事実や証拠を調べる ・何事も，少しも疑わずに信じ込んだりはしない

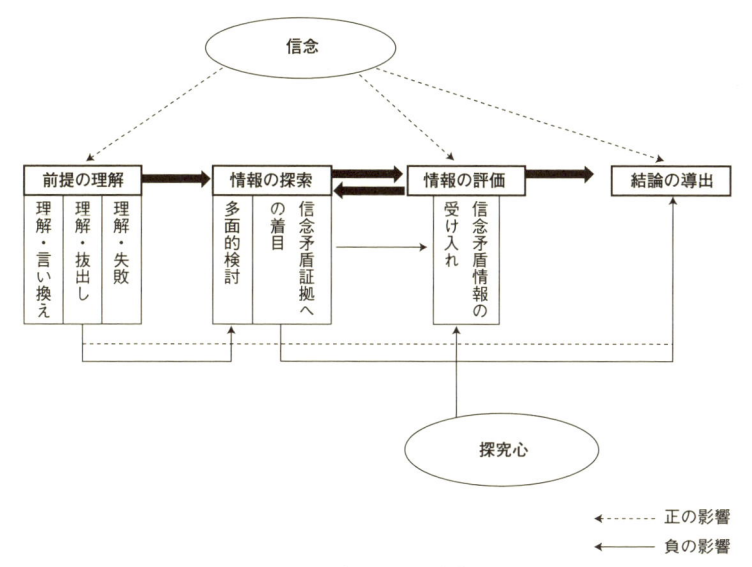

第3章 教育心理学における批判的思考について，教育実践を通して理解する　49

図3-2　批判的思考による結論導出プロセス

以上のように，批判的思考の特徴を説明してきた。批判的思考のスキル，態度といった個人特性は，意思決定に広く必要とされる要因であるということに異論はないだろう。それでは，大学教育で育成する批判的思考とは何かについて検討しよう。

3節　大学教育で育成する批判的思考とは何か

大学教育とそれまでの教育課程では，教育目標や教育内容，教授法等で大きく異なる。たとえば，大学教育では，単位履修選択は学生が主体となる。授業時間も，基本的には1コマ90分×15回で半期を構成する。教授法としては，講義型授業，演習型授業，ゼミ，など複数の教授法が並行的に実施される。講義型授業では，山口大学教育学部の専門教育科目では，数十名から100名程度，共通教育科目では300名の受講生を対象とした一方向的な授業スタイルで行なわれることもある。演習型授業では，10名程度の受講生が，体験型の実習を通してレポートを作成する作業を，半期の間で複数回くり返す。ゼミでは，より少数の学生と教員による，学生固有の研究テーマに関する議論を通年でくり返していく。このように，大学における授業スタイルは多様なものがあるが，そのなかで，大学として育成を目指す共通の能力や態度がある。これを，近年は，一般的技能あるいは汎用的技能（ジェネリックス

キル）とよぶ。「中央教育審議会（以下「中教審」）大学分科会　大学教育の検討に関する作業部会OECD高等教育における学習成果の評価」では，一般的技能について，次のような定義を行なっている。具体的には，「1．米国のCLA（大学での学習成果の評価）を国際的に実施するパイロットテストとすることを前提に，批判的思考力や分析的論理づけ能力，問題解決能力，筆記コミュニケーションについて学習成果を測定（実施にあたっては，CLAからの助言を受ける）2．異なる文化においてCLAを使用することの正当性については，過去に米国内でCLAを受験した留学生のデータによれば重大な問題はないと判断できるが，フィージビリティ・スタディにおいては，アジアをはじめとする非英語圏の国々においても一般的技能を実施することが重要」というものである。このなかに，批判的思考力や分析的論理づけ能力，というように，批判的思考力が明記されていることからも，大学教育による批判的思考力の育成が，大学教育関係者の共通理解を得ることを求められるようになっていることを理解していただけるだろう。中教審からは，このような一般的技能を，コミュニケーションスキル，数量的スキル，問題解決能力と規定している（図3-3）。これら能力は，批判的思考の論理的思考力としての側面に深くかかわるものであるといえる。あるいは，このような批判的思考力が発揮される態度や志向性も含むものであるとしている。

　大学で教育する批判的思考力の内容を知る手がかりは，このような材料のなかに含まれていると考えられる。まずすべての活動の基盤となる知識・理解があり，次に問題解決に汎用的に利用できる技能を習得し，その上で技能を適切に利用できる

【現状・課題】	【改善方策の例】
(1) 学位授与の方針について	(1) 学位授与の方針について
・他の先進国では「何を教えるか」より「何ができるようになるか」を重視した取組が進展 ・一方，我が国の大学が掲げる教育研究の目的等は総じて抽象的 ・学位授与の方針が，教育課程の編成や学習評価の在り方を律するものとなっていない ・大学の多様化は進んだが，学士課程を通じた最低限の共通性が重視されていない	・大学は，卒業に当たっての学位授与の方針を具体化・明確化し積極的に公開 ・国は学士力に関し，参考指針を提示 〔学士力に関する主な内容〕 1．知識・理解（文化，社会，自然　等） 2．汎用的技能（コミュニケーションスキル，数量的スキル，問題解決能力　等） 3．態度・志向性（自己管理力，チームワーク，倫理的，社会的責任　等） 4．総合的な学習経験と創造的思考力

図3-3　中教審（2008）による学位授与の基準としての汎用的技能の改善案

態度を涵養し，最終的に相互的な学習経験と創造性を獲得するというものである。このような，学部教育を通じた技能や態度の育成のなかに，一般的技能としての批判的思考は位置づいていると考えられる。

そのなかで，本稿では，批判的思考の多様な側面のうち，まず，高次リテラシーとしての批判的思考に注目することとした。その理由は，今日の大学教育における批判的思考教育の位置づけを概観する。

4節　批判的思考教育を大学で実践する

近年，学部教育によって一般的技能の育成を試みる教育カリキュラムを展開している大学もいくつかみられるようになっている。ここでは，そのなかで，三重大学の取り組みを取り上げることにする。三重大学は，高等教育創造開発センターが中心となって，全学として「考える力」「コミュニケーション力」「感じる力」「生きる力」の育成に取り組んでいる。そのなかでも，PBL（問題解決型学習）チュートリアル教育の全学的展開を軸とした教育法の改革に取り組んでいる。中山ら（2010）によると，三重大学における「4つの力」スタートアップセミナーの設置背景は次のように述べられている。すなわち，「「4つの力」はそれぞれが学士課程教育で学生が獲得すべき重要な能力群を意味しており，中央教育審議会が掲げる「学士力」とも対応する（表3-2）。このような，学生の達成目標ともなりうる教育目標が設定されることにより，教育目標実現のための教育活動が展開されるとともに，学生自身が教育目標をどのように認識しているかを把握した上で，教育改善に向けた取り組みを行なうことが求められる」。

また，中山ら（2010）では，表3-3にあるような授業計画が紹介されている。このなかで，第9回，第10回ではクリティカルシンキング力，すなわち，批判的思考の育成に焦点が当てられていることがわかる。この授業における工夫は，次のようなものである。まず，授業開始時に毎回の授業におけるテーマや到達目標を示すこと，次に，グループ活動を通して個人の意見を平等に全体が共有できる仕掛けを講じたこと，学生の相互交流を活性化することを狙ったこと，最後に，活動に対する振り返りを充実させたことであった。この授業計画には，批判的思考における，規準に照応する過程，目標に照応する過程，そして活動に照応する過程という，批判的思考の構成要素を反映した手続きが組み込まれている。批判的思考を授業単位で意図的に育成することを計画する際，このような授業計画は非常に有用な資料と

表3-2 三重大学「4つの力」と他概念との対応

三重大学「4つの力」		文部科学省「学士力」			
		知識・理解	統合的創造的思考と学習経験	態度・志向性	汎用的技能
考える力	課題探究力	○	○		
	科学的推論力(論理的思考力)	○			○
	クリティカルシンキング力	○			○
コミュニケーション力	国語力				○
	実践外国語力				○
	情報発信力				○
	発表・討論・対話力				○
感じる力	豊かな感性・気づき			○	
	高い倫理性			○	
	強いモチベーション			○	
	学ぶ喜び			○	
生きる力	社会人としての態度			○	
	協調性			○	
	指導力			○	
	心身の健康			○	
	問題解決力				○
	専門的知識・技術				○
	主体的学習力			○	
	実践力		○		

なるだろう。

　また，若山（2009）では，大学2年次の中規模演習科目におけるクリティカルシンキング志向性の向上を目的とした授業が研究的に実践されている（表3-4）。ここでの問題意識は次のようなものである。すなわち，「クリティカルシンキングの教育においては能力や技術を高めることよりも先に，クリティカルシンキングに対する志向性を向上させることが重要であるとされている（廣岡ら，2000）。ここでは，クリティカルシンキングに対する志向性を，クリティカルシンキングを行なおうと思うことと定義する。したがって，論理的に考えることがおもしろい，楽しいと感じることができ，かつ理解することに喜びを覚えるようになれば，クリティカルシンキングに対する志向性は向上すると考えられる。つまり，授業でこの能力と意思を培う際に，論理的思考のおもしろさ，楽しさ，嬉しさに焦点を当てた教育を行なうことで，クリティカルシンキングに対する志向性は向上すると考えられる」。ここでは，クリティカルシンキングのスキル獲得の必要条件として，クリティカルシンキングにおもしろい，楽しいという価値づけを行なうことを目的としている。この点は，効果的な授業を維持する際には，実践的に重要であると考えられる。日本

第3章 教育心理学における批判的思考について，教育実践を通して理解する

表3-3 各回授業のテーマ・内容と「4つの力」との対応 (中山ら, 2010)

回数・テーマ	内容	特に関連する力
第1回 導入―大学の学びへの招待	教育目標である「4つの力」について説明を行ない，授業の概要や評価方法等について説明する。グループづくり（自己紹介）の活動を行なう。	「4つの力」への導入
第2回 グループ活動を活発にするルールづくり	グループ活動を活性化し，やる気を持続させる方法について議論する。ブレインストーミング等グループ活動をよりよいものにするための知識について説明する。	感じる力： 強いモチベーション
第3回 聴く方法，情報のまとめ方	ノートの取り方について議論し，ノートを取る意味について考える。様々な聴き方を体験し，能動的に情報を受け取る姿勢を学ぶ。	生きる力： 主体的学習力
第4回 意見を述べる方法	2つの具体的場面において，どのように意見を伝えるべきか議論する。アサーション（自己主張）についての知識を学ぶ。	コミュニケーション力： 情報発信力
第5回 テーマの設定の仕方	クラス全体で出し合った意見をもとに，テーマを設定する方法について学ぶ。KJ法などの知識を学ぶ。各グループでのプロジェクト開始。	考える力： 課題探求力
第6回 大学での学び	学士力，社会的基礎力，単位制度，FDなどをキーワードに，大学での学びについて改めて考え，自分が今後獲得すべき能力について目標設定を行なう。	「4つの力」の意義の再確認
第7回 ものの見方・感じ方	それぞれの感性で持ち寄った課題をもとに，感性について学び，自分の専門やプロジェクト遂行において必要となる感性について考える。	感じる力： 豊かな感性
第8回 情報の検索	図書館ツアーに参加し，図書館資料利用に関わる知識とスキルを学ぶ。	生きる力： 主体的学習力
第9回 情報を読み解く (1)	資料を読み，内容について議論する。クリティカルシンキングや，Web上の情報利用についての知識について学ぶ。	考える力： クリティカルシンキング力
第10回 情報を読み解く (2)	2つの新聞記事を比較検討し，人に関する情報の利用について考える。	考える力： クリティカルシンキング力
第11回 レポートの書き方	レポートと感想文の違いについて議論し，アカデミックライティングの構造や特質について学ぶ。	考える力： 科学的推論力（論理的思考力）
第12回 発表の方法	プレゼンテーション技術について学び，プロジェクト発表の準備を行なう。	コミュニケーション力： 発表・討論・対話力
第13回 プロジェクト発表と評価 (1)	プロジェクト活動の集大成として，プレゼンテーションを行なう。アサーションスキルについて復習し，他者を評価する際のマナーについて学び，ピア・レビューを実践する。	4つの力すべて
第14回 プロジェクト発表と評価 (2)	第13回と同じ	4つの力すべて
第15回 プロジェクトの振り返り	自己評価・他者評価を活かし，プロジェクトの反省と今後の目標設定を行なう。	4つの力すべて
第16回 授業全体の振り返りと今後への展開	15回の授業の内容と目的について解説し，授業全体の振り返りを行なう。授業評価と修学達成評価のフィードバックを行ない，その意味について理解を促す。	4つの力すべて

の大学生は，論理的思考としてのクリティカルシンキングができる人について，「すごい人だと思うが，仲良くなりたいとは思わない（元吉，2011）」という印象をもっていることが多い。このため，大学の授業でクリティカルシンキングを育成する際，まず，クリティカルシンキングをおもしろい，楽しいと学生がとらえるようになることは重要である。若山（2009）の実践においても，前回の復習，グループ発表，ワークシート（ここではマトリックス）を利用した演習とグループ討議，授業

表3-4　クリティカルシンキング育成の演習スケジュール（若山，2009）

分	学習内容	目標		
		①先入観	②論理的	③合理的
10	開始：オープニング 　　クラス名・日付・回数 　　確認事項（再掲） 　　評価方法等 　　目標（再掲） 　　全員の積極的参加他 　　今日の予定 　　目次を掲示			
15	前回の復習 　ミニレポート　フィードバック 　メール提出課題を討論・講評 　前回の学びのポイント 　　切り口を多く 　　ツリー可視化	✓	✓	
15	今日のトピック 　車内でのお化粧は？ 　グループ討論・クラス討論		✓ ✓	✓ ✓
20	グループ発表 　PCメール仮説を分類する 　フォローアップ・講義 　グループ討論・クラス討論		✓ ✓	
20	演習・講義 　ロジックツリー，マトリックス 　　1軸の分析 　　2軸以上の分析 　　グループ討論・クラス討論 　　問題発見・解決マトリックスの使い方	✓	✓ ✓ ✓ ✓ ✓	✓
5	学びのポイント 　立場を替えて考える 　最善の解を見つける 　切り口を多く 　ツリー，マトリックスを使う	✓	✓ ✓	✓
5	ミニレポート 　学んだこと，わからなかったこと， 　意見・感想他 　課題の確認			

①先入観にとらわれない
②論理的に考える
③合理的な決定を導き出す

の振り返りが組み込まれていることがわかる。

　大学における批判的思考教育については，アメリカやオーストラリアなどでの実績が大きい。その一例として，インディアナ州立インディアナ大学とパデュー大学の学士課程教育の基本的概念（Principles of Undergraduate Learning：PULs, http://iport.iupui.edu/selfstudy/tl/puls/）を紹介しよう（表3-5）。

表3-5　インディアナ大学―パデュー大学インディアナポリス校（IUPUI）のPrinciples of Undergraduate Learning（PULs）

コミュニケーション及び数量処理にかかわる中核的能力（Core Communication and Quantitative Skills）：
【定義】情報の表現や解釈，数量的分析，情報リソースや技術の活用を行なう能力。
IUPUIのすべての学生が成功するために必要な基礎的能力と位置づける。
【成果】以下のような能力を身につけることが求められる。
　a. 文書や口頭あるいは視覚的な方法など，様々な形式で，他者に対してアイディアや事実を効果的に伝えることができる。
　b. アイディアや事実を理解，解釈，分析できる。
　c. ある範囲の条件下であれば，効果的にコミュニケーションがとれる。
　d. 数量的なツールや論法を用いて問題の解決策を特定し，提案できる。
　e. 情報リソースや技術を効果的に使うことができる。

批判的思考（Critical Thinking）：
【定義】信条や行動を表わすような厳密な思考プロセスにまつわる能力。偏見をもたず，従前の信条や行動にとらわれず，新しい情報に基づいて自らの信条行動を修正しながら，批判的思考を進める能力。
【成果】批判的思考は覚え，理解することに始まるが，以下のような能力を身につけることによって，真の意味での批判的思考が実現できる。すなわち，偏見を認め，過程を試み，帰結を見極め，論理的な結論に到達し，新しい問いを作りだし，探索し，挑戦的かつ複雑な問題を解決し，見識ある判断を下すために，知識や方法，プロセス，あるいは成果物を，
　a. 適用し，
　b. 分析し，
　c. 評価し，
　d. 創り出す
ことができる能力。

知識の統合と適用（Integration and Application of Knowledge）：
【定義】複数の専門分野における情報や概念を，知的，職業的，地域社会的な生活において使いこなす能力。
【成果】以下のような能力を身につけることが求められる。
　a. 自らの個人的な生活を豊かなものにできる。
　b. 職業的な水準や能力を満たす。
　c. 社会の目標を推し進める。
　d. 伝統的な専門分野とそれらの境界とにまたがって仕事をする。

知的深さ，幅広さと適応性（Intellectual Depth, Breadth, and Adaptiveness）：
【定義】専門的な知識獲得の方法を検討，組織し，それを特定の問題に適用する能力
【成果】以下のような能力を身につけることが求められる。
　a. 少なくとも1つの分野を理解し，実質的な知識を有する。
　b. 異なる専門分野に関する知識について，相互に比較して行なえる。
　c. 問題解決へのアプローチを，その経緯や手段の理由に応じて修正できる。

社会と文化の理解（Understanding Society and Culture）：
【定義】自らの文化的な伝統を認識し，人類の英知の多様性を理解，尊重する能力。
【成果】以下のような能力を身につけることが求められる。
　a. 人類の歴史，社会，生活習慣の多様性や通用性の範囲を相互比較できる。
　b. 地域社会とグローバル社会の結びつきを分析し，理解できる。
　c. 複雑な世の中において，礼儀正しくふるまえる。

価値と倫理（Values and Ethics）：
【定義】個人的行動，市民性，美的感覚などの面で，深い判断ができる能力。
【成果】以下のような能力を身につけることが求められる。
　a. 原則的かつ見識ある選択を行なうとともに，その帰結を予測できる。
　b. 美と芸術を味わい，尊重する感覚を探求，理解し，涵養できる。
　c. 文化的，社会的，環境的，個人的な理由による様々な事情に関する倫理的な原則を理解できる。

表3-6 インディアナ大学―パデュー大学インディアナポリス校の批判的思考を含む授業評価アンケート結果
PUL Major Emphasis

	N	Mean
1A.Written,Oral,&Visual Communication Skills	783	3.24
1B.Quantitative skills	454	3.38
1C.Information Resource Skills	104	3.16
2.Critical Thinking	942	3.23
3.Integration and Application of Knowledge	2911	3.42
4.Intellectual Depth,Breadth,and Adaptiveness	1203	3.46
5.Understanding Society and Culture	784	3.43
6.Values and Ethics	445	3.44
Total	7626	3.38

　PULsを構成する学士課程の基本的概念は，コアコミュニケーションや数量的スキル，知識の統合と適用，思慮深さ，社会と文化の理解，価値と倫理にあわせて，批判的思考が組み込まれている。ここでの批判的思考力は，適用し，分析し，評価し，つくり出すことができる能力であると定義されている。このような取り組みに関する学生による評価としては，942名を対象とした調査における4点満点の評定における平均値が3.23という値であった（表3-6）。しかし，全体を通してみた場合，必ずしも高い値であるとはいえないことを指摘しておく必要があるだろう（Institutional Portfolio, http://iport.iupui.edu/iupui/statportrait/data.aspx）。

　また，アメリカを中心として学部教育の効果を評価する枠組みとして，大学生学力評価事業という取り組みが行なわれている。これは，2002年以降134の大学が参加しているもので，学力評価方法としては，実践的作業（performance task）や書き出しの定型語句（written prompts）を用いて，学生の批判的思考，分析的論理付け能力（analytical reasoning），文章表現能力（written communication）を評価するというものである。

5節　今後の展望―ITを利用した批判的思考教育による学習者間相互作用の促進

　今後，教育実践を通して批判的思考を理解するための手がかりとして，ITを利用した教育を紹介したい。その理由として次の2点をあげる。まず，近年のインターネット技術に代表される情報技術（Information Technology，以下IT）の急速な発展により，ITの利用が大学における教授学習にかかわる主たるコミュニケーションに用いられる道具の割合を変えたことである。次に，そのような技術の発展に

伴って，最先端の技術を利用した教育方法の開発に貢献する際に，教育方法の開発者には目標や現状に応じた意思決定としての批判的思考が求められると考えられるからである。とはいっても，IT を用いた教授学習とこれまでの対面型の教授学習が本質的にまったく別物というわけではない。両者に通低するコミュニケーションのプロセスは大きく異なるわけではないということも踏まえたいと考える。

コンピュータを利用した学習は，単なる情報検索のための便利な道具という枠組みを超えて，課題に応じた適切な学習方略の利用法の獲得，学習者の学習意欲の向上，学習者間相互作用の活性化に対して有用なツールとなるだろう。

学習者間相互作用の促進に e-learning がどのように貢献することができるのかについて，近年の研究を概観する。その上で，近年，CSCL（Computer Supported Collaborative Learning）という用語で説明されることの多い，e-learning 上の協調学習の支援の観点から学習者間相互作用の活性化について，検討していく。

学習者間相互作用の説明の枠組みとして，田島（2010）はバフチン（Bakhtin, M.）やヴィゴツキー（Vygotsky, L. S.）の社会文化的アプローチを提唱している。これは，学習者の言葉の学修を，社会文脈＝社会文化的枠組みによって構成されるものとする一方で，同時に学習を行なう者自身の視点や解釈が既存の社会文脈を変更していくとしており，この双方向的な変化をとらえる枠組みとして「対話（dialogue）」という視点に着目しているアプローチである（田島, 2010）。田島（2010）は，バフチンのいう「理解」とは，ある言葉に対して付与された特定の意味解釈に到達することではなく，他者との間において，お互いにとって妥当な意味を模索する対話を行なうことと定義づけることができるとしている。さらに，教師の提示した科学的概念の意味と日常経験知との関連を解釈・説明できない「わかったつもり」の生徒たちは，概念を「理解」したことにはならないと述べている。ここに，CSCL における学習者間相互作用の促進機能が，学習者による学習内容の理解の促進に有用であることをみてとることができる。筆者の講義でも，学生たちは一見授業を静かに聞いてノートをとっているようにみえる。従来の一方向的な講義形式の授業では，学生はノートをとったり，講義を聞いたり（あるいは聞かない）という様式によって，授業内容を記録するが，事前に開示した試験問題以外の内容に関する知識の定着度について多肢選択式テストを行なった場合，それらの項目の平均正答率は50％に満たない場合もある。学習内容が伝わっているかのようにみえる場合でも，実際には，学習者の「わかったつもり」になっている場合もある。CSCL を用いて学習者間の相互作用を活性化することは，学習者が授業等で獲得した知識を

実際の生活場面で活用できることに寄与する。また，学習内容の転移や，転移を促進する適切な学習方略の選択方略としてのメタ方略(Kuhn, 1999)の獲得を促進する。

ITを用いて学生の学習を活性化させる際に留意することとして，このような，学習方略の適切な利用の支援や，学習におけるメタ認知の活性化にとどまるものではないことが，近年，指摘されるようになっている。その1つが，学習者の情緒的サポートである。もう1つは，学習者間の相互作用の活性化である。e-learningを用いた学習環境の構築において，近年，最も重要であると考えられているのが，学習者間相互作用の活性化である。

ITあるいはe-learningを自主的な学習のリソースとして位置づけるならば，その長所と改善点が明らかになる。すなわち，インターネットの設備や機能という環境的側面と，それらを利用する学習者の性格特性などの認知的側面に分けることができる。まず，環境的側面における特徴とは，外部記憶容量や情報検索の拡大があげられる。さらに，このような技術の革新に伴う環境的側面が，遠隔的コミュニケーションと非同期的コミュニケーションを可能にした。非同期的コミュニケーションとは，非対面状況における即時的応答が求められないコミュニケーションのことである。たとえば，e-mailやインターネットの掲示板を利用したコミュニケーションでは，相手のメッセージに対して即時に回答する必要はない。また，対面状況が苦手なものにとっては，非対面でコミュニケーションをすることができることは，彼らのストレスの低減に大きく役立つ。また，インターネット上でのコミュニケーションとしての相互作用の効用について，ラファエリとアリエル（Rafaeli & Ariel, 2007）は表3-7のようにまとめている。

また，インターネットを通したコミュニケーションの特徴として，オンラインのソーシャルサポートがある。タニスとポストマー（Tanis & Postmers, 2005）は，オンラインのソーシャルサポートには情報的サポート，感情的サポートの2側面

表3-7 E-learningを用いた相互作用について検討した先行研究（Rafaeli & Ariel, 2007）

相互作用の効果	先行研究
相互作用はネットワークに関する新しい魅力を想像したり利用者の成長を促す役割を果たす	Rafaeri & Sudweeks (1997)
相互作用は生産者と消費者の関係構築を促進する	Ha & James (1998)
相互作用は組織が公共と関係を構築する期待を提供する	Samsup & Yungwook (2003)
高いレベルの相互作用はよりよい広告効果を生み出す	Cho & Leckenby (1999)
相互作用は，オンライン環境の中で学習者が知識を共有し，協同的に活動を行なうという社会構成に導く	Maddux, Johnson & Willis (1997)

があると主張している。情報的サポートとは，Tipやヘルプなどの困難な状況を変えるための実践的サポートのことである。リーヴスら（Reeves et al., 1995）は，このような情報的サポートは利用者の知識ベースを拡張させると述べている。また，情報的サポートにより，利用者が困難な状況を変えたり，状況の不確実性を低減できるようになったりすることにより，よりよい意思決定ができるようになる（Albrecht & Adelman, 1987）。一方，感情的サポートとは，ディスプレイ上の他の利用者の考えや理解が表示されるというものである。このような表示には，他者の共感や関与が含まれている。このように，感情的サポートは共感が重要な役割を果たす。他者がどのように感じているかを知ったり，感じたりし，適切に反応したりする能力は感情的サポートを可能にするということである（Levenson & Ruef, 1992）。とりわけ，感情的サポートは，利用者がおかれている状況を変えたいと思っている，かつ，状況に適応しなければならないと感じている場合に有用である（Albrecht & Adelman, 1987）。

　近年，ITやe-learningを利用した相互作用モデルが提案されるようになっている。コンピュータを用いた相互作用の概念に関する理論的研究の大部分は概念化の困難さを指摘するものであった（Rafaeli, 1998; Rafaeli & Ariel, 2007）。この相互作用というトピックは，この30年間にわたって，研究や議論の対象となってきた。なお，コンピュータを用いた相互作用には，以下頻出する「ニューメディア」「媒体」，などの特殊な用語が多く用いられており，一般的には親和性が低いかもしれない。しかしこれらは，ITに関する専門用語であり，相互作用の理解と直接関連するわけではない。

　ラファエリとアリエル（Rafaeli & Ariel, 2007）は，このような相互作用はコンピュータやネットワークに対してユニークではなく，また，相互作用は，いわゆる「ニューメディア」とよばれる対象に関する理論にのみ適用されるわけではないと主張している。ハとジェームズ（Ha & James, 1998）は，相互作用を遊び性（playfulness），選択性（choice），コミュニケーションから構成されると考えている。同様に，リウとシュラム（Liu & Shrum, 2002）は，相互作用を「2つ，あるいはそれ以上の団体が他者とコミュニケーションできる程度のことを指す」と定義している。とりわけ，コンピュータやインターネットを用いたコミュニケーションにおける相互作用に関する一般的な定義はなく，研究者によってさまざまであるといえる。

　媒介物の特性としての相互作用に関して，ヒーター（Heeter, 2000）は，アセスメントの6つの次元を設定している。1．選択肢の利用可能性の複雑性，2．ユ

ーザーのエフォートは情報のアクセスに効果的である，3．媒体に対する反応，4．情報活用のモニタリング，5．新奇な情報追加の容易性，6．インターパーソナルコミュニケーションの促進，以上の6つである。

　コンピュータやインターネットを用いた相互作用に関する実証研究の成果をまとめたものが，表3-3である。表3-3から明らかにされるのは，多くの研究が，個人の政治的プロセスや人格形成の関係の相互作用の促進に対する優位性を主張しているということである

　これまで述べてきたように，コンピュータを利用した学習は，単なる情報検索のための便利な道具という枠組みを超えて，学習者の学習意欲の向上に非常に有用なものとなっている。コンピュータによる協調学習支援（CSCL）は，学習科学の比較的新たな研究分野である。そこではおもに，どのようにすればコンピュータの支援によって学習者がともに学ぶことができるようになるかということに関する研究が行なわれる。とりわけ，CSCL の効果的な実践に対して重要であると位置づけられているのは，個別の学習者の目標調整のモニタリングと学習者間相互作用の活性化である。CSCL の技術は，それまでの技術に学習者間の相互作用の活性化を支援する機能が付加されたものであると考えられる。それでは，CSCL では，どのように学習者間相互作用が行なわれるのか，検討してみよう。

　学習者相互作用を構成する諸要因について，個別の要因や要因間の関係に関する研究は行なわれてきた。一方で，熟達過程を社会的学習の相互作用の観点から分析した研究は数少ない。国内の研究では，談話形成についての理論的研究としての富田・丸野（2004）や，清河・犬塚（2003），瀬尾（2005）にみられる。これら研究を踏まえて，学習者の自己調整の熟達過程に焦点化した研究が行なわれることが期待される。

　CSCL による学習者相互作用の促進は，対面式のコミュニケーションとまったく異なるものと考えるよりも，従来の対面式のコミュニケーションをインターネット環境に再現することを目指しているものと位置づけたほうが，実際の教授学習にかかわるものにとっては理解がしやすいのではないかと考える。それでは，CSCL 環境を積極的に利用することによる批判的思考の育成可能性を検討する（沖林ら，2008; 沖林ら，2009）。

　沖林ら（2008）では，教育学部の必修科目を対象にグループによる Moodle（モジュラーオブジェクト指向ダイナミック学習環境）を用いた課題図書の読解活動を実施した。授業は約100名を対象とするもので，半期の授業に並行して課題図書の

表3-8　沖林ら（2008）による授業の概要

取組の概要（モデル）		
	インストラクションの概要	課題
6月9日（月）	1. 事前調査 2. Moodleのアクセスの方法	1. アンケート集計 2. 6月13日（金）までに自己紹介スレッドに自己紹介文を書く
6月16日（月）	1回目の感想文	6月20日（金）までに1回目の課題図書感想文を投稿する
6月23日（月）	他者の感想文を読んでコメントを書き込む ひとりひとりが同じグループのメンバーの感想文に対してコメントを書き込む	6月27日（金）までに，コメントを書き込む
7月7日（月）	ほかのグループのディスカッションを読んでどのような感想を抱いたかについてコメントを書き込む	7月18日（金）までにコメントを書き込む
7月28日（月）	Moodleの効用評価（自作）	

読解が行なわれた。取り組みの概要は表3-8に示した。半期の取り組みの効果を測定するために，Moodleおよび授業に対する授業者やTA（ティーチングアシスタント）による効用評価を学生に求めた。その結果，3つの因子が抽出された。まず，Moodleシステム運用の使用対効果に関する主観的評価に関する因子であった。次に，Moodle利用における他者志向性であった。最後に，対教員，対TA（ティーチングアシスタント）への援助要請であった。クラスターが抽出された。まず，Moodle利用を高く評価するグループであった。次に，取り組み自体に消極的なグループであった。最後に援助要請のみが高いグループであった。3つのグループのドロップアウト率をみたところ，援助要請の高いグループでは68％がドロップアウトしているという結果が得られた。一方，Moodleを利用して自らの読解を深めることができたという項目や，Moodleを用いて他者との読解活動を行なうことができたという批判的思考態度に関連するような項目は，Moodle利用を高く評価するグループが，他よりも高い得点を得ていることが明らかになった。このような，大規模講義におけるCSCLを利用した実践研究はまだ十分な数が行なわれているとは言いがたいが，今後さらに多くの研究が行なわれることによって，一方向型の授業形式にどのようにCSCLを組み込んでいくかに関する方策が明らかにされるだろう。

6節　批判的思考教育を通した自己調整学習の促進

批判的思考の教育実践プログラムは，本章で紹介したように，いくつかの実践を通して開発されるようになっている。中山ら（2010）や若山（2009）においても指

摘されるように，教育プログラムにおける批判的思考の育成の目的の1つは，学習者が自らの目的やおかれた状況に対応した問題を設定する能力や態度を育成することにある。しかし，このことにあわせて重要なことは，学習者が批判的思考を適用して問題解決を行なうことが持続的になることである。このような，学習者による有効な学習方略の持続的利用を促進する学習として注目を集めているのが，自己調整学習(self regulated learning)である。塚野は，ジマーマンとシャンク(Zimmerman & Schunk, 2001)の『Self-regulated learning and academic achievement』の翻訳書において，学習における自己調整を次のように紹介している。「生徒たちは，自分自身の学習過程のなかで，メタ認知的に，動機的に，行動的に積極的な関与者であるその程度に応じて，自己調整をする（Zimmerman, 1986)」。また，自己調整学習において強調されるのが，「予見段階」「遂行段階」「自己内省段階」というサイクルである。すなわち，自己調整学習とは，学習者が主体となって適切な学習サイクルを持続的に運営し続けることを目指す学習であるといえる。道田（2011）は，大学の授業実践において，1セメスターの授業を通して，「質問力」の育成という観点から，次のような授業を実施した。内容は，1．前回の質問への回答，2．発表グループによる発表，3．質問を考える時間，4．質疑応答，5．授業者の補足，6．テーマと関係のある授業実践ビデオの視聴，7．各自の質問書への記入という構成になっている。ここでは，学習者が個人で質問を考えること，他の学習者に質問すること，他の学習者の質問に答えること，というように，質問するあるいは答える機会を学習者がくり返し経験する。2007年と2008年のくり返しの実施を通じて，学生の「わからないことがあると，質問したくなる」という質問態度は，0.5ポイント程度上がるという結果を得ている。なお，道田（2011）は，この項目は，平山・楠見（2004）の批判的思考態度を参考にしたものであると述べている。また，実際に思考を刺激する質問数も有意に上がるという結果を得ている。すなわち，質問に対する動機づけと実際の質問行動の両方が向上していることを踏まえると，道田（2011）は，動機づけから行動にいたる学習の自己調整的側面の促進に効果的なプログラムを開発したといえるだろう。田島・森田（2009）では，説明活動が日常経験知の意味を取り込まないまま概念を暗記するという「わかったつもり」とよばれる学習傾向の改善に有効であることを，小学校5年生の理科の授業実践を通して明らかにした。すなわち，説明活動を通して，教師役と聞き手役の両方を経験することで，自らの概念解釈を他者視点から検討し直すようなるという反省的活動が「わかったつもり」の改善に有効であることを示したといえる。小学校から大学までの

教育課程をみた場合，大学はその最後にあたる。とりわけ大学教育では，学校教育課程を終了した後にも生涯にわたって学び続けるものの育成という意味でも，自己調整学習の教育が求められる。また，生涯にわたって学び続けるものという人物像は，批判的思考者の理想像の1つでもある。

7節　批判的思考を研究することのおもしろさ

　最後に，批判的思考を研究することのおもしろさを紹介したい。まず，1つめは心理学における挑戦的な分野を研究しているという実感を得ることができる点である。批判的思考をどのようなものとしてとらえるかは，研究者によってさまざまに異なっている。そのため，批判的思考の研究は，自らのその時点での批判的思考に対する考えを振り返ることになる。研究対象の振り返りを通じて自らの研究を振り返ることにつながるという特徴が批判的思考の研究には内在されているように感じる。2つめは，新しい教育実践プログラムの開発につながるものであるということである。大学の授業，とりわけ大規模な講義型授業科目においては，対面や非対面での相互質問状況におかれることや，ITを用いた学習プログラムを利用することなどはメジャーなものではないだろう。本章でも紹介した実践を参考にして，批判的思考の育成を目指す授業を開発することは，大学における新しい授業形態を開発することにつながる。また，授業実践者としても，楽しそうに相互説明を行なっている学生を見ることは，講義を充実させるための動因になる。

　なお，以上の2点は，筆者の個人的な価値観に基づくものである。批判的思考は，理論や測定法など研究者によってさまざまに異なるものである。本章を読み，批判的思考について興味をもった方がいるならば，楠見（2011）をはじめとする批判的思考の関連図書を参照していただきたい。

謝　辞

　本研究の一部は，広島大学大学院教育学研究科森敏昭先生にご指導いただいて実施されました。心から感謝申し上げます。また，本研究の一部は，科研基盤研究A「21世紀市民のための高次リテラシーと批判的思考力のアセスメントと育成」（研究課題番号：23243071）の助成を受けて実施されました。研究代表者の京都大学大学院教育学研究科楠見孝先生には，心から感謝申し上げます。また，本研究の一部は，愛知教育大学教育学部藤木大介先生，大正大学人間学部犬塚美輪先生の支援を受けて実施されました。ここに感謝申し上げます。

II部
方法から心理学を理解する

第4章

教科教育における「わかり方」について，メタファを通して理解する

1節　メタファのおもしろさ

1．他の具体物にたとえるというメタファの意味

　メタファ（metaphor）とは，「男はオオカミ」のように，男性という対象について顕著でない特徴，すなわち「怖い」を強調させるために，あえて他の領域の言葉（オオカミ）を引き合いに出して強調したり伝達したりする修辞技法のことである。男という対象は主意（tenor）とよばれ，「オオカミ」のように引き合いに出される他の領域に属する言語を媒体（vehicle）とよび，「怖い」のような主意と共通する属性を根拠（ground）とよぶ。メタファの特徴としては，「オオカミ」のように具体的でイメージ豊かな言葉にたとえられる。またメタファは，「人生は旅」のように，未知のものやよくわからないものを，既知のもので取り込みやすくするものといわれる。最近のメタファは単なる修辞技法ではなく，思考の方向性を示すものとして見直されている。

　またメタファは，具象と抽象の上り下りの仲介役を果たすといわれる（庄司，1985）が，具体的でイメージ豊かなものであることは，主意と比較されるときに一属性だけが抽出されることになる。ハヤカワ（Hayakawa, 1972）が，メタファは具体物でありながら，共通部分の一属性だけを抽出させる抽象化の機能に着目している。たとえば数をタイルで説明する場合も，ミカンは，それぞれ形も，色も，くぼみも違っているが，それらの特徴をすべて捨てて，1つのミカンを一定の面積をもつ1つの正方形という大きさに置き換えるのが数の抽象化である。カテゴリーにはプロトタイプという中心的・典型的な実例が存在するといわれるが，この中心的・典型的な実例も1つの属性に着目した抽象化から生まれる。

　また「男はオオカミ」というメタファは，オオカミという一見違う対象をもち出

すことによって，男性には顕著でない怖いという属性をあえて見つけ出させる作業を受け手に課す。つまり主意の顕著でない特徴から媒体によって根拠が見いだされたときには，驚きが起こる。以前に宇宙飛行士の毛利衛氏が乗ったスペースシャトルがなかなか打ち上げらなかったが，ようやく打ち上げられたときに，奥さんが「難産の末に生まれた子どものようです」と表現したのが印象的である。これは，生み出す（打ち上げられる）までに苦労したことを強調するために使用したメタファであり，解釈する側の受け手にはたいへんだったという感情を起こさせる。この例のように，メタファで強調された属性は引き立つが，一方で強調されなかった属性は背景に遠ざかってしまう。

　つまりメタファには次のような特徴がある。
　①対象をイメージ豊かな具象物でとらえる。
　②主意には顕著でないが，媒体には顕著な1つの属性で主意をとらえる。その結果，1つの属性にのみが脚光を浴び，それ以外の特性は背景に消えやすい。
　③メタファは，1つの属性を見いださせるという作業を課すゆえに，共通属性が発見されたときには感情を生み出す。

　特に①，②の特徴により，具象的なもののなかで1つの属性だけに焦点を当てられると抽象化され，それがカテゴリーをつくる源となる。メタファから概念をとらえると，概要を簡潔にまとめることができ，わかったような気分にさせてくれ，危険ではあるものの魅力的でもある。

2．メタファとアナロジーおよびモデルとメンタルモデル

　メタファは，属性を強調するような媒体を与える代わりに，1つの確固たる構造をもった概念の場合もある。レイコフとジョンソン（Lakoff & Johnson, 1980）による「人生は旅」は，その好例であり，旅概念は属性ではないが，「出発点があり，終結点がある」ように，複雑そうにみえてじつは誰しもが知っている1つの決まった構造である。これを概念メタファ（conceptual metaphor）とよぶ。

　一方のアナロジー（analogy 類推）は，よく知っている基底領域（source domain）から知識を移すことによって新たな目標領域（target domain）となっている問題を構造化することである。瀬戸（1995）は，ある部分だけ強調したければメタファとなり，関係まで写像する場合はアナロジーとなり，メタファは点対応（属性），アナロジーは面対応（関係）とした。さらに，メタファとアナロジーの違いは，メタファが対象をまったく違うものに変転させることがあるのに比べ，アナロジーは対象を構造化してわかりやすくする，あるいは対象の知られていない部分を推測し

て補うのが中心である。たとえば電子系を理解するのに，よく知られている太陽系を引き合いに出すことがある。

一方でモデルというのは，中山（1998）によれば，対象（自然の事物・現象）のふるまいを予測，説明するために，メタファやアナロジーを利用して記述したものであり，山梨（1988）によれば，対象を理解するためのたとえとしてのモデルから，基本的な構造やしくみを表現するモデル，そして理論をつくり上げるためのモデルがあるとするが，後者になるほど科学に近い厳密なモデルとなるという。そのなかでも，メンタルモデル（mental model）とは，対象をその状況で理解する際に，アナロジー，メタファ，モデルを利用して現象を予測あるいは説明するようなイメージを瞬時に人間の頭につくり上げるモデル（中山, 1998）のことである。

一方でイメージスキーマは，パソコンを動かすことを英語で run と表わすように，経験を一般化，抽象化して記憶した知識の鋳型で，人間の身体的運動や物体の操作，知覚的相互作用のなかにくり返し生じるパターンのことをさす。イメージスキーマを新たな対象に写像したのがメタファであり，メタファの基盤になっている。

2節　教科教育におけるメタファ

1．教科教育にメタファを用いること

メタファ・アナロジーとは，未知のむずかしい概念を説明するために用いる既知の構造をもつイメージ豊かなたとえで，それは基本的には学習者があらかじめもちあわせている知識を前提としている。したがって教科の学習にメタファを用いることは子どもの知識にそっており，子どもにやさしい学習方法である。

一方で，教科教育ではメタファ・アナロジーが理解の道具として頻繁に使用されているにもかかわらず，意識して使っているケースは少ない。また従来まで教科教育のメタファについては機能について体系化もなされていない。教科教育には，どのようなメタファの分類があるのかを探るのは興味深い。その働きに違いがあることがわかれば，教育の目的に応じた利用の仕方が可能となる。

2．使用する教師からみた教科教育におけるメタファ

試験的な調査として筆者が2006年，2007年に開催した2回のメタファ研究会では，以下のような知見が得られている。以下に限られた教科ではあるが，メタファに興味のある，あるいはメタファを使用したことのある教員の生の声を紹介したい。

(1) メタファについての概要

国語教育について下瀬（2006）は，文学的な文章ではメタファによる想像を広げるレトリック機能を，一方で説明文に使われるメタファでは論理性をうながす機能の２つの方向性について語った。後者は，「人生は旅」のようなメタファの概念構造化の機能である。そして発達差の印象として小学生では，メタファはレトリックを広げるための想像を助ける方法としては効果があったが，論理性を高めるために使うことはむずかしいとし，感性に訴えるようなメタファが合い，論理性をうながすようなメタファはむずかしいとした。しかし，実証されてはいないものの，説明文とメタファあるいはアナロジーとの対応をしっかり教えていけば理解がうながされる可能性は残されている。

　理科教育の廣繁（2006）は，理科学習では科学の絶対性が重視されると思われがちだが，実際にはその理解といえども相対的なもので，子どもが頭で考えた自然界のことが子どもにとっての科学といってよいとする。つまり理科では，「これは本当は違うんだけれども，子どもが理解する段階では必要なんだよ」というスタンスでメタファやイメージを使用することも考えられるという。また目に見えない科学の世界にメタファを使用する利点として，子どもが頭で考えていることが教師にも共有できる点があげられるという。

　英語について前田（2006）は，あたり前になっているメタファのほうが大切であること，そして英語好きにさせるには，日本語とこんなに似ているんだよと共通するメタファを提示して認識させることが必要と報告した。

　また音楽で潮田（2006）は，短い言葉を使って共通理解を図ることが多いとした上で，音楽は確かに独りよがりな表現になりがちだが，他者からの表現を入れて客観性を出しているという。

(2) 現役教師の発表から得られたメタファの特徴

　以上を以下の３つの特徴にまとめてみる。

①外在化による共有

　メタファにおける教科教育ならではの特徴は，具体物ゆえの，形として表わされる外在化とそれに伴った共有である。まずは小学校教育ならではのメタファ利用の共通点をあげてみると，理科と音楽の共通点として，メタファやイメージの言葉によってみんなが考えたことや感じたことを共有できること，さらにそれらを用いることによってわかっているかどうかの確認や見直しを教師ができることである。

②表現手段の援助

　また子どもの表現を助けたり，想像を広げるのをうながしてくれる手段としての

メタファの効用もある。国語では，メタファはレトリックという文章を飾る表現だけでなく，表現を広げてくれる手段となる。たとえば前述の下瀬（2006）は小学3年生の国語の授業で，「○○のように，嬉しかった」という○○を，豊富なメタファ表現から選んで用いるという方法も試みている。
③概念構造化
　また言うまでもなくメタファには，概念を構造化して理解をうながしてくれる機能がある。国語と英語の共通点であるが，たとえば説明文のことわざ使用では，誰もがもちあわせている知識から理解が深められるのであり，英語もイメージスキーマとかゲシュタルト（形態）という身体的基盤を基にしている。したがって，日本語と類似した点を示して英語に興味をもたせていくことも可能であろう。ことわざもイメージスキーマもみんなで共通の理解ができるという点では似ている。

3節　各教科にみられるメタファの特徴

　本節では，以上の意見を踏まえながら各教科についてのメタファについて概観していく。またここでは，校種ごとの分類はしないことをご了承いただきたい。なお，理科は科学論におけるメタファの論争を含むので，詳細に論じていきたい。
1．国語科のメタファ
　この科目に用いられるメタファには大きく分けて，2つの機能がある。1つは概念メタファあるいはアナロジーのような構造の対応関係を明らかにする理解であり，もう1つは新たな視点を導入して想像を豊かにするような創造である。
(1) 概念構造化
　概念構造化メタファとは，概念に構造を与えることをさし，たとえば"愛は戦いだ"によって，争う，奪う，勝つといった体系的な説明を可能にするもので，学習者がもともともっている知識に依存する。
　例として長文読解の「伸び続ける牙」（日能研, 1996）をあげたい。これは，よくわかっていないほうによくわかっている構造を適用して理解するというアナロジー（関係対応）であるが，構造と同時に構造を構成する属性間の因果関連が明らかなものが理解をうながす。

　　　　ある猪の牙は本来自分の身を守るために存在した。しかしそれが伸びすぎるとかえって自分の身を刺してしまう。本来は役立つがその度が過ぎると逆に害

になるという好例である。それを人間の科学技術にあてはめてみる。科学技術はそもそも人間を幸せにするために利用される。たとえば冷蔵庫やクーラーは食べ物を腐らせず，また夏でも快適に過ごすために役立つ。しかし一方でそれが用いられすぎると排出されるフロンガスでオゾン層を破壊してしまい，紫外線が直接降りかかって皮膚ガンを起こす。　　　　（「知の翼伝説」日能研）

　過度になると人間に害をもたらすフロンガスがオゾン層を壊し皮膚に害が出ることが，牙が直接体に刺さる害にたとえられることによって理解が進む。科学については，知らぬ間に進んで自らを痛く傷つける結果をもたらすことを伸びる牙によって強調している。

(2) 詩的創造

　楠見（2005a）は，カテゴリーの異なる対象を結びつけることが新鮮でインパクトのある発想や表現を生み出すという詩的創造の機能を指摘しているが，たとえば詩や俳句にみられる創造の機能は，今までにない新たな視点を導入して対象を違った形に表わし，感動を呼ぶという。この機能には，主意のもとの姿には固執せず，メタファによって変転することを想定している。

　たとえば西郷（1998）は，「うしさんうふふ」で視点と対象の響き合いを提唱し，牛というものはこうだ，ではなく，幼い子は牛をこのようにも見るのだよという幼い子の見方が同時にとらえられる必要があるという。

　　うしさんうふふ　おっぱいに　にんじん　ついてるよ　しっぽに　ねずみがぶらさがってる　うふふ　はなに　ドーナツ　ついている　からだに　ふんわり　くも　浮かんでる　うしさん　うふふ　　　　（「うしさんうふふ」　吉田定一）

　また三好達治の「土」という詩「蟻が蝶の羽を引いていく　ああ　ヨットのようだ」は，現実を踏まえながら現実を超える虚構の世界という。つまり，蝶の羽でありながらヨットのように見ることが必要と説く。この場合のメタファの機能とは，いったんそのように見たら元に戻れず，変転したままに見ることになる。

　俳句では，仁平（2002）は，「レトリックは表現を豊かにするためのものだが，ただし表現を豊かになることは，わかりやすくなるのとは違う」と述べ，理解とは違う方向を目指すという。ここでのメタファの属性は飛躍であるといい，常識的な理解を超えながら，しかも相手にその類似性を納得させることだという。この機能

は理解というより新しい属性を与える想像であり，利沢（1985）によれば，一点の理解をうながすような属性強調に対して，一点の類似から違ったものを想像することから新たなものが加わることを属性導入という。たとえば，川端康成の雪国には，「駒子の唇は美しい蛭の輪のようであった」という表現があり，そこには唇を蛭にたとえるという常識を越える理解があるという。直喩の俳句には，読者に対して謎かけをするように，作者でさえ予想しない多様な解釈が期待される。そして読み手がなぞを解いたときに，その意外さに感動を覚える。この点が逆に，楠見（2005b）が三島由紀夫の著作から引用して警告しているところの，メタファがまとまった内容を混乱させる危険性でもある。このように国語のメタファには論説文における理解の機能と，詩や俳句での想像機能に大きくわかれる。

2．社会科のメタファ─歴史教育

(1) 擬人化

まずは，社会科ではメタファはレトリックとして使われる。たとえば鎌倉幕府が開かれるとか，室町幕府が倒れるとかである。それはまるで幕府という存在があるかのよう，あるいは幕府という個人が存在するようにメタファが擬人的に使用されている。

(2) 簡潔化

社会科には，複雑な社会事象の関係を簡潔に示すメタファとして「風刺画」がある。ビゴーの風刺画は，その代表であり，諸外国の関係を擬人化してわかりやすく示している。それも1枚の絵を頭のなかに描かせて関係を一気に理解させる働きがある。図4-1のビゴーの画は，「日露戦争時の日英同盟とその意味」を示し，複雑な国際社会の関係を人間関係にたとえて一気に理解させるものである。風刺画は，そもそも複雑な国際関係を学習者に簡潔にとらえさせ取り込みやすくする利点はあるが，教師の導入の仕方によっては理解がかたよったり，逆に学習者が自由に受け取ると誤って推論する可能性がある。また授業のどこで導入するかも風刺画の効果を左右しよう。

図4-1　日露戦争時の日英同盟とその意味（ビゴー画）

(3) 意思決定

　また社会科のメタファにのみみられる顕著な特徴は推論あるいは意思決定 (decision making) の機能であろう。歴史で使用されるアナロジーは，すでに自明である過去を知って，将来を予想する機能がある。

　メタファ・アナロジーの構造化を意思決定に使用した典型例は，湾岸戦争のおけるアメリカのとるべき態度を第二次世界大戦時になぞらえるか，ベトナム戦争になぞらえるかという選択問題（Holyoak & Thagard, 1995）である。具体的にいえば，イラクのフセイン大統領をナチスドイツのヒトラーになぞらえるか，あるいは湾岸戦争をベトナム戦争になぞらえるかによってアメリカのとるべき態度や推論が異なってくる。これは考えるもとになる知識の基底類推（source analogy）としてどのような事象をもってくるかによって後の推論が決まるという例である。たとえばヒトラーになぞらえる場合は，イラクが侵攻したクウェートが民主的な国家ではなかった点などは見逃されやすい。社会のメタファの場合には，理解というより1つの属性ひいては1つの推論へと受け手をさし向けてしまう危険がある。

　以上のように社会科のメタファの機能は，理解や想像というより推論ひいては意思決定が中心になってくる。したがって，政治色や宗教色から中立であるべき教員が，特に現代史においてメタファやアナロジーを使用する際には，理解にかたよりがないかどうか注意する必要がある。

3．算数・数学科のメタファ

　数学のメタファについては，関口（2003）の論考を参考に紹介したい。数学は，レイコフとヌニェス（Lakoff & Núñez, 2000）によれば，「モノを集める」「モノをつくる」「棒で計測する」「移動する」の4種類の基礎メタファ（grounding metaphor）からなるという。また基礎メタファのもととなるのが〈起点／経路／目標〉〈容器〉〈連結〉〈部分／全体〉等のイメージスキーマという。

　前述のように，数をタイルで説明する場合は，事物が他の特徴がさまざまであるにしろ同じタイルとして抽象化される。いわばタイルに描象化された蜜柑はすべて同じ1である。

(1) 集合メタファ

　まず，図4-2のような「数はものの集まり」集合メタファがある。ここでかかわるのは容器スキーマである。演算は，与えられた集まりから新しい集まりを生み出す操作と見立てられる。容器の容量は，一定である。つまり容器が一杯になると別の容器に入れなければいけない。また1つの容器を1と見なすと，それら集まっ

千のくらい	百のくらい	十のくらい	一のくらい
二千	三百	四十	六
2	3	4	6

図4-2　立方体の積み木による集合メタファ　（学校図書，H23年度小学校算数2年下から引用）

てさらに大きな容器が一杯になればそれも1となる。1が10個集まると10の位の1になり，10が10束集まると100の位の1になる。あくまでそれぞれの位の1である。

(2) 構成物メタファ

次は「数は構成物である」メタファである。これは連続量を扱うときに見いだされるメタファである。複数の構成物をいっしょにして大きな構成物ができる。逆に大きい構成物から小さい構成物を取り去ることもできる。これが足し算，引き算のもとになる考えである。ここでかかわるスキーマは部分／全体スキーマである。

(3) 計測棒メタファ

3つめは図4-3のような「数は計測棒である」メタファである。計測棒とみなすメタファは連続量を扱うときに便利であり，構成物を線分に見立てたものであり，足し算は計測棒上で加算される。これは小学校低学年でおもに利用されている。

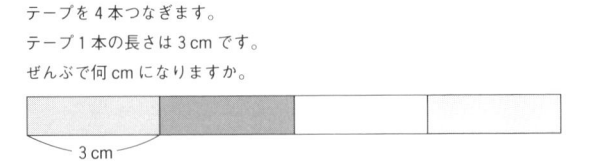

図4-3　計測棒メタファによる足し算　（啓林館，H23年度小学校算数2年下から引用）

(4) 移動メタファ

4つめは「数は移動である」メタファである。数は計測棒メタファと関係して，移動とみるメタファでは数は経路上の場所と見立てられる。演算はある地点からある距離だけ移動したと見立てられ，その結果としての地点にいる。

この移動の例を岩本・宮野（2000）の卒業論文「数学的思考と比喩」から引用し

てみる。

【例題1】
　A町からB町へアツシ君が歩くと30分かかります。B町からA町へダイスケ君が歩くと20分かかります。2人が同時に出発すると何分後に2人は出会いますか。

【例題2】
　壁にペンキを塗ります。マサルさんが1人で塗ると8日かかります。モリさんが1人で塗ると5日かかります。2人で同時に塗り始めると何日で塗り終えるでしょうか。

　以上の2つの問題があるとき，図4-4のように双方ともに移動メタファでイメージするとわかりやすい。つまり2人が1の距離を踏破する問題ととらえ，同時に対局の起点から出発して中心に向かい，終点は出会った地点であるとする。例題1では，全距離を1とするとアツシ君は1分で1／30だけ，ダイスケ君は1／20だけ進む。それで2人は離れた距離1を踏破すべく出会いに向かって移動する。移動は同じ時間だけ重ねるわけだから，それをxとおく。同様に，例題2も，2人で仕上げる仕事を1とすると，マサルさんは1日で1／8だけ，モリさんは1／5だけ塗ることになる。仕事を1として塗り終えていく移動とみなすと，移動は同じ時間をかけるわけだから，それをxとおく。このように仕事量を数直線上の移動と考えるとわかりやすい。これらは文章題のメタファによる抽象化である。

　この移動メタファを利用すればマイナスとプラスも理解できよう。マイナスはプ

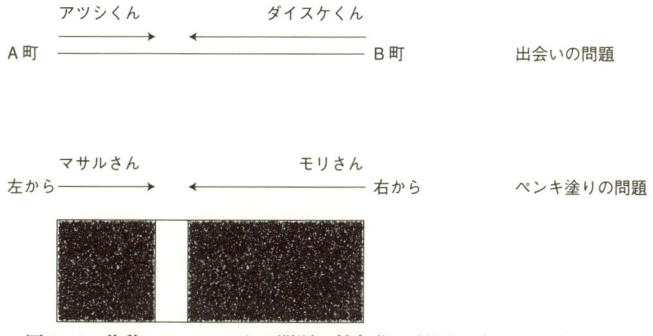

図4-4　移動メタファによる問題の抽象化　（岩本・宮野，2000）

ラスとは数直線上を反対方向に移動することとみなされる。それも時間を追って移動する。たとえばどうしてマイナス１×マイナス１はなぜプラス１になるかを考えるときに，時間と位置から理解することができる。古川・廣中（2003）が週刊誌での対談で，このプラスとマイナスの概念を，時間とともに下がってくる気球にたとえていた。気球は１時間ごとに下がる，つまりマイナス（－１）であるから，１時間前つまり時間がマイナス（－１）ならば，気球は上（＋１）にあるはずである。

(5) 天秤メタファ

また関数は，一方にある数を入れるとそれに従ってもう一方に規則正しい数が出てくることである。移動からすれば両辺同じだけ移動すると考えてもよいし，関数をバランスという点からみれば，一方にある数が入るともう一方にもそれとつり合うような１つの数が入ることになる。このように関数の左右は，つり合う天秤と考える。

以上のように数学のメタファは，基礎メタファによる理解が中心であるといってもよい。

4．理科のメタファ

理科教育では，目に見えにくいものを可視化してわからせるという意図からメタファが多く使用される。

(1) 理科教育のメタファにおける意義とその例

①可視化によって共有させるメタファ

松永（1985）は，図４-５のようなボイルの法則において，気体の減少による圧力の上昇を粒子の運動にたとえて可視化し，壁に当たる頻度から圧力を理解させている。一定の速度で運動する粒子は体積が圧縮されるとそれだけ壁に当たる回数が増え，その回数の増加で圧力の高さを体感させてくれる。このように理科のメタファは，可視化によって教師と学習者の共有材料となりうる。それゆえにメタファから導き出される結論も説明可能なものとなる。

②１つの属性（感覚）から理解させる

ゲントナーとスティーヴンス（Gentner & Stevens, 1983）のメンタルモデル理論でいえば，図４-６のように電流を水流にたとえるのは，目に見えない電流の強さを水流の強さという感覚上で実感できるものにたとえ，目に見えない電流も水流が倍になる実感によって納得させるのである。しかしこのような水流モデルでは抵抗という電気の側面を説明できない。したがって電気の抵抗について説明しようとするなら，走る車の量に対する道路の幅という別のメタファが必要となる。このよ

定温変化の実験

気体の圧力と体積の関係を調べるために気体の温度を一定にしながら、図のように体積を 1/2, 1/3, ……と圧縮すると……。
●は気体の分子です。

分子の熱運動の度合いは変わらないのに（温度一定だから）単位体積に含まれる分子の数は 2 倍, 3 倍……と増加し、容器の壁の単位面積に衝突する分子の数も 2 倍, 3 倍……と増加するから圧力は 2 倍, 3 倍……と増す。

したがって
一定温度では一定量の気体の圧力は体積に反比例する（ボイルの法則）

図 4-5　気体の減少による圧力の上昇を粒子が壁に当たる頻度で表わした例（松永, 1985）

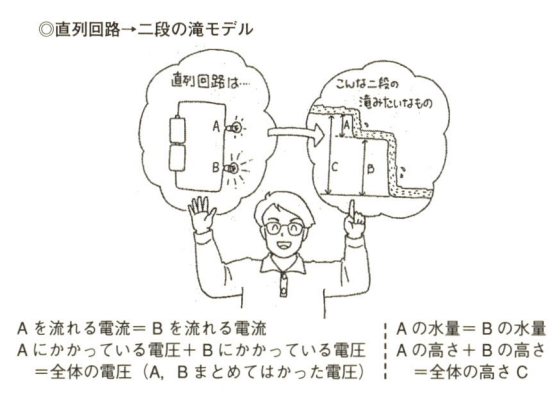

◎直列回路→二段の滝モデル

直列回路は…
こんな二段の滝みたいなもの

A を流れる電流＝B を流れる電流
A にかかっている電圧＋B にかかっている電圧
＝全体の電圧（A, B まとめてはかった電圧）

A の水量＝B の水量
A の高さ＋B の高さ
＝全体の高さ C

図 4-6　電流を水流に喩えた例（向山・小森, 2001）

うに理科のメンタルモデルで、電流の水流へのたとえや、抵抗の道路の道幅へのたとえは、1 つ 1 つの特性に絞った理解である。

③アナロジーを用いた細胞の概念構造化による理解

　理科のアナロジーでは、電子系を太陽系で見立てるものが有名であるが、それ以

外のもので，2003年度のアメリカバージニア州のあるミドルスクールが用いた生物（science）の教科書に載っていた細胞のアナロジーを紹介したい。細胞はそのしくみはみえにくく，その構成要素は実際には関連し合っているものの，関連具合は把握しづらい。しかし，それを以下のように小さな町にたとえると可視化を実現すると同時に要素間の因果関連も明らかに示すことができる。

これは「人生は旅」に似た，「細胞は町」という概念メタファともいえる。

［細胞の部位］
　小さな町あるいは市を思い浮かべると，道路があり，工場があり，学校があり，家がある。町ではいろんな人が働き，サービスを提供している。人は専門的な職業をもち，建物もそれぞれの使用目的をもつ。つまり細胞はその小さな町あるいは都市であり，細胞の各部位は独自の仕事をもち，どの部位も細胞が生活を営むのを助けている。

［細胞膜］
　それぞれの町は境界をもつように，すべての細胞が境界をもつ。植物細胞の細胞膜は薄い構造をしており，植物細胞も動物細胞も取り囲んでて，そのほとんどがタンパク質と脂質からできている。

［細胞核］
　そのなかの細胞核は，その都市の運営について重要な決定をする市長と市議会のようであり，細胞を治めている。それはまた細胞の再生をも統制している。

このように働きがみえにくい細胞を町という視点からみることにより，把握しやすくさせている。

5．英語科のメタファ
(1) 存在メタファ

レイコフとジョンソン（Lakoff & Johnson, 1980）は，メタファの体系として①方位的メタファ，②存在論的メタファ，③導管メタファ，④構造的メタファをあげているが，なかでも英語は，心の現象を物化して表現する存在論的メタファをもとにしたものが多い。たとえば活動を物質に置き換えて，もつ（have）とすれば，人間の行動のすべてがhaveで表わせる。「私を気にかけてくれて」は "have me on your mind"，「心が重い」は，"have a burden" で表わせよう "have to" は「しなければいけない」と訳されるが，1つの私的解釈であることを承知で言えば，to

には「接している」「つながっている」という意味があり，to 以下を have（もつ）ことは，する必要に迫られるつまり「しなければいけない」と解釈できる。

(2) プライマリーメタファ

レイコフとジョンソンの概念メタファ以上に，構造を分析したのがグレーディー（Grady, 1997）によるプライマリーメタファ（primary metaphor）である。彼は，独立した直接的な経験基盤をもち，言語データを予測することができるものとしてプライマリーメタファを提案した。レイコフとジョンソン（1980）のいう概念メタファもこのメタファの複合版にあたるという。グレーディのいう「直接的な経験基盤」とは，運動感覚的な経験と主観的な経験・判断がなされるような場合をさすという。プライマリーメタファの例としては，"Affection is warmth." "More is up." "Understanding is grasping." "Categories are conceptions." などがあり，運動や知覚などの身体性に基づいたスキーマがその発端にあるという。

プライマリーメタファからイメージをたどれば，真の理解が得られる場合もある。たとえば prefer A to B は「B より A を好む」と訳されるが，pre の原義は「前」であり，fer は「運ぶ」である。そして prefer A to B は，B に接したまま（to）A を前にもってくることであり，前の対象は物理的に近い距離にいて親しく感じられたり優先順位が高いから好まれる。したがって，B より A を好むとされる。このように，丸暗記するのではなく，身体的基盤によるプライマリーメタファからイメージ化すれば真の理解にたどり着ける。

(3) 身体感覚的なイメージスキーマ

英語のメタファに関しては，イメージスキーマをあげる必要がある。英語に限らず言語一般には身体感覚を基盤としたメタファが豊富にみられる。

たとえば走る（run）の原義は，連続して速く動くさまであるからパソコンにも通用できる。つまり人が走るのもパソコンが動くのもイメージは同じであり，動詞を覚えて，対象だけを変えればあらゆる現象を表現できる。これが身体的運動でのくり返しパターンであるイメージスキーマである。また日本語における電話の内線は，英語では extension（拡張）であり，日本語での銀行の支店は英語では本店から枝分かれした branch である。このように日本語も英語もイメージスキーマ上は同じである。前田（2006）のいうように英語はイメージスキーマ上で日本語と共通して学べる可能性がある。

(4) 英語における移動メタファ

算数でよく用いられる移動メタファも，英語の時間表現に使用できる。朝食を「抜

く」の skip は，朝昼晩と連続している1日の食事のなかの1つをスキップする（飛び越える）イメージである。新幹線での東京行きは "bound for Tokyo" で表わされる。新幹線はレールで結ばれており，起点から終点間まで移動する意味からであろう。そして，停まる駅は，"short stop at ××" になる。このように，英語のメタファは，存在メタファ，移動メタファ，プライマリーメタファによる理解が中心である。

6．音楽科のメタファ

　音楽のメタファは，たとえば楽器の演奏をうながす際に，「ちょうちょが飛ぶように」とか，「雪が舞い落ちるように」とか，イメージをうながすために教師が利用することが多いであろう。このようなメタファは教師と子どもたちがイメージを共有できるという利点がある。このようなメタファによる教示が可能なのは，万人に共通するイメージスキーマなるものが存在するからであろう。

　スワンヴィック（Swanwick, 1988）の著作で紹介されていることを参考にすると，音楽はヴァーノン（Vernon, L.）のいうように過去の行動のシェマと類似していたり，音楽のなかに生命の形式である伸張，収縮，結合，放出，統合，分解，発達と成長のリズムを認めることができるという。同様にスワンヴィック（1999）は，「メタファとしての音楽」のなかで，私たちは音（tone）にふしがあるように聴くとし，ファーグソン（Furguson, D.）の見解を引用しつつ，音楽とは「音の行動パターンを，人間の身体による行動パターンに移し換えることである」としている。このように音から生じるイージスキーマには生得的なものを感じさせる。

　古根川（2008）は，メタファが音楽に対する明確なイメージを獲得させたり，表現するためのテクニックとしても有効に作用することを提唱し，たとえばメタファによるイメージがピアノの打鍵の速さ（velocity）や長さ（duration）に影響を与えることを検証している。さらに，このように万人に共通する身体的基盤に影響することもあれば，一方でその表現には個人差が現われるという拡散的な特徴にも触れている。

　拡散でいえば，メタファを用いる際の個人差については潮田（2006）が指摘するように，たとえば冬という言葉からイメージさせる場合，雪が静かに降ることを連想する子どももいれば，雪合戦の激しさを連想する子どももいる。以上のように，音楽のメタファにおいては共通性と個性の双方があり，使用する際にはメタファの具体的イメージを確認しておく必要がある。同じ曲でも指揮者によって曲調が変わるが，それは美術の鑑賞と同じで，指揮者が違ったメタファで曲をとらえるからで

あろう。

7. 美術科のメタファ

美術ではやや臨床心理学的な例となるが，アラン（Allan, 1988）の著作を中心に紹介する。彼によれば，絵画や工作における表現は，緊張の解放，情緒の安定，葛藤の吐き出しなどをがもたらすという。その理由として，子どもが自分自身を表現しようとして選ぶイメージや様式は，現在の情緒や心理の状態のメタファであることがあるからだという。

さらにアラン（1988）は，ローエンフェルド（Lowenfeld, V.）の言葉を紹介し，美術教育の最も重要な課題は，子どもが本来秘めている創造力を啓発することであり，活動に熱中させることで，彼らをパーソナリティの深層に導き，経験の水準を拡げることであるという。その際の教師の役割は，非審判的雰囲気をつくり，子どもたちの防衛をゆるめて自由に表現させ，他者の表現したものをも尊敬の念をもって受け止めるようにさせることだという。

また美術教育という観点からの教師の役割としては，子どもが経験を深めたり順序立てて明確なイメージで表現できるように助けることをあげている。以下にアラン（1988）による，火について心に浮かぶものを絵に描かせた美術制作の例をあげてみよう。怒りを統制することのむずかしい子どもは，最初こそ火のなかから飛び出してくる怪物を描いた。しかし次の絵では紙面を半分に分け，半分には過去として，火山からの溶岩の炎と熱い岩が噴出して助けを求めている絵を描き，もう半分は現在として，暖炉のそばに立って笑みを浮かべ思うままに火をコントロールしている男を描いたという。絵を描くことは，子どもの怒りを建設的な仕方で処理できるよう支援していたことになる。このように絵は，単なる表現ではなく，メタファに自分を投影して可視化し，さらに自分をコントロールする手段となっている。一方で美術の鑑賞でもメタファは働く。リッチモンド大学（University of Richmond）でのショボルド（Sjovold, E.）へのインタビューでは，絵は鑑賞者にとらえられた時点で，鑑賞者自身のメタファによって受け取り方が変わってくるという。

8. 技術・家庭科のメタファ

技術科では，まさにその中身が見えないコンピュータはメタファによって説明される。たとえば，パソコンを机にたとえたりする。パソコンのメモリの大きさは，作業台の広さにたとえられ，またハードディスクの容量や数は，引き出しの大きさや数にたとえられる。またインターネットは郵便にたとえられ，アドレスに届くメ

ールは固有のものでないと家に届かないことを強調している。

また家庭科では，栄養素についてのメタファが典型的な例としてあげられる。以下のメタファは，体にとって栄養素の1つひとつが欠かせないものであり，さらには栄養素それぞれのバランスがとれて初めて体が機能することを伝えている。

たとえば，山田（2006）はウィリアムス（Williams, R. J.）による生命の鎖理論を紹介するなかで，すべての栄養素は1本の鎖のようにつながっており，相互に関連しながらさまざまな栄養という現象を担っているとし，それは真珠のネックレスにたとえられるという。そのメタファから，1つ真珠が欠けても真珠のネックレスたり得ないことになり，すべての栄養素をまんべんなくとること，つまり好き嫌いなく何でも食べることが体にとって必要だという結論が導かれる。

また現職教員が教科書から引用したものに，人が体を動かすのに必要な栄養素について，車が走るために必要な属性にたとえた例がある。①人体のおもにエネルギーになる栄養素は炭水化物や脂肪であり，それは車でいえばガソリンなどの車の燃料にあたる。②人体のおもに体の組織をつくる栄養素はタンパク質等であり，車の車体にあたる。③人体のおもに体の調子を整える栄養素はビタミンなどであり，車でいえばエンジンオイルなどの潤滑油や整備にあたる。車に乗る人にとっては，車が走るためには3属性が考えられて，それぞれが欠かせず，また関連していることは自明であり，見えない人体のしくみを理解するにふさわしいメタファである。

以上のように技術・家庭科のメタファは，ある面を強調して伝達するために使用されている。ただし家庭科を専修する，ある現職教員院生のレポートに，低学年に，ほうれん草を下ゆでしなければいけないことを教える際，アク（シュウ酸）を悪魔にたとえたところ，そのまま受け取ったのであわてて修正した例が紹介されていた。このように低学年にメタファを使用する場合は，歴史教育と同様に誤った推論をする危険性があるので注意を要する。そのせいか中学校に比べて小学校の教科書にはメタファの事例が少ないとの感想もあった。

9. 体育科のメタファ

体育科でメタファが使われる場合は，おもに技能技術を学習者にうまく習得させる場合であろう。たとえば田中（2000）は，日常の経験や運動経験，あるいは既成の概念におけるイメージ表現では，被伝達者と伝達者が同一の経験や概念を共有してはじめて可能になるとし，メンタルモデルが有効な表現になるとしている。運動指導における例でいえば，鉄棒運動の蹴上がりは「ズボンをはくときのように」鉄棒を引きつける，走り幅跳びの踏み切りは，「階段を駆け上がるような」つもりで，

サッカーのトラップは,「体を布団のようにして」ボールを受ける,ソフトテニスのフォロースルーは,「タオルを首に巻きつける感じ」のようにメタファ表現が豊富である。

体育科のメタファは,教授者と学習者がイメージを共有できる材料として有効に働いており,教授者はメタファによって身体的イメージをわかりやすく伝授できる。

4節　教科教育におけるメタファで伝えたいこと

以上のようにみてくると,メタファの機能について(2)の①〜③で触れた,外在化による共有,表現手段の援助,概念構造化という3つの機能のほかに,さらにメタファの機能をメタ化すれば,いくつかの分類が試みられる。

1. メタファの分類の可能性
(1)「身体的基盤に基づくメタファ」対「悟性に基づくメタファ」

瀬戸(1995)はメタファを感性メタファと悟性メタファに分けたが,身体的基盤をもっているのが前者の感性メタファである。英語や体育では,イメージスキーマのような身体的表現が用いられるが,説明不要で万人に適用されるからこそ理解を可能にするのであろう。

一方で,ことわざでもある「時は金なり」のような悟性に基づくメタファは,資本主義社会にだけ通用するものであり,その価値をもたない世界においては理解できない。あくまで後天的なものである。

(2)「主意(対象)主体メタファ」対「媒体(メタファ)主体メタファ」

主意主体は,国語の長文読解「伸び続ける牙」におけるアナロジーも,算数における基礎メタファも媒体(メタファ)によって主意に構造を与える理解が中心である。これらの場合に,主意(対象)は潜在的には構造化されるべく到達したい目標をあらかじめ決めている。あくまで主意が構造化されるのが目的である点では主意主体であり,媒体はもっぱら主意を明らかにするために用いられる。

一方の媒体(メタファ)主体では,新たな見方,新しく解釈する場合の創造が代表的である。それは構造化を中心とする理解とは違って,部分の共通性によって対象を変転させる想像の機能である。このメタファの代表例である「牛さんうふふ」(西郷,1998)のように,学習者自身が新たなメタファに気づいて発想を変える場合や,思いがけないひらめきが起こる場合がある。その場合には,到達させたい目標もあらかじめ決まっていない。これはメタファを与えられた後に新たな属性が発見され

る属性導入（利沢, 1985）とも共通する。

　美術では火を新しいものに見立てて表現するように，また音楽で指揮者それぞれが何かにたとえて曲調を醸し出すように，メタファは新しいものをつくり出す。媒体によって主意が姿を変えることからあくまで媒体が主導権を握っている。

(3)「意図する方向性をもつメタファ」対「自然偶然的方向性をもつメタファ」

　この対の双方とも，メタファの一属性である強調という特性から生み出される。すべてのメタファはある点を強調し伝達するという性質から，1つの方向性のみを導くことになる。前者は，教授者の意図で学習者が導かれる，いわば説得であるのに対して，後者は学習者が思いつきのメタファで想像を広げるためのものである。前者の立場としては，家庭科のメタファにおいても，バランスの大切さを訴えるような教授者の方向性がある。また歴史教育のメタファにも，使い方しだいではある方向にうながすような説得機能がある。鈴木（1996）は，アナロジーによる準抽象化として，理解においては，ある観点から眺めることが必須であるとした。たとえば「脳をコンピュータ」にたとえる場合は，すでにその「働き」という観点からあらかじめみているという。また電流を水流システムで代用する場合にも，「流れる」働きにあらかじめ着目している。

　一方で後者の立場のように，メタファには，どの側面に焦点を当てるかわからないような偶発的で自然発生的な要素もある。俳句の直喩において思ってもみない共通性が後で見いだされる属性導入もそうであるし，三島が指摘したメタファの解釈による小説の混乱も同じである。

2．包括的な分類としての収束と拡散

(1) 収束と拡散という試案

　教科教育のメタファは以上のように，外在化による共有，詩的創造，概念構造化のほかにも，さらにそれらをメタ化した「主意主体」対「媒体主体」，「意図する方向性」対「自然偶然的方向性」のような分類も可能であろうが，さらにこれらを包括したもので，メタファがどのような目標をもって，どのような役割を果たすかという一連の働きに注目した分類も可能であろう。あくまで学校での教科教育に限定した分類であるが，試みとして，収束と拡散による分類を提案したい。

　収束は，主意主体で属性あるいは関係を強調したり，概念構造化を目指す，目標指向型であり，理解させるのが目標である。メタファによって理解させるための，特に強調して理解させたい構造が潜在的に主意に存在し，媒体はそのまま主意に移行するだけである。これは従来はメタファの不変仮説ともよばれている。

一方の拡散は，媒体主体で，創造・詩的で，新たな類似性をみつける属性導入を伴い，目標探索型で，創造を目標とする。メタファによって対象を新たに見立てるのが目的で，想像を広げ，今までにない意外な類似点を発見したり，新たなものに変転させる。これらの収束－拡散から述べれば，英語は圧倒的に収束的である。国語は，論説は収束で，詩や俳句は拡散であり，大きくわかれる。理科は，主としては収束的であり，属性による単なる理解という面が多い。数学は，主として収束的，それも概念構造化的である。

(2) 学校教育における拡散的メタファによる創造

　今回は，学校での教科教育のメタファを中心に語ったが，一方で研究者が新たな理論を発見していくときには，拡散的なメタファが必要となろう。歴史教育の風刺画などは収束的であるが，メタファやアナロジーによって，新たに結論にいたる場合は，目標探索的になる場合もあろう。美術や音楽は教師と生徒がメタファを共有して理解する場合は収束だが，個人ごとのメタファにまかせて感性で表現するときは拡散が主となり，さらに作曲家が曲をつくるときにも拡散が必要である。つまり教科教育の理解においては収束が中心だが，その代表格である数学や理科でさえも，新たな理論を出すときには拡散的なメタファが必要となる。

　そこで，学校教育であるが，研究者の発想に近い拡散メタファの活用を考えてみたい。森本・尾崎（1995）によれば，ある概念に傾倒することにより，それが何らかの形を借り出すようにうながす，つまりアフォード（afford）されてメタファ表現が生まれるという。たとえば温度の上昇による水の対流はエレベーターというメタファにアフォードされるという。これは現象の目的をみつける場合にメタファが働くと言い換えられる。

　中山・里岡（1998）によれば，たとえば理科の大切な学びとして化学変化があるが，なぜ化学反応が起きるのか，起きなければいけないのかという目的は子どもにとってわかりづらいという。たとえば酸化は，酸素が金属などに結びついて新しい物質をつくっていくことであるが，酸化物の還元では結びつく相手を変えて新しい物質をつくったり，もとの物質に戻すのが酸素の役割である。しかし酸素を他のものにたとえさせると，生命に必須であるという役割のメタファは出るが，結合という役割に注目するメタファは出にくいという。そこで「酸素はもともと銅とくっついていたけど，銅から離れて炭素とくっついた」と強調して説明すると，「男女の仲」に見立てた説明が生徒から出たと述べている。そして「男女の仲」というメタファから酸素の役割を見直した後では，見方も自分自身から少し離れて，科学の基

本である客観視へとシフトしたという。男女が引き合う目的それぞれに応じて、相手や結びつき方が変わることを、化学変化が起こる目的にも見いだしたわけである。これは、生徒自らがメタファによって化学変化の目的を見いだしたといえ、あらかじめ決められた方向から教えられた授業とは異なる。さらに、学習者が提案した新たなメタファのなかで、説明可能なものを教授者とともに検証していく方法を提唱している。これは拡散から収束に向かう方法である。このように、教科教育でありながら、学習者自身に新しい発見をさせる授業をメタファは可能にしている。クレメント（Clement, 1988）は、同じ長さのバネでも直径の長いバネのほうがよく伸びる説明について、新たなアナロジーによって拡散して発見するとした。ある理科の院生のレポートには、飛び込み台に気づいた者は、台が長いほうが振り幅が広いことへの気づきからバネの伸びが大きいことに気づいたとの報告もあった。大堀（2002）は、「ひらめき」が生まれる契機の1つは、かけ離れた対象の間にアナロジーが成り立つ場合といい、正しいという保証はないが、未知のものを理解するための重要な方法であるとしている。

5節　メタファの危険性とその防止策

1．メタファの特徴からくる危険性
(1) メタファの一属性強調主義による危険性

　メタファは、前述の通り一点だけに凝縮して理解させる方法であり、それは久米（1992）のように、1つの啓発的で図像的で包括的なイメージに効果的かつ瞬間的に融合させるものである。メタファはいわば、一気に理解させるには好都合な特性をもつが、楠見（2007）が指摘するように、主意と媒体の対応が明示されていない場合に、まちがった理解や推論、さらには一般化をする危険性があるとした。たとえば「認知は計算」メタファでは、計算ではとらえられない認知を見逃したり、メタファはないものを実体化したりするという。たとえば記憶を貯蔵庫とみなす箱メタファでは、頭のなかに情報を貯蔵する箱があるように考え、脳に分散されている面を見落としてしまうとしている。これはメタファの一点だけで強調して理解するゆえ、他の特徴を後退させてしまう危険性である。

　まさにメタファによる一属性が心理学の図－地でいえば図であり、それ以外のものは無視されて地（背景）となる。図の部分はデフォルメされてもとのものと似ているが、詳細をデジタル的にチェックしていくと、一致しない。これがメタファ

による事例の誤った理解にもなる。家族類似性（family similarity）も同じであり，中本（2005）は，メタファが理解可能なことは必ずしもそのメタファが正しかったことを保証せず，飛躍を伴うとする。適切でないアナロジーのことを，ヘッセ（Hesse, 1966）は否定的アナロジーとよぶが，科学のモデルとして認められるには，その障碍を乗り越えなくてはいけない。

　理科では，たとえば電流を水流モデルで理解させるとき，水圧が2倍になれば水流も2倍になることを電圧と電流の関係にも適用することは，科学的とは言えないが理解だけは進められる。しかし，社会の場合は，たとえば湾岸戦争を題材にする際に，第二次大戦のヒトラーとかベトナム戦争の事例にたとえる場合，説明したいところだけでとどまらず，その事例全部が採用される危険性がある。家庭科でアク（硝酸）をとらせるための悪魔のメタファと同様に，あくまで理解のためというクッションが消えてしまい，独り歩きしてしまうのが同様に怖い点である。

(2) メタファを知っている必要性（熟知度）

　メタファを話者の意図通りに解釈するためにはメタファを知っていなければならない。しかし時代とともにそのメタファが効力を失う場合もある。以前は黒幕というメタファが，政治の世界で暗躍する存在であることを誰でも知っていたが，政治の透明性が進むにつれ，メタファの効果も失われつつある（田邊, 2008）。

　また発達が伴わないとメタファの理解も進まない。ある現職教員のレポートであるが，小学校6年生対象の国語のテスト（「小学6年国語読解力全国標準検査」増進堂受験研究社）で「わたしは思わず歩みを止めた。雲のうずのひとところから，ぽっかりと現れた山の湖のような青空。が，それは，ほんのひとときだった。青空は，みるみる，雲の中に消えていった。わたしはまた歩き出した。―雲の上は，いつも青空なのだ」という詩について6年生児童に作者の意図を問うた結果，青空が希望で，雲が絶望と対比的にとらえた子どもはほとんどいなかったという。大人にとっては青空：雲＝希望：絶望という対応には，暗雲という用語もあるように気づきやすいが，子どもにとっての雲はそれほど悪いイメージではなく，意図が読み取りにくいという。このように学習者の発達レベルによっては，メタファの効果が異なり，学習者にはメタファとなりうる知識をあらかじめ伝授しておく必要もあろう。

2．メタファの危険性の解決策

(1) 一属性強調の危険性を避けるための網羅した「わかり」方

　メタファは，一面を強調する特徴を鮮明にして，手っ取り早く理解させる点からは必要な面があるが，合っていない点を強制的に当てはめる危険な面もある。つま

りメタファは，一面の特徴を凝縮して示す簡潔なカテゴリー化という特徴もあり，結論としては，概念が多面性をもつのであれば複数のメタファで網羅して表わせばよい。たとえばゲントナーらが唱えたメンタルモデルの例で，理科の電気を理解させるために電流と電圧の関係を理解させるには水流と水圧にたとえ，また電流と抵抗の関係を説明するには小動物の移動にたとえるという，部分部分を説明するのに違ったメタファを用いれば全体を理解できよう。心理学全体を理解するのに，同様なルートメタファ（Pepper, 1942）というものがあるが，これは心の現象を，フォーミズム，機械論，有機体論，文脈主義という多様な角度から眺めたもので，どれが正しいというわけではなく，この点ではこのメタファが採用されるという用い方をすればよい。

(2) 科学の段階を踏んだ理解の仕方：教科教育のメタファにおける初段階理解と最終的理解

中山（1998）は，理科教育におけるメタファにはあくまでも説明のための便宜的なものという立場と，それ自体が科学であるという以下の2つの立場があるという。

①メタファのなかにこそ科学概念の本質がある。
②メタファは理解困難な科学概念をわかりやすく教授するための方便であり，本質ではない。

これは他の教科では議論になることの少ない理科固有の問題であり，理科が最終的に科学的な知識を教えることを目指すからにほかならない。これは前述のモデルのところで述べた，対象を理解するたとえとしてのモデルから，理論をつくり上げるためのモデルまであるとした山梨（1988）の指摘と同じである。

①では，ヘッセ（Hesse, 1966）のいうように，光の説明に粒子がよいか波動がよいかについては，因果関連がうまくつながる，まことしやかなメタファが選択されていく。図4-7の対応のように，地球の因果関係は月の因果関係にはあてはまらず，月には生物は生息しないことが推測される。科学はメタファからモデルができ上がるが，データとして実証されて初めてメタファからモデルに昇格するという手順がある。しかし教育でメタファやアナロジーが問われるときにはほとんどが②であろう。

ただ理科におけるメタファの場合には，現象のすべてを説明するわけ

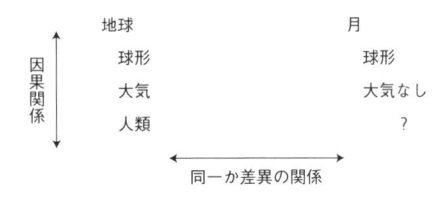

	地球	月
因果関係	球形	球形
	大気	大気なし
	人類	?
	←→同一か差異の関係	

図4-7　ヘッセによる地球から月へのアナロジー
（Hesse, 1966）

ではなく，電流における水流メタファや，抵抗における小動物のメタファのように，ある部分だけを強調して説明するメタファが多い。つまり部分に限定した②に基づく場合が多い。

　ここで①と②を統合した案を提案したい。廣繁（2006）は，理科教育でメタファを用いるには2段階に分けて，最初の段階で用いるべきという。つまり，子どもに理科の概念の概要をまずつかませるためにメタファを用い，後に理解が進むと正確な科学的知識を教えるという移行的な教え方をすべきという。

第5章

臨床心理学からみた「自分」について，映画を通して理解する

1節　映画を通してみる自分の臨床心理学

　臨床心理学を学ぶ期待の1つに，他者の気持ちや自分自身を理解できるようになりたい，という動機があげられる。特に，青年期後期にあたる大学生にとって，自分について知りたいという期待はもっともである。それでも，講義が進むと学生の日常生活と学んでいる内容との間に裂け目ができ，単に知的な学習として自分とは無関係なものとして学ぶことになる。そもそも学問とは，日常的なレベルのことを一般化し抽象化するものであることから，具体性や個別性をそぐ一面があり，この裂け目ができることは避けられない。けれど，学生が持続的に関心をもって講義に参加し，自分自身を振り返り，日常生活そのものにも臨床心理学的な目を向けるようになるためには，抽象化されたものをいま一度日常へと引き戻す必要がある。そこに，映画やドラマを講義の素材として取り上げる意味があり，学生自身の日常的な世界と深くかかわる学問だと気づくきっかけがある。

1．臨床心理学からみた映画を通してみる「自分」のおもしろさ

　「自己」も「自分」も英語ではどちらも"self"だが，ここでは「自分」という言葉をおもに用いる。「自分」という表現は日常語で，その本人が本人自身をさして用いる言葉であり，「一つの具体的意識」（土居，1960）としてとらえられている。また，北山（1993b）は，「自分」とは「自らの分」であり，「自己」や「自我」とは異なり，状況や他者との関係のなかにあるものだと指摘している。一方，「自己」は心理学用語としても用いられるほど，より客体化され定義づけられた側面をさしているといえる。この点，日常語はあいまいさを伴い，このあいまいさ，指し示す事柄の幅広さが日常語の意義としても指摘されている。特に土居（2009）は，日常語を活かした精神医学的研究を行なっており，日常語と専門語の違いについて，日

常語は話し手の意図や気持ちが反映しさまざまな文脈で用いることが可能だが，専門語は話し手の意図とは離れた客観的なものであることを指摘している。つまり，言葉を用いる主体との距離感に相違があることを示している。一方，「自我」も自己や自分と近い概念といえるが，「自我のめばえ」という表現のように日常的に用いられることもあるが，より客体化された概念であり，精神分析用語として用いられることもある。

　ところで，映画と臨床心理学との関連性について，山中ら (1999) は，映画と臨床心理学は遊びと学問の 2 つに分割されやすいものであり，これをマッチングさせて楽しみながら学ぶことのできる素材として映画を位置づけている。さらに，高橋 (2004) は，一般読者向けに精神医学的問題を抱えている人の心を理解する素材として映画を取り上げ，「病気になる前に，こころの健康を保つ方法の 1 つとして，映画をクスリに見立てて」みたり，医学部の精神医学の講義で学生の興味を引きつけたり，「シネマ・セラピー（映画による心理療法）」があってもよいのでは，と述べている。このように，学問と遊びの間をとりもったり，遊びと援助の間をとりもったりする機能を，映画が果たしていることが論じられている。

　では，筆者はなぜ映画を通して「自分」について示すのか。その意図は，映画のなかには臨床心理学を学ぶ素材があふれているからである。けれど，ふつうに映画を観るだけでは，臨床心理学について学ぶ素材にはならない。ある視点から見るときに初めて同じ映画が違って見えてくるのであり，ここに研究のおもしろさがある。この点では，フィールドワーク技法を心理学研究に用いる際，「異人の目」（箕浦，1999）で見ることの重要性が指摘され，ありふれた日常の風景も見る側の見方ひとつでまるで別世界のように浮き立って見えてくることにも通じるところがある。つまり，本章で示すのは，いわば映画をフィールドワークすることから浮き立ってきた自己についての臨床心理学研究ということができる。言い換えると，何気なく観ていた映画が，臨床心理学の素材としても見えてくるという，視点の転換を体験できることが映画を研究対象としました臨床心理学を学ぶ素材として用いる意義やおもしろさである。

2．「自分」の発達における "New Object" と移行対象の役割

　発達段階説では，発達の連続性ではなく，質的に異なる段階が想定されている。つまり，発達過程には，いくつもの隙間や溝があることになる。この隔たりをつなぐための対象が必要であり，移行対象（Winnicott, 1951）や "New Object"（乾，1980）として，それぞれ異なる発達段階において重要な存在意義があり，異なる対

象としてこれまで検討されている。

　"New Object"とは，親や教師とは異なる対象のことで，年上の兄，姉的な新鮮味のある人物のことである。特に青年期には同一化の対象としての意義があり，あんな人になりたい，といったような理想やあこがれの対象としての位置をもつこともある。臨床から発想された概念であり，臨床場面ではカウンセラーがこの対象の果たしている役割を引き受けることになる。青年期は，同一性VS同一性拡散の危機がテーマとなる時期としてエリクソン（Erikson, 1959）は取り上げているが，この危機において New Object は自己の導き手の機能を果たしているということもできる。

　一方，移行対象とは，New Object よりも早期の発達段階で特に重要な役割を果たしており，乳幼児が滑らかに母子分離を果たすことに貢献しているものである。たとえば，毛布やタオルやぬいぐるみなどの肌触りのよいものが移行対象となり，役割を終えると消える存在でもある。この対象は外的な存在であり内的な存在でもあって，子どもにとって「最初の我ではない所有物」（Winnicott, 1951）として位置づけられている。後の発達段階でも，形を変えて文化的な媒体として存在するものとしてとらえられており，自己形成を促進する対象ということもできる。

　では，自己はどのように変化するのであろうか。

3．自己の変容過程

　カウンセリングは，面接者とクライアントとの関係を基礎にして成り立っており，他者とのかかわりのなかで自己変容をもたらす場といえる。もちろん，カウンセリング場面だけで人が変化するのではなく，日常生活のなかでも周囲の人たちに支えられ，さらに自分でも新たなことを試みるなど，クライアント自身の工夫や行動が必要である。特に，年齢が幼ければ幼いほど周囲の大人からの支えが必要であるし，クライアントに直接働きかけなくても，周囲の環境を調整することでクライアントの安心感が高まり結果的に変化がもたらされることもある。このように，人の変化は個人と環境との相互作用による。

　また，自己変容過程のとらえ方は，臨床的なアプローチの違いによって異なっている。たとえば，力動的アプローチは，自分自身の無意識について実感をもって知ることだといい，ヒューマニスティックアプローチでは，自分自身が矛盾のないことであり，行動論的アプローチでは，正しく学習し直すことである。筆者の立場は力動的アプローチだが，この立場からすると，他者とのかかわりのなかでの変化，という側面はアプローチが異なっていても大なり小なり含まれていると考えられる。

特に日本語を活かした心の理解を重視している土居（1960）は，「自分を自分として意識すること」が治療の転機となることを指摘している。つまり，面接者という他者とのかかわりのなかで，自分を意識する体験を経て，自分は育まれ変容するものだと理解できる。一方，ウィニコット（Winnicott, 1952）は，自己の発達における環境の重要性を指摘しており，かかわりをもつ以前にかかわるための場や環境が重要であることについて，「母子一対（nursing couple）」や「環境－個体の組み合わせ（environment-individual set-up）」と表現して取り上げている。

このような自己の変容過程や発達段階の非連続性の狭間にある溝や隙間をつなぐ対象について，映画を題材として次節でみていく。

2節　映画を通してみる「自分」

1．『サイドカーに犬』にみる "New Object" の移行対象としての役割
(1) 映画のあらすじ

まず，映画のあらすじを示そう（筆者の見解は[　]で示す）。『サイドカーに犬』（監督：根岸吉太郎，脚本：田中晶子）は，小学4年生の女の子，近藤薫（10歳，松本花奈）と父親の愛人洋子さん（竹内結子）との物語である。薫の母親良子（鈴木砂羽）は，子どもたちが夏休みに入ると自宅の大掃除をして家出する。夫の誠（古田新太）は，会社を辞めて中古車販売業を始める。そこへ洋子さんという女性が突然「オッス，っていうかはじめましてか」と言ってやってくる。まず，洋子は薫を連れて買い物に出かける。洋子さんは，自己紹介してから薫の名前を聞くと，「美しい名前だね」という。スーパーでは，薫の好きな "麦チョコ" を2袋も買い物かごに入れるので，あっけにとられて薫は見ている［母親はこんなにあっさりと麦チョコを2袋も買ってくれることはなかったのだろう，と推測できる］。夕食後，麦チョコをカレー皿に［まるで犬にドッグフードを与えるように］入れて「ほれ，エサだ」と薫と弟に出す。薫は「それ，いいのかな」と困惑するので洋子は「何が？」と薫の言う意味がわからず聞き返すが薫から返事はない。けれど，弟との会話で薫は，「カレー皿に麦チョコよそって，お母さん見たら怒るよね」と言う［このやりとりと，スーパーでの買い物での薫の反応とをあわせて考えると，母親は子どもをふだん厳しくしつけているようすが具体的にみえてくる］。

洋子が帰宅しようとすると，薫の父親は外まで見送りに出るが，この2人の会話のなかで，薫は小学校2年生のときに自転車を買ってもらったが乗れなかったこと

が話題に出ている。ところが，洋子が薫を買い物に連れて出たときの会話では，薫は自転車に乗ることができると答えていた。また，洋子は，自分の自転車のサドルを盗られて，隣にあった自転車のサドルを取りつけて乗って帰ったことも話題に出ていた。

それに，コーラは「歯が溶ける」と学校で教えられたので飲んだことがないという薫に，洋子は，「私も中学生のとき言われた。じゃあ，石油はあと何年でなくなるって教わった？」と質問する。薫は，「30年」と答える。洋子は，「私も30年って教わった。あれ〜，変だね」と言い，「飲んでごらんよ」とコーラをすすめて薫も飲む［大人が言うことを言葉のままに受け取らないで自分がどうしたいのかが大事だよ，と薫に伝えているようにもみえるやりとりである］。さらに，洋子は，自転車に乗れない薫が，自転車に乗れるよう特訓する。特訓が終わると，薫は洋子に自転車のサドルが盗まれたときのことを尋ねる［このやりとりには，2人の関係や，洋子の子どもに対する真摯な態度や，言葉のセンスが盛り込まれている。特に，カウンセリングの応答に近いものでもあり，後に検討するため詳しく取り上げる］。

薫　：前に，サドル盗られたって言ったよね。
洋子：言った。
薫　：隣の自転車のサドル取りつけて帰ったって。
洋子：言ったよ。
薫　：その盗られた人はどうしたの。やっぱり別の人のサドル取りつけて帰ったの。
洋子：…，そうか，そういうことが気になるのか。薫は，薫って呼んでいい？
薫　：いいよ。
洋子：そういうとき，薫だったらどうするの？
薫　：…。（沈黙）
洋子：人は正直であろうとすると無口になるって何かで読んだ。でも，そういう人はなかなかいないし，私もなれない。だから，尊敬する，薫のこと。

場面は変わり，あるとき，父親が洋子さんともめていると，薫はカーテンを洗濯する，とカーテンをレールからはずし始める［母親は，家出をする前日に掃除をしていたことを観客に思い出させる場面である］。また，あるとき，洋子さんは薫を連れて他人の庭に勝手に入ってみせたりする。薫があまりに人にものをねだらない

ので，「薫はさ，おねだりとかしないんだね」と話を向ける。薫は，「前に一度だけネコを飼いたいってお願いしたことがある」と答えるが，「飼えたけど，すぐいなくなっちゃった。たぶん，こっそりお母さんが遠くへ捨てたんだと思う」と経緯を語る。

その後，洋子さんから「夏休みにつきあって」と言われた薫は，洋子さんが家族旅行に行ったという海辺へと出かける。民宿に宿泊し，宿の女将と話している洋子を見た薫は，「知らない人みたいだった」「どうしたらいいのかわからなくなる」のだと洋子にも伝えた［徐々に，親とは違う存在で，不思議な存在だった洋子さんが，親と同じ大人でもあることに気づいていく場面である］。

(2) New Object の移行対象としての役割

ここでは，「洋子さん」を薫の，New Object として取り上げた。しかし，このとらえ方は，単なる解釈であり，妥当性はどこで示すことができるかと読者は思われるかもしれない。そこで，映画のなかのセリフをこの妥当性の判断材料として示す。

（30歳になった薫（ミムラ）の声で）「母が出ていったことについて父は何も言わなかった。洋子さんがどこからやってくるのかわからなかった。ふだん何をやっているのかも知らされなかった」とナレーションが入る（下線は筆者）。ここには，洋子さんという人の素性がわからないこと，不思議な存在であることが表現されている。この素性のわからなさは，カウンセリング場面で，面接者は個人的な情報は明かさない，ということからクライアント自身の面接者のとらえ方が理解しやすいしくみとも重なるところがある。映画では，薫にとって洋子さんの素性がわからないことが"魅力的な存在"であったこと，つまり，New Object であったことが，大人になった薫のセリフから妥当なものだと理解できる。

この映画は New Object の役割とその変遷について理解でき，特に，New Object が移行対象でもあることを示していく。

ここでいう"New Object"とは，「父母とちがった発達促進的な新しい対象」（乾，1980）のことであり，青年自身より年上の姉兄的存在の人物をさして使われている。映画では，厳しく薫や弟を育ててきた母親とは異なる対応をする洋子が薫にとっての"New Object"であり，職業や住まいさえわからない"不思議な存在"として描かれている。たとえば，母親であれば買ってもらえるかどうかわからない麦チョコを，欲しいようすをみせると2袋も買ってくれるし，食べるときにもお菓子用の器ではなくカレー皿に入れて出したりするので，「お母さん見たら，怒るよね」と薫が言ったほどである。他にも，薫が自転車に乗れないことを知った洋子は，いっし

ょになって特訓してくれる。このように，親ならしないことをしてみせたり言ってみたり，子どもがうまくできないことをできるようにいっしょになってしてくれたりする。つまり，子どもの自己を支える存在といえる。

　自転車乗りの特訓の後の会話は2人の関係を理解する上で重要であるので，あらすじのなかに詳しく取り上げた。以前洋子が，自転車のサドルを盗られたとき，隣に停めてあった自転車のサドルを取りつけて帰ったという話を薫にしていた。そこで薫は，「その盗られた人はどうしたの？　やっぱり別の人のサドル取りつけて帰ったの？」と洋子に尋ねる。日常の会話であれば，取りつけて帰ったと思うか思わないか，わからないと答えるであろう。このやりとりの場面を，筆者が担当している『カウンセリング論』の50人ほどの学生たちに見せ，このシーンで一時停止し，学生に，何と答えるか質問したことがある。大部分の学生は，薫の質問を言葉通りに理解して，取りつけて帰ったか帰らなかったか，どうしたのかわからないなどと答える。学生が一通り回答した後に映画の続きのシーンを見せると，洋子のように答えることはできないと答える学生が大部分であった。洋子の答えの特徴は，相手の求めに応じて二者択一式に答えるのではなく，「…，そうか，そういうことが気になるんだ」と，薫自身の関心のありかを明確にするような答え方である。このような応答は，カウンセリング場面で，面接者がクライアントから質問された際に，クライアントの質問の意図や注目していることをクライアント自身が気づくよう働きかけるやりとりに近いものであり，日常的なやりとりとカウンセリング的なやりとりの違いを明確にするためにこのシーンを示して解説している。これによって，カウンセリングがいわゆる友だち関係など日常場面の「相談」と同じものだととらえている学生のイメージに少なからず変化をもたらすことができる。

　多少話がそれたが，洋子は，はじめはNew Objectとして不思議で魅力的な存在であるが，映画の後半になるにつれて両親と同じように大人としての一面のあることが示されている。たとえば，民宿での洋子がまるで知らない人のように見えて，どうしたらよいかわからなかった，と薫が言っている場面である。この場面は，薫が洋子の大人としての一面に突然出会うのではなく，父親と洋子がケンカをしてみたり，旅先で出会った人とのやりとりを見たりすることで徐々に大人の一面が見えてくるように描かれている。要約すれば，洋子ははじめNew Objectであるが結局は両親と同じ大人だった，というオチへたどり着くのである。つまり，洋子は薫にとって大人を理解するための移行対象として描かれていたととらえることができる。思春期の入り口に立っている10歳の薫にとって，はじめは魅力的な理想の「姉」

のような対象が，同時に両親と同じ大人としての一面をもっていることに気づくのである。この過程は，理想化されていた対象への外傷的ではない「脱錯覚」（北山，2001）過程であり，ゆるやかに時間をかけた変化をもたらすために，洋子の移行対象としての役割が必要であったと考えられる。つまり，New Object は移行対象なのである。

2．『憑神』にみる自らの「分」を知ること――青年期のアイデンティティ形成
(1) 映画のあらすじ

映画『憑神』（監督：降旗康男，脚本：降旗康男・小久保利己・土屋保文，原作：浅田次郎）は，先祖代々将軍の影武者を受け継ぐ家系の次男・別所彦四郎（妻夫木聡）の物語である（まだ映画や原作を読んでいない方は結末を書いているので，観てから読んでほしい）。彦四郎は，学友が向島にある「三囲（みめぐり）稲荷」に祈願して出世したことを聞きつけ，酒に酔って転げ落ちた藪のなかにあった「三巡（みめぐり）稲荷」に出世祈願する。すると，最初は，貧乏神の伊勢屋（西田敏之）に取り憑かれ，家は俸禄米を凍結される危機に陥る。彦四郎は，貧乏神を説き伏せて義理の父親（元妻の父親）に宿替えするよう頼む。その結果，元妻と子どもまでも焼け出されるという不幸に見舞われる。自ら祈願して招いた不幸であるのに，彦四郎は貧乏神に「おまえのやることはひどすぎる」と責める。次に，疫病神の九頭龍（赤井英和）に取り憑かれ，やつれ果てながらも兄に代わって影武者の鎧を守る仕事を続ける。疫病神は，兄（佐々木蔵之介）に宿替えし兄は重い病に陥るが，本来の楽天的な気性から疫病神も兄から他へと旅立つことになる。彦四郎は最後に，死神のおつや（森迫永依）に取り憑かれる。ここにいたって，自分が果たすべき「本懐」が何かわかって，「新しい日本国」をつくる仲間にと誘った勝海舟にも別れを告げて，代々の仕事である「影武者」として戦のなかで死に絶えていく。これによって死神もその役割を全うする。

(2) アイデンティティ形成における自らの「分」を知ること

主人公の彦四郎は，自分がなすべき仕事や役割をまだ選択していないモラトリアム状態にある。そこで，自ら何かを選び取るのではなく神頼みするのである。その結果，最初に貧乏神に取り憑かれ，義理の父親に宿替えするよう祈願しておきながら，元妻と子どもが焼け出されると，自らの行動の責任を引き受けられずに貧乏神を責めており，モラトリアム状態であることが具体的に描き出されている。2 人めの疫病神との間では，家業を手伝いはするが入れ込めず，まだ自分のとるべき行動がわからないでいる。ところが，3 人めの死神に取り憑かれたところで，自分の進

むべき道を選択する。ここに青年期の，同一性VS同一性拡散という危機に直面しても逃げ出すことなく，自ら主体的に判断して進む道を選び，さらには選んだ職業に命をかけて取り組み傾倒する，という姿が描かれている。ここにいたって，モラトリアム状態にあった彦四郎のアイデンティティが達成されたといえる。このエリクソンの発達モデルについて鑪（1990）は，いわゆる「発達課題」とは異なる心の中核での出来事であることを強調している。つまり，映画では内的変化がどのような形をとって示されるのかを端的に示したものと理解することができる。このエリクソンの発達モデルは，人生には8つの危機が訪れ，これを越えていくことが生きることであり，自己の成長であり，自らの分を知っていく過程であることを示しているととらえることができる。

『憑神』では，主人公の生き方を通して，自ら選択し，その結果起きることを引き受けていくことのむずかしさや，選ぶことは死と隣り合わせといってもよいくらいの危機であることを理解することができる。さらにいえば，自分の分をわきまえるまでには，自分で自分の責任をとれない時期があり，周囲の大人たちがこの責任を肩代わりしていること，つまり，長いモラトリアムの期間を経て自分としての位置づけを社会のなかに得るものであることも示している。ただ，岡本（1985）の研究が示しているように，アイデンティティの発達は青年期で終わるものではなく，中年期にも再体制化されるものであり，さらなる自分の発達について学ぶには，別の映画が必要である。

3．『しゃべれどもしゃべれども』にみる自分らしさと自己変容
(1) 映画のあらすじ

映画『しゃべれどもしゃべれども』（監督：平山秀幸，脚本：奥寺佐渡子，原作：佐藤多佳子）は，売れない落語家今昔亭三つ葉（国分太一）のもとに集まってきた，うまくしゃべれるようになりたい3人（原作では4人）が，落語を習ううちに，上手にしゃべれるようになるのではなく，それぞれがそれぞれに自分らしくなる過程を描いた物語と理解することができる。

関西から関東に引っ越してきた村林優（森永悠希）は，関西弁なので友だちからからかわれている。三つ葉の祖母（八千草薫）の茶道教室の教え子の1人が，村林の母親から「気の利いた話し方」を教えてほしい，と頼まれたことからこの落語教室は始まる。そこに，無愛想な十河五月（香里奈）が「どうやったらしゃべれるの」か「口のきき方」を教えてほしいとやってくる。さらに，「うまくしゃべれるトレーニング」をやっていると聞きつけて，元プロ野球選手の湯河原太一（松重豊）も

加わる。湯河原は，野球解説者をしているが，野球の解説をする段になると何もしゃべることができなくなる人物である。

この3人が，三つ葉の提案で『まんじゅうこわい』を覚えることになる。ところが，関西弁の村林にとって「東京の言葉」はわかりにくくて落語にも興味をもてないので，三つ葉は朱雀師匠の上方落語の『まんじゅうこわい』のビデオを鑑賞させる。すると村林は歓喜して落語のとりこになる。一方，三つ葉は，師匠の今昔亭小三文（伊東四朗）の落語を熱心にまねするけれど，客にはまったく受けない。そこに，一門会が開かれることになり，師匠の十八番『火焔太鼓』に取り組む。これがきっかけになり，師匠のものまねではない三つ葉自身のスタイルにたどり着いていく。

また，三つ葉の3人の弟子たちの発表会も開かれることになり，十河は，三つ葉が一門会で披露した『火焔太鼓』を，村林は上方落語の『まんじゅうこわい』を披露する。村林をからかっていたクラスのリーダーを笑わせることもでき，会が成功したところで落語教室も解散となる。

(2) 自己の変容過程：自分らしくなること

この映画のテーマは，自分らしくなることだと考えられる。主人公は，しゃべれどもしゃべれども落語の上達しない三つ葉で，必死に師匠をまねするが客は聞いてすらいない。そこへ，自分自身の言葉がうまくしゃべれない3人がやってくる。この3人が落語教室に来た目的は，うまくしゃべれるようになることで，自分を変えることでも落語家になることでもない。それでも3人は落語教室に通って落語の上達に励む。

物語の結末は，3人のしゃべりがうまくなったわけではない。けれど，3人にとって満足のいくものとして描かれている。野球解説者だった湯河原は，解説者ではなく2軍のコーチになり，村林は標準語がうまくしゃべれるようになったのではなく上方落語を覚え，十河は，口のきき方は変わらなくても少しだけ自分の想いを素直に相手に伝えられるようになり，三つ葉も師匠のものまねではない落語ができるようになる。つまり，落語教室へ通い始めた目的が達成されて，うまくしゃべれるようになったわけではなく，皆がそれぞれの持ち味を生かすことができるようになったのである。言い換えると，自分らしくしていることができるようになったのだといえる。この変化の過程は，カウンセリング場面に「人とうまくしゃべれるようになりたい」と来談したクライアントが，話し方の練習をするのではなく，自分を見つめ直す作業をすることで人とのかかわりが楽になる，ということとも重なるも

のである。抱えている問題が解決しなくても，自分自身のあり方に変化が生じることで，問題そのものが結果的に変化することを端的に描いていると理解できる。カウンセリング場面へやってくるクライアントが解決を求めている問題の多くが，自分を抜きにして考えられないものであり，これまで生きてきた自分の連続性の上に生じている。そのため，自分自身を知ることなくまったく違う自分になろうとすること自体が無理だということもできる。言い換えると，「うまくしゃべれない」という自分自身のとらわれから自由になることで，結果的には以前より人とうまくしゃべれるようになった，という経過ということもできる。加えて，ウィニコット（Winnicott, 1952）が指摘した環境の重要性を踏まえるなら，うまくしゃべれるようになりたい，と落語教室にやってきた生徒にとって，この落語教室の環境がそれぞれをより自分らしく育てる基盤を形成していたと理解することができる。

このように，自分らしくなる過程には，他者とのかかわりやかかわりをもつための場が重要であることをとらえることのできる映画だということができる。

3節 「自分」についての講義素材としての映画

1. 講義素材としての映画
(1) 講義で映画を用いること

講義で素材として映画を提示する場合，映画の全編を上映することは時間的な点からも無理があり，提示する意図もあいまいになるという弊害がある。そのため，ある概念の理解のために素材を提示するという目的から考えると，場面を限定するほうが受講学生は意味づけの幅をある程度絞り込むことが可能となる。しかしながら，一般的に描画なども含めた非言語的な媒体の解釈の幅は広い。この点で，より日常的な素材である映画を用いることには利点と困難さが併存している。前田（1985, 1994）のように，図としてモデル化されたものであっても，ある概念や発達論などを理解するために視覚化されたものであれば，焦点化されており理解しやすい利点がある。しかし，筆者が意図しているのは，ある概念を理解することを目的につくられた図や作品ではなく，学生にとって日常生活のなかにある素材を使うことである。つまり，自らのこととかけ離れたものとしてとらえやすい事象を，より身近な素材を用いて講義をすることで，他人事ではないものとして関心を引き起こすことを可能にするからである。しかし同時に，学生ごとに解釈の幅を与えることになる。この点からも，場面を限定して用いることで講義担当者の意図を伝えるこ

とは必要な提示方法といえる。もちろん映画や物語は、そもそも全体としてのテーマや流れがあり、一場面だけ用いる場合、まとまりを断片化することが弊害といえる。

(2) 映画の提示方法

講義場面での素材の提示について語る前に、臨床場面での素材の提示方法について述べる。臨床場面では、面接者が理解したことを、クライアントにどのように伝えるかは、一方的に「与えられた（given）」ものではなく、「差し出されたもの（offered）」であることがより望ましいことが指摘されている（Casement, 2002）。つまり、伝達者は相手が求めているものを押しつけることなく伝えることが重要であると考えられる。この点についてさらに詳しく指摘しているウィニコット（Winnicott, 1941）は、「ためらいの時期（period of hesitation）」として取り上げており、提示した素材を受け手は、どのように扱えばよいのかと周囲の反応をうかがいながら（社会的参照をして）意を決するまでのためらっている時間の重要性について検討している。このためらいの時期によって、押しつけではなく差し出された対象を自発的に受け取ることが可能になるのである。この知見は、臨床場面から得られたものだが、情報伝達の方法論として講義場面へも援用可能であろう。つまり、素材に一定の枠組みを伝達者がつけて受講学生に押しつけるのではなく、受け取り方には幅を残した上で受け手の求めているものを差し出すこと、さらに提示のタイミングや方法を工夫することが求められている。講義する側がいくら受け手にとって幅がある提示方法だと思っていても、学生に押しつけられたと感じられるのでは十分でない。しかし、講義である以上、何らかのテーマを理解するために映画を素材として提示・紹介するわけであり、講師は最低限の枠組み、つまり、この映画をすすめる理由や意図やどんなふうに観るとよいのかなどは示す必要がある。

一方、臨床場面で面接者が何を言ったかという以上に、その言い方やふだんの臨床作業のスタイルや、解釈の伝え方などの形式的側面が、コミュニケーションとしての機能を果たしていることが指摘されており、より望ましいのはクライアントが面接空間のなかでより自由に発想し考える心理的ゆとりを提供する形式を備えていることだとされている（Casement, 1990）。これは講義において、講義素材をいかに提示するかという形式的側面から、学生は伝達者の意図や、さらには自らが伝達者からどのように見られ、またとらえられているのかを直に感じ取っていることを理解する視点にもなりうるだろう。しかし、単に知識を提供する側面だけを考えるなら、正確に伝えることが重要となり、ここで述べられているような幅のある受け取り方のできる余地を必要としてない場合もあると考えられる。

さらにここで，講義を治療構造論的な観点から検討してみたい。講義は，講義の行なわれる外的環境である物理的空間，時間的側面，受講学生の人数，およびより内的な側面として成績評価や出欠の取り扱いなどの側面が，講義内容にも影響を与えることを考えると，心理面接場面における「治療構造」（小此木，1985）の観点から検討することも可能である。講義内でのコミュニケーションを規定している外的および内的な枠組みの観点から講義という行為を考える視点を，ここでは『講義構造』としてとらえ，伝達者と受講学生との関係と理解を深める視点として用いる。学生が講義時間内に，自ら思考し発想するという心理的なゆとりを伝達者が提供できているかは，単に提示する素材自体について検討するだけでなく，その素材の提示方法や講義を取り巻く構造による影響の点からも検討が必要ということである。

　このように，構造論的観点から素材の提示方法やその意味をどのように伝えるかについて考えるとき，映画を用いる意図やテーマを提示者が一方的に枠づけして与えるのではなく，いかに学生と提示者が共有できるかが理解をうながす鍵となるであろう。さらに，共有するという点について講義の構造的観点から考えると，筆者が実施している講義は対面法であるが，映画を提示する際には学生に対して180度法（平衡法）の位置に伝達者が移動することになる。心理面接においても日本では多くの場合，対面法が用いられているが，フロイトは寝椅子による背面法で精神分析を行なっていた。さらに，子どもの発達過程で，同一の対象を母子が横並びの位置で見るという共同注視（ジョイント・アテンション）が着目され（Moore & Dunham, 1995），浮世絵における母子関係の研究では同一対象を母子が横並びで眺めているという"viewing together"が特徴的に取り出され，また，小津安二郎の作品でベンチに2人が横並びに座って会話する場面など，日本では，横並びになってある対象を共有しながら2人の間で会話が進むことがごく日常的であることが指摘されている（北山，2001）。つまり，横並びになることで映画を伝達者と受講者とが共有することを通して，ある理解へといたろうとすることになる。空間的に横並びであることが，伝達者と受講者との関係を象徴する可能性があるため，提示内容についての学生自身のとらえ方を自由に述べる，または考えるだけの余地を与える工夫にもなると考えられる。教える関係では，知っている者が知らない者へ，つまり上から下へという方向性が潜在的に含まれやすいと考えられるが，この横並びの関係はより水平方向への関係の移動を含むことになるであろう。

2．臨床理解の素材としての映画

　すでに述べたように，講義のテーマを理解するために映画の一場面を取り出すこ

とは，物語全体のテーマと異なったものにとらえられる可能性がある。しかしながら，臨床場面でも，あるセッションのなかでの個別の発言をそれぞれに理解する側面と，全体の流れを通して個別発言の意味を理解する側面の２つが同時に存在している。この点では，講義で映画のある場面だけ取り出すことは，セッションのなかでのある発言だけを部分的に取り出すことに近い形態だと考えられる。また，臨床場面では，たとえば描画テストの解釈を行なう際，個々のパーツの形態的特徴についての解釈と描画全体を踏まえた解釈との折り合わせが必要である。このように，部分を全体の流れのなかに位置づけていくことや折り合わせていくことが重要となる。しかし，このような理解だけではクライアントを理解したことにならない。面接者とクライアントの相互関係のなかで，クライアントのテーマ・心理的問題，つまり，反復されている内的・外的な適応的でない関係を読み取るのが対象関係論的な立場からの臨床の一側面だと考えられる。しかし，講義で提示する映画は，そもそも視覚的な媒体であることから，双方向的な意味での相互作用を通した理解過程とは異なる。

　たとえば，面接者がつくり上げた解釈は，臨床場面でクライアントとの間で「検証」することも可能である。ところが，講義で臨床的な概念を理解するための素材として映画の一部を用いる場合は，その素材は学生との間でつくり出したものではなく，授業の担い手である筆者が外から持ち込んだものである。そのため，素材について筆者が理解した（または解釈した）内容を，第三者である受講生に納得いくよう言葉によって説明することになる。この点では，クライアントと面接者の間の出来事を，学会発表や事例検討会など面接場面にはいなかった第三者に提示する状況と近いものとなる。面接場面で面接者とクライアントの間で交わされる言葉（二者言語）と，その外側にいる第三者との間で事例について語るときに用いる言葉（三者言語）が異なることが指摘されている（北山，1993a）。そもそも臨床的概念は，臨床場面からさらにその外側にいる第三者へと伝えられるものであり，講義という知的理解を主とする場においても臨床場面同様の伝えることの困難さがある。いずれにしても，講義場面を考えると，受講学生に納得いく説明をすること，さらに，まったく理解をうながせない場合には，受講生の意見を聞きながら対話的に進行していくこともでき，臨床場面と同様に対話的一面もある。

　講義と臨床場面を比較すると，形としての共通性を取り出すことはできても，知的理解を重視する場での出来事と，臨床場面という面接者とクライアントの関係を通した心理学的援助の場の出来事とをまったく同じようには論じられないだろう。

それでも，臨床経験のない学生でも自由な発想で論じることができ，一場面を取り上げるときでも物語全体との関係を考えるよう学生をうながすなど，臨床との橋渡し的な意図をもって講義の素材として映画を活用することは，後の臨床実践の基礎づくりとしての意味をもつと考えられる。

3．日常生活の臨床心理学—映画を通して「自分」をとらえる意義

3本の映画を題材にして「自分」について検討してきた。『サイドカーに犬』では，"New Object" は移行対象でもあり，発達促進的な役割を果たしていること，『憑神』では，アイデンティティ形成における危機と自分の分を知ることについて，『しゃべれどもしゃべれども』では，とらわれから自由になることおよびそのための環境があることが自己変容に結びつくことについてみてきた。このように映画を通して「自分」についてとらえることは，学び手が他人事ではなく，ふだんの生活のなかにも学びの素材があり，自らの心もかかわる学問であることを実感する機会となる。より詳しく述べると，臨床心理学を学ぶことで新たな視点を得ると，自分自身のありふれた日常生活が新鮮な印象をもって浮き立って見える体験ができ，これが臨床心理学を学ぶ目標の1つだと筆者は考えている。

ただ，映画にはその内容自体が伝えているメッセージがすでにあるので，これに講義の素材として映画を取り上げる意図が加わると，2つの視点がすでに準備された状態で学び手は素材を見ることになる。加えて，学生自身の読み取り方，受け取り方もあるので，複数の視点が錯綜することになる。この点では，ウィニコット（Winnicott, 1941）やケースメント（Casement, 1990）らが指摘するように，素材と遊ぶことのできるゆとりが必要であり，素材の提示方法に工夫が求められる。それに加えて，臨床心理学を活用する臨床の場は，クライアントによってさまざまな事柄が語られる場であり，面接者は複雑な情報をより分けなければならない。この点についての理解を深めることにもなりうるのである。

ここまで述べてきたように，映画という素材についての臨床心理学的なかかわり方には二重性があり，「関与的観察」（Sullivan, 1954）とよばれている臨床的概念と重なり合う部分がある。「かかわりながらの観察」とも表現されるが，クライアントの話に引き込まれて面接者自身の感情が揺り動かされるままにしておくと同時に，感情を揺り動かされている面接者自身やそのときのクライアントを観察的にとらえるかかわり方を指して用いられている。心理学の研究法の一種としても参与観察として位置づけられているが，参加したり観察したりといった往復運動をしながら他者を深く理解する技法である。最初は映画のストーリーのなかに鑑賞者が入り

込んで見えなかったことが，授業で学んだ視点から映画と距離をとって見直すことで見えるものがあることに気づく過程である。
　すなわち，映画という日常的な素材を臨床心理学の理解に用いると，自分自身が日々の出来事と深くかかわるだけでは見えなかったことが，臨床心理学的な観点を学ぶことにより対象化されて見えてくる体験ができるところに，映画を用いる意義があると考えている。

［付記］ここに取り上げた内容は，恒吉（2004, 2005, 2008）の内容の一部を用い，加筆修正したものである。

Ⅲ部
実際の支援を通して心理学を理解する

第6章

学校臨床場面における自殺について，実際の支援を通して理解する

　自殺のプロセスは張ら（1999）を参考にすると，①希死念慮レベル（自分が死ぬこと＝存在しなくなることを願う段階）→②自殺念慮レベル（自己の殺害を積極的に思う段階）→③自殺の決意→④自殺行動（具体的な自己抹殺行動をとる段階）→⑤自殺未遂ないし既遂自殺（自殺行動の結果）となる。

　自殺問題，それも特に青少年の自殺問題についてはカウンセラー（臨床心理士）としての視点から筆者なりにこれまでいくつかの論文を書いているので（名島,1980a, 1980b, 1981, 1989, 2006, 2007a, 2007b, 2007c, 2009a, 2009b, 2011），本章ではそれらをまとめる形で述べてみたい。

　ちなみに，学校の管理職や教師，教育委員会にとってたいへん参考になるものとして，文部科学省主催の「児童生徒の自殺予防に関する調査研究協力者会議」（高橋祥友が中心）がまとめているものがある。それらは，『教師が知っておきたい子どもの自殺予防』（2009年3月），『子どもの自殺が起きたときの緊急対応の手引き』（2010年3月），『平成22年度児童生徒の自殺予防に関する調査研究協力者会議審議のまとめ』（2011年3月）である。最後の『調査研究協力者会議審議のまとめ』には，添付資料として「子どもの自殺が起きたときの調査の指針」という文書が含まれている。初期調査のやり方，遺族への経過説明と協議，調査委員会の設置と詳しい調査，子どもたちへのアンケート例，報告書の作成と遺族への提供の仕方など，学校関係者にとってはたいへん有益である。

1節　なぜ自殺を防止しなければならないのか

　1年間の自殺者は現在，日本で3万人以上，全世界では100万人以上にもなる。年齢的な面からすれば自殺の上限はなく，100歳以上の自殺者もいる。

自殺の下限については諸説あるが，3歳前後と思われる。実際，幼児の自殺の文献を調べると，たとえばポールソンら（Paulson et al., 1978）は，4階の窓の外側にぶら下がっているところを見つけられた4歳男子の例を報告している。また，ローゼンサールとローゼンサール（Rosenthal & Rosenthal, 1983）は4歳以下の幼児における7名の自殺企図を報告し，さらにローゼンサールとローゼンサール（1984）は，この7名をも含めた計16名の就学前幼児（preschooler）の自殺企図を報告している（すべて未遂に終わっている）。年齢の範囲は2歳半から5歳。この16名はすべて死への願望を口にしている。彼らの自殺行動の内容は，①故意に自分の体に火をつける，②薬物を飲む，③高所から飛び降りる，④自分の体を切ったり突き刺したりする，⑤疾走している車の往来のなかに飛び込む，⑥溺れる，⑦死ぬ意図をもって頭を叩く，⑧階段の下方に身を投げるなど。具体例をあげれば，16名のなかのノーマンは3歳半のときに自殺行動でクリニックに連れてこられたが（その半年前に父親が事故死），彼は飛び降りるために家の屋根に上ったり，何度となく，溺れて死にたいと言いながら海のなかに入っていったりしていた（彼の兄や大人たちが助けた）。ノーマンの自殺行動の機制としてローゼンサールとローゼンサール（1984）は，死んだ父親との「再結合」（reunion）をあげている。

　このように多くの人々が，それも幼児から老人までの広範囲の人々が自殺したり自殺を試みたりしている。国をはじめとしていろいろな行政機関が自殺予防活動を行なうのはもちろんであるが，それと同時にわれわれ市民もできるだけ自殺予防に尽力していく必要があろう。

　それにしても，なぜ自殺を防止しなければならないのか。1つは，病理的な観点からである。自殺は俗に主体的な意志によって選択された死であるといわれているけれども，実際には，自殺の大部分は精神障害（うつ病など）によって強制された死であるといってもよい。現実生活がつらいときに「死にたい」「死ねば楽になるにちがいない」などと多くの人が思うものであるが，問題は，自殺する以外に助かる道はないと強く思い込まされるところにある。客観的には危機を切り抜けるためのさまざまな選択肢があるはずなのに，精神障害によって，自己殺害という選択肢がベストであると強制的に思い込まされてしまう。

　もう1つはより実存的な観点からである。自殺というものにもしも建設的な側面があるとすれば，それは，笠原（1976）がかつて「忌むべき自己の抹消」とよんだものに相当しよう。忌むべき自己とは人がどうやっても自己組織のなかにうまく統合できないような自分であり，嫌悪・憎しみ・さげすみの対象となるような自分で

あろう。これはいわば，破壊的自己である。

　自殺とはこの破壊的自己の働きを無にしようとする企てである。しかし，主体が自殺することによって破壊的自己の活動は終息してしまうが，それと同時に建設的自己の働きそのものも終息してしまう。これは一種のジレンマである。主体を助けようとする試みが同時に主体そのものを抹殺してしまうからである。

　もともと人は，その人なりの発達の階段を１つひとつ上っていくことを要請されている。たえず呼びかけられているといってもよい。ただその場合，たとえ先験的な形で呼びかけが存在しているとしても，呼びかけに対して応答する側がその応答可能性を消去してしまえば，呼びかけ自体が存在しないことになろう。その意味では自殺とは，応答可能性を消去することによって呼びかけ自体を消し去ろうとする試みでもある。呼びかけ自体を消し去るということはまた，呼びかけられる存在としての自分を否定することである。そして，それによって呼びかける者と呼びかけられる者との関係性は永久に切断されてしまう。その意味では，自殺は実存的空虚をもたらすものである。

　以上をまとめれば，人に自殺を強制する精神障害の勢いを殺ぎ，関係性の切断と実存的空虚をなくすように努めることがわれわれカウンセラーの役目であるといえよう。これにはもちろん，学校関係者や精神科医との緊密な連携が必要となるが。

2節　小学生の自殺問題と対応

1．小・中・高校生の自殺者数

　表6-1は2001（平成13）年から2010（平成22）年までの10年間における小・中・高校生の自殺者数である。これに見るように，①１年間に小学生は平均して８人自殺し，中学生は71人，高校生は211人自殺する。②中学生以降は成人も含めてすべて女子よりも男子のほうが自殺者は多いが，小学生では年によって異なる。たとえば，2003年，2004年，2008年，2009年，2010年では男子生徒よりも女子生徒のほうが数は多い。性別に関してはどの研究者，どの自殺予防機関も「男性であること」を自殺の危険因子の１つにしているが，小学生に関していえばこのことは必ずしもあてはまらないので，カウンセラーとしては注意が必要である。

2．小学生の自殺場所と手段

　いま，1980年代と1990年代の小学生の自殺者のなかの計53名を検討してみると，自殺場所では，①自宅（敷地内の離れや物置小屋も含む）が33名（62.3％），②自

表6-1　小・中・高校生の自殺者数（警察庁の各年度の「自殺の概要資料」より）

		2001	2002	2003	2004	2005	2006	2007	2008	2009	2010	総計
小学生	男	7	3	4	4	6	10	6	4	0	3	47
	女	4	2	6	6	1	4	2	5	1	4	35
	計	11	5	10	10	7	14	8	9	1	7	82
中学生	男	49	36	45	45	39	54	33	53	50	49	453
	女	29	18	38	25	27	27	18	21	29	27	259
	計	78	54	83	70	66	81	51	74	79	76	712
高校生	男	125	106	140	117	130	141	132	132	144	133	1300
	女	73	68	85	87	85	79	83	93	82	71	806
	計	198	174	225	204	215	220	215	225	226	204	2106

宅付近（自宅の裏山・自宅近くのマンションなど）が9名（17.0％），③小学校内が7名（13.2％），④その他が4名（7.5％）である。①の自宅と②の自宅付近をあわせると42名（79.2％）となる。このように，小学生の約8割は自宅および自宅付近で自殺するので，家族側の注意が重要となる。

　自殺手段については，①縊首が41名（77.4％），②高所（マンションや校舎など）からの飛び降りが9名（17.0％），③農薬が1名（1.9％），④列車飛び込みが1名（1.9％），⑤焼身自殺が1名（1.9％）である。このように，小学生の約8割弱は自殺手段として縊首を用いている。縊首は致死度がきわめて高くて失敗の少ない自殺手段である。これが，小学生段階の自殺予防のむずかしさに直結してこよう。それだけに，小学校における自殺予防教育が重要となる。現在のところ小学校での自殺予防教育はまったくといってよいほどなされておらず，自殺予防教育の内容ややり方は今後の大きな課題である。

3．小学生のうつ病の問題

　青年や成人の場合と同様，子どものうつ状態やうつ病は自殺と親近性がある。ハリングトン（Harrington, 2005）によれば，児童期のうつ病は0.5～2.5％，青年期のうつ病は2.0～8.0％の有病率である（傳田，2005を参照）。うつ状態やうつ病がひどいように思える場合，カウンセラーとしては早めに医師のもとに行って診察を受けるよう，生徒や保護者にすすめることが大切となる。

　子ども用の抑うつ尺度にはたとえばコヴァクス（Kovacs, 1981）のCDI，ポズナンスキーら（Poznanski et al., 1984）のCDRS-Rなどいろいろなものがあるが，日本では，バールソン（Birleson, 1981）の「子ども用抑うつ自己評価尺度」（depression self-rating scale for children: DSRS-C）を村田ら（1996）が和訳したものがよく用いられる（表6-2）。このDSRS-Cは最近1週間の状態について子どもに問う計18

表6-2　バールソンの子ども用抑うつ自己評価尺度（村田ら, 1996）

①楽しみにしていることがたくさんある。	⑩生きていても仕方がないと思う。
②とても良く眠れる。	⑪やろうと思ったことがうまくできる。
③泣きたいような気がする。	⑫いつものように何をしても楽しい。
④遊びに出かけるのが好きだ。	⑬家族と話すのが好きだ。
⑤逃げ出したいような気がする。	⑭こわい夢を見る。
⑥お腹が痛くなることがある。	⑮独りぼっちの気がする。
⑦元気いっぱいだ。	⑯落ち込んでいてもすぐに元気になれる。
⑧食事が楽しい。	⑰とても悲しい気がする。
⑨いじめられても自分で「やめて」と言える。	⑱とても退屈な気がする。

の質問文よりなる（①②④⑦⑧⑨⑪⑫⑬⑯は逆転項目）。質問ごとに，「いつもそうだ」（2点），「時々そうだ」（1点），「そんなことはない」（0点）の3段階評定。適用は7～13歳。カットオフ・スコアは16点である。村田によれば，「一般には16点以上の子どもの5分の1前後がうつ病とされる」とのことである（朝日新聞，2003年7月31日）。

3節　中・高校生の自殺問題と対応

1．中学生の自殺の特徴

中学生になると自意識が発達するので対人関係がむずかしくなる。性欲動や攻撃欲動もいっきょに目覚めてくるので，精神内界が複雑となる。自殺の個人差も大きい。ごくささやかな理由で自殺する子もいるし，生きる意味とか自分の存在理由などに長く苦しんだ果ての自殺もある。破壊的自己の働きによって他殺に近い死に方をする子もいる。自殺の予測・予防はむずかしいが，生徒が種々の自殺の予告サイン（warning sign）を出すことも少なくない。

自殺手段は多様化する。縊首・マンションやビルや橋からの飛び降り・灯油による焼身自殺・心中の形の練炭自殺（一酸化炭素中毒）・踏切での列車飛び込みなど（同じビルからの飛び降りでも中学生の場合には，睡眠薬を飲んで飛び降りるといったケースがある）。自殺の場所も，自宅・学校・ビル・畑の脇の木・河川敷（焼身自殺の場合）などさまざまである。

いじめによる自殺（bullycide）は小学校高学年からみられるが，中学生になると急増する。表6-3は，筆者が新聞記事などからまとめた過去のいじめ自殺の代表的なもののリストである。中学生のいじめ自殺の場合には遺書ないし遺書に類したもの（メモなど）が残される。自殺手段も，縊首や高所からの飛び降りがきわめて多い。実際，表6-3の12名のうち11名が遺書（メモも含む）を残し，自殺手段

第6章　学校臨床場面における自殺について，実際の支援を通して理解する　113

表6-3　中学生の主要ないじめ自殺

① 1979.9.9.8:00 すぎ	埼玉県上福岡市の12階建てマンションの屋上から中1男子12歳が飛び降り自殺。集団暴行。飛び降りる3か月前には，「いじめられて学校に行くのがいやになって，生きているのもいやになりました」という遺書を書いて自殺未遂をしていた。
② 1985.9.25.19:00 すぎ	福島県いわき市の中3男子14歳が自宅近くの山のなかの農機具小屋の軒下で縊首。暴行や金銭の強要。
③ 1986.2.1.22:30 頃	東京都中野区の中2男子13歳が岩手県の国鉄盛岡駅に隣接するデパートの地下のトイレ内で縊首。暴行。葬式ごっこ。「まだ死にたくない。だけど，このままじゃ『生きジゴク』になっちゃうよ」という遺書あり。
④ 1994.11.27. 深夜	愛知県西尾市の中2男子13歳が自宅の裏庭の柿の木にロープをかけて縊首。暴行。金銭の強要。「今日，もっていくお金がどうしてもみつからなかったし，これから生きていても…」という遺書あり。
⑤ 1996.1.22.7:30 頃	福岡県城島町の中3男子15歳が自宅近くの農業用水路の水門で縊首。暴行。金銭の強要。「またお金をようきゅうされた。しかしそのお金がないので死にます」という遺書あり。
⑥ 1997.1.7.23:00	長野県須坂市の中1男子13歳が自宅の軒下で縄跳び用の縄で縊首。言葉によるいじめ。「あの4人にいじめられていた。ぼくは死ぬ」というメモあり。
⑦ 2000.10.13. 夕方	千葉県市原市の中2男子15歳が自宅の裏の枇杷の木にロープをかけて縊首。机の表に「死ね」と書かれたりした。「あいつらは絶対許さない」というメモあり。
⑧ 2004.6.3.6:40 頃	埼玉県蕨市の中2女子14歳がマンションの自宅から飛び降り。同級生からゴキブリ呼ばわりされたという遺書あり。
⑨ 2005.4.13. 午後	山口県下関市の中3女子15歳が校舎の3階から屋上に上がる階段の手すりで縊首。「きもい」と言われたり箒で頭を叩かれたりした。「死んだらいじめられないですむ」という自筆のメモあり。
⑩ 2006.8.17.16:00 頃	愛媛県今治市の中1男子12歳が自宅近くの電柱の取っ手に工事用の縄をかけて縊首。「貧乏」「泥棒」などと言われ，「生きていくことが嫌になった」という遺書あり。
⑪ 2006.10.11. 夕方	福岡県朝倉郡筑前町の中2男子13歳が自宅敷地内の倉庫の梁に紐を通して縊首。「死ね」と言われたりズボンを無理矢理脱がされたりした。「いじめが原因です。さようなら」というメモあり。
⑫ 2010.6.7.16:50 頃	神奈川県川崎市の中3男子14歳が自宅のトイレで硫化水素を発生させて自殺。ズボンやパンツを無理矢理脱がされるなど。いじめた側の4人の実名入りの遺書あり。

では12名のうち9名が縊首，2名が飛び降りである。

　対人関係論的な視点からすれば，自殺の最も有効な防御因子（protective factor）は，「重要な人物（significant person）」（Sullivan, 1947）の存在となる。この重要な人物は，子どもと良好な関係にある家族成員・級友・教師などである。これらの人々の存在は破壊的環境のもつ力を弱め，子どもの安全保障感（security）を維持もしくは増大させる。ただし，学校場面において集団的になされる執拗ないじめは子どもの自己尊敬（self-respect）を徹底的にうち砕き，安全保障感の慢性的な欠如状態を引き起こしてしまう。そして，安全保障感の慢性的な欠如状態に陥ってしまうと，重要な人物の存在も助けとはならなくなってしまう。いじめの程度や悪辣さにもよるが，カウンセラーとしては転校（学外にある適応指導教室への通学も含む）をも考慮しつつ学校関係者や保護者といっしょに対策を考える必要がある。ちなみに，いじめる側の子どもに対して必要なことは，いじめが殺人行為と等価であるという倫理的認識と，いじめられる側の苦痛に思いをはせる人間的想像力を養うような教育であろう。

2. 高校生の自殺の特徴

　高校生になると自我が本格的に発達し，自我同一性の形成にまつわるような自殺も出現する。それはたとえば，国民同一性と民族同一性との葛藤や，性同一性障害などと関係した自殺である。性同一性障害は，体は男性（ないし女性）だが心は女性（ないし男性）だと生徒が強く確信している場合で，クラスでのからかいやいじめの対象となりやすいし，生徒自身級友たちに対して違和感があるので孤立しやすくなる（性同一性障害の心理は山根・名島，2006を参照）。

　この時期の自殺にはまた，実存的・宗教的な側面も入ってくる。たとえば，他人が見えないものが見えるというたいへん敏感な感受性を有していた高校2年の女子生徒は不眠のために処方されていた睡眠薬をため込んで自殺を図ったが，その理由は，究極の絶対者がいるのかどうか，この世では見つからなかったのであの世に行って確かめてみるというものであった。

　遺書は一般に小・中学生に比べると長くなる。また，心の迷いや葛藤が強く，結果的に未遂が多くなる。自殺を決行するまでの時間は長くなる。ただし，それだけ周囲は自殺の危険性を感じ取りやすくなる。自殺手段は中学生よりももっと多様化する。縊首・飛び降り・焼身自殺・集団練炭自殺・列車飛び込み・急性薬物中毒・港での重しをつけた水死（入水）・心中の際の感電死など。なかには，「タイマーをセットした手製の鉄パイプ銃」といった特殊な手段もある。うつ病や統合失調症といった精神疾患に起因する自殺も本格的に出現する。

3. 自殺の危険因子と予告サイン

　自殺の危険因子（risk factor）としては，①過去の自殺未遂歴，②男子，③精神障害や発達障害，④最近の対象喪失経験，⑤現在頼りとなる人が欠如，⑥自殺の家族歴（近親者のなかに自殺者がいること），⑦過去の被虐待体験，⑧学校でのひ

表6-4　自殺の予告サイン

①言葉によるもの：直接的には「死にたい」「あの世に行く」「自分なんかいないほうがいい」など。間接的には「旅に出る」「家を出る」「遠くに行きたい」「ゆっくりと休みたい」「（親に対して）お世話になりました」「（親や恋人にメールで）ごめんなさい」など。
②行動によるもの：直接的には「自殺行動（自傷行為を含む）」や「遺書を書く」など。間接的には「手紙や日記，自分の写真を焼く」「昔の恩師に不意に会いに行く」「急に部屋のなかをきれいにする」「友だちに形見分けの品物を残す」「家族写真のなかの自分の顔をマジックで塗りつぶしたり切り取ったりする」「自分が愛読していた漫画やCDやDVDを売りに行く」「自殺作家の書いた小説に共鳴する」「親や兄弟姉妹に対してひどく優しくなる」「ノートの余白に死という漢字を書き連ねる」など。
③性格や気分の変化：気分の変動が激しくなって，はしゃいだり不意に沈み込んだりする。（自殺を決意した後で）急に素直になる。何か透明な感じになる。ごく普通の感じになる。
④うつ状態：抑うつ気分・自責感・自殺念慮・自己卑小感・絶望感・不眠・浅眠・食欲低下・性欲低下・意欲低下など。なかでも，絶望感の存在が重要。

どいいじめ，⑨事故傾性，⑩抑うつ的・依存的・孤立的・完全主義的性格（高橋，1999を参照）があげられよう。⑨の事故傾性は，しょっちゅうささやかな事故を起こして怪我をしたり，発達年齢にそぐわないような事故を起こしたりするもので，意識的・無意識的な自己破壊傾向の現われとみなされている（高橋，1996）。

　自殺の予告サインとしては，筆者の臨床経験，新聞記事，長岡（1980）などを参照すると，表6-4のようなものがあげられる。

4．学校で自殺生徒が出た場合の対応

（1）教育相談担当教諭からカウンセラーに自殺事件の連絡があった場合，カウンセラーはできるだけ早く学校に駆けつけるほうがよい。そして，緊急の職員会議を開いて対応上の留意点を教師に教示する。特に，後述の連鎖自殺・後追い自殺が生じないように注意する。

（2）窓口を1つにして（通常は校長ないし教頭）マスコミ対策をとる。なかには，「地元の○○テレビの者だが□□ちゃんのことについて教えてくれたらお礼をする」などという偽電話が生徒になされることがあるので注意する。この場合，生徒の親が最初に電話に出ると電話はすぐに切られてしまう。

（3）形見分けや遺書の存否に注意する。生徒のロッカーや机の中。なかには，自殺直前に親しかった友だちに手紙を書いて投函する中学生もいる。この場合には本人の死後，友だちに別れの手紙が届くことになる。ちなみに遺書は多くの場合，自殺生徒の自宅の机の上とか中に入れてあり，遺族が後で学校側（校長）に提示してくれることが多い。

（4）自殺生徒と密接なかかわりのあった生徒と面接する。同じクラスの生徒，部活動をともにしていた生徒，いっしょに登下校していた生徒など。自殺前にその生徒とけんかしたりその生徒をからかったりしていたような場合，その生徒が自殺したのは自分のせいではないかという罪悪感から一時的にパニックに陥る生徒もいる。また，ある生徒が飛び降りや首吊りによって学校内で自殺した場合，最初にそれを発見した生徒や遺体を目撃した生徒では急性ストレス障害（acute stress disorder）や外傷後ストレス障害（posttraumatic stress disorder）が生じやすくなるので注意する。ちなみに，生徒の自殺は学級担任にとっても大きな衝撃となるので，学級担任への心理的援助を考慮する。

（5）子どもに関する親からの相談にのる。相談内容は，子どもの不眠や食欲低下，落ち着きのなさ，退行現象（たとえば夜，母親といっしょに寝たがる），悪夢（誰かに殺されるとか親が死ぬ夢）など。同じマンションに住む同級生がマンショ

ンのバルコニーから飛び降りたりした場合，夜になると自殺生徒のお化けが出るのではないかと怯える生徒もいる。
(6) 自殺生徒の親や兄弟姉妹はひどく苦しむ。悲痛な対象喪失体験と，それに続く空虚・抑うつ状態，不眠，自殺を防止できなかった（気づけなかった）という自責感，育て方をまちがってしまったという後悔など。彼らへの援助は長期にわたることも少なくない。兄弟姉妹の誰かがカウンセラーの担当校にいる場合，学校内にあるカウンセラーの面接室では（カウンセラー1人しかいないため）継続的な母子並行面接の形態をとることがむずかしいので，大学の心理教育相談室・臨床心理センターなどに紹介してあげるとよい。もちろん，兄弟姉妹が通っている学校の担当カウンセラーや教育相談担当教諭と連絡をとることも必要となる。ちなみに，母親の思いが自殺したわが子に異常なほど執着していると，残された兄弟姉妹はなかなか立ち直れない。

　一般に自殺生徒の母親の思いはたいへん複雑である。育て方についての後悔の念，学校側への怒り，先に死ぬという形で自分（母親）を見捨てたわが子への疑問や腹立ちなど。また，自殺した生徒が生前はしっかり者の長女で母親を精神的にサポートしていたような場合，残された母親はなかなか立ち直れない。長期の個別カウンセリングが必要となる。場合によっては，地域社会にある「子どもに死なれた親の会」などに紹介する。母親が（カウンセラーをも含めて）外部の人とは接触しようとしない場合，たとえば母親とは顔見知りの女性の教育相談担当教諭や女性の教頭が月に1〜2回程度，定期的に家庭訪問するとよいように思える。母親がうつ病になっている場合には，それとは別に，クリニックへの受診をすすめてもらう。

(7) 連鎖自殺は群発自殺（suicide cluster）の1つであり，自殺生徒が最初の自殺生徒と親密であった場合には後追い自殺となる。たとえば，1人の中学生が入水自殺して学校全体が右往左往している間に自殺生徒とたいへん仲のよかった2人の中学生が翌日，学校のそばの川で入水自殺するといったケースである。

　学校における連鎖自殺・後追い自殺のおもな留意点としては，①緊急の職員会議を開いて対応上の留意点について話す。②主として担任を通して生徒たちに生きていくことの大切さを訴える。また，緊急の援助機関の存在（たとえば24時間対応の「いのちの電話」）を生徒たちに知らせておく。③自殺した生徒と親しかった生徒との個別面接を行なう。特に，葬式で非常にうちひしがれていた生徒，親友，恋人，自殺事件の後で欠席しがちな生徒は要注意となる（高

橋, 1999)。ただし，カウンセラー1人だけでは手に余ることが多いので教育相談担当教諭や養護教諭などと連携する。場合によっては，教育委員会や臨床心理士会を通じて他のカウンセラーの応援を求める。④（事前にわかっていれば）かつて自殺未遂をしたことのある教師や生徒に面接する。「自死遺児」（親に自殺された子ども）に相当する生徒にも注意する。⑤マスコミ関係者へは，扇情的な報道が群発自殺・連鎖自殺を引き起こす可能性があることを伝えて協力を求める。具体的には，簡潔かつ事実に即した書き方をする，自殺生徒の自殺の仕方を詳細に書かない，後追い自殺をしないよう読者に呼びかけてもらう，緊急の相談先や電話相談機関の名前と電話番号を紙面に載せる，新聞などの見出しには「自殺」という言葉を避けて「死亡」とだけ述べ，自殺については本文のなかで言及してもらうなど。

5. 自殺を志向する生徒との面接上の留意点

(1) カウンセラーが生徒の可能性を信じるのは当然のことであるが，自殺志向生徒の場合，生徒が建設的な方向へと向かう可能性と破壊的な方向へと向かう可能性の2つをたえず念頭においておく。その場合，ややもすれば2つの可能性のどちらかを過大評価したり過小評価してしまったりするので注意する。面接記録や面接経過をいくら検討しても状況がつかみにくい場合には，早めにベテランのカウンセラーや臨床心理士，精神科医にスーパーヴィジョンを受けるようにする。

(2) 慎重な質問によって自殺念慮があることがわかれば，過去の自殺未遂歴について聞く。この場合，1つひとつを詳しくきちんと聞いていくことがカウンセラーとしての誠意となるし，生徒にとってもきちんと聞かれることが安心感をもたらしてくれる。過去の自殺行動の手段・方法と結果（どういうふうにして助かったのか）について明確化していくことはまた，現在の自殺の危険度や緊急度を推定する手がかりともなる。

(3) 現在有している自殺計画（suicidal plan）について直接的かつ詳細に聞く。いつ，どこで決行するつもりなのか。自殺手段はもう用意してあるのか。自殺のリハーサル（飛び降りる予定の場所を下見したり，首縄がきちんと締まるかどうかを確認したりする）をすでに行なったのかどうかなど。明確な自殺計画を有しているほど自殺の緊急度は高くなる。

(4) 「死にたい」「もう死ぬしかない」といった生徒の訴えを茶化したり叱責したり言い争ったりしない。やたらに説教したり激励したりしない。穏やかな，中

立的な態度と口調で,「死にたい」ことの意味や背景を明確化していく。また,それがたとえ自殺威嚇(suicidal threat)(死んでやるという脅し)でも真剣に受け止めて傾聴する。

(5) 自殺は一過的な問題に対する不合理な解決法であることを強調する。一過的な問題なのでどこかに対処法があるはずだと述べて,対処の仕方について2人で智恵を絞るようにする。

(6) いつでもつながる電話相談機関の番号を教えることによって生徒の「物理的な孤立」を防ぐ(たとえば筆者のいる山口県の近県では「岡山いのちの電話」「広島いのちの電話」「香川いのちの電話」などが24時間対応)。自殺の危険性が高い場合には,カウンセラーの携帯電話の番号を生徒ないし生徒の親に教えておく(自殺志向生徒が大学生以上の場合にはカウンセラーを操作するための手段としてカウンセラーの携帯電話をうまく利用する人がいるが,中・高校生の場合にはこのようなことはあまりない)。

(7) 生徒の自殺念慮や自殺未遂歴の告白によってカウンセラー自身が情緒的に困惑・惑乱するときには,別の専門家(熟練した臨床心理士や医師)に相談してみる。

(8) 自殺の緊急度が高いときには生徒といっしょに専門家(精神科)のところに行く。町のクリニック・医院なら,小規模でも入院設備のあるところがよい。もしも緊急に生徒を車で病院に連れていくようなときには生徒を1人にしないようにする。たとえば生徒の頼みで自動販売機でジュースを買っている隙に生徒に車から逃げられ,近くのビルの非常階段から飛び降りられたりすることもあるので,できればカウンセラーと生徒指導担当教諭(あるいは養護教諭や家族)といった具合に2人が生徒に付き添ったほうがよい。

　学校内でもしも生徒が校舎の窓やベランダから飛び降りようとしているのを見かけたときには,すぐに駆けていって生徒の胴体に抱きつく(それが無理なら足や手をつかむ)。生徒が窓の外の張り出し部分やキャットウォーク部分にいるときには,言葉かけに注意する。挑戦的・挑発的な言葉は禁物。その生徒に関心があること,生徒が悩んでいることについてぜひ話し合いたいといったことをねばり強く語りかける。

(9) 種々の問題行動と強度のストレスが重なったときは要注意となる。たとえば,自宅のドアのノブにかけた紐で縊首した高校2年生女子では,①思春期からの頻回の手首自傷(リストカット)や頸部自傷,②薬物乱用(医師・友人・イ

ンターネット経由で入手したと推測される精神安定剤や中枢神経刺激剤），③主治医による入院のすすめを拒否することなどが重なった。そして，「学業の遅れに対する焦り」（進級できないのではないかという焦燥感）というストレスがおそらく直接の引き金となった。多くの専門家が彼女の援助に携わったが，力及ばなかった。

(10) 生きることの意味についてとことん話し合う。その場合借り物の知識では生徒に太刀打ちできないので，カウンセラーとしてはたえず，生きることの意味を自分なりに明確にしておくことが大切となる。ちなみに，「自殺はいけない。死んだら無になるから」といった言い方はあまりにも教条的であろう。もしも死後の生命が存続するとすればこの言葉は嘘になるし，何よりもカウンセラー自身が「死んだら無になる」ことを前もって検証しているわけではないから。

(11) 自殺未遂が生じた場合，その後もその生徒に対してねばり強く面接する。北村ら（1981）は，自殺企図者には少なくとも1年以上のアフターケアが必要であると警告している。

(12) 生徒が薬物療法を受けている場合，「主治医がいるから，すべて主治医に任せておけば大丈夫だ」といった具合にカウンセラーが妙に安心してしまうことがあるので注意する。クリニックなどの場合医師は大勢の患者を抱えているため，生徒の側の急激な変化に目が届きにくいこともないわけではない。高校生が薬だけ貰って帰るような場合もあるし，生徒が途中で通院しなくなっていることもある。自殺の危険性がある場合（あるいは危険性が出てきた場合）にはカウンセラーが綿密にチェックして，積極的に主治医と打ち合わせるようにする。電話よりも直接主治医と面談するほうがよい。なお，病院では主治医が転勤その他で交代することがしばしばある。このような交代期には注意しておく。生徒が主治医と親密な関係をつくり上げている場合，なじみの医師の転勤は生徒の安全保障感を低下させるから。

(13) 生徒が実際に自殺を試みた場合，（家族の了解を得て）できるだけ早い機会にその生徒と会って，自殺行動の意味について生徒と徹底的に話し合うことが大切となる。

(14) 生徒とそれまで定期的に面接していて途中で強引に入院をすすめると，生徒側の見捨てられ不安を急激に増加させることがあるので注意する。特に，過去において重要な他者からの見捨てられた経験を生徒が有している場合にはなおさらである。このような場合には，入院の必要性を生徒が納得のいくまで説

明すると同時に，退院してからもきちんと面接を続けることを生徒に保証しておくことが大切となる。

(15) 生徒との面接中に不意に自殺や自殺手段に関する事柄が話されるとカウンセラーとしては慌てるものであるが，できるだけ冷静に話の内容を吟味してみる。たとえば，「自己臭」「劣等感」「自分のなさ」に悩んでいたある女子高校生（2年生）は，彼女の父親が経営する医院からひそかに睡眠薬を盗み出した（当時の睡眠薬は毒性が強くて危険なものであった）。彼女との話し合いの結果わかったのは，これは自殺の準備ではなくて，①禁じられた遊びを行なっているというスリル（自己賦活化作用としての薬），②この薬があると死のうと思うと死ねるし生きようと思うと生きられること（最後の切り札を手中にしているという自己統制感を与える薬），③級友の言動から自分が軽蔑されたと思うと薬を飲んでやろうかという感じになり，飲んで死ねば同情されると思う，そしてそこまで思うと心が落ち着いて死のうという気が薄れること（自殺を夢想することによる自殺行動の抑制効果）という3つの側面があった。

4節　大学生の自殺問題と対応

1．大学生の自殺の特徴

警察庁（2011）の「平成22年中における自殺の概要資料」によれば，大学生の2010年の自殺者数は513人である（男性397，女性116人）。学生総数が1万人規模の大学の場合には1年間に約2名前後の学生が自殺するので，学生相談に携わっているカウンセラーとして自殺問題は避けることのできないものとなる。

大学生の自殺の危険因子としては前節で述べた危険因子がほぼそのままあてはまるが，それ以外にもある。大学の4年制の学部でも6年制の学部でも，休学ないし留年している学生の自殺率は高くなる（内田，2006）。学年では，卒業を控え，卒業試験・就職試験を迎えた4回生が多く（飯田・影山，2005），自殺の契機として，失恋や，人生の目標喪失もあげられる（飯田・影山，2005）。

大学生によくみられる大量飲酒は衝動統制力を低下させ，抑うつを強化することによって自殺の危険性を高める。稲村（1977）は，26歳の男子大学院生（内向的・孤立的な性格，対人困難，大学入学以来の飲酒）が何日か飲み続けて倒れた後酩酊から醒めて絶望感に襲われ，薬物の服用とカミソリによって自殺を企てた事例を報告している（さいわい発見が早く未遂に終わった）。

大学生ではまた，うつ病や統合失調症といった精神疾患による自殺も多くみられるようになる。統合失調症は大学の学部生ならびに院生の時期が好発期であり，発病後5年めを境として自殺企図が急増する（安田，1992）。自殺というともっぱらうつ病と結びつけられるが，大学生に限っていえば統合失調症の自殺も少なくない。この病気の場合，「死ね」とか「海のなかに飛び込め」「飛び降りろ」といった幻聴によって自殺することがある。

ただし，統合失調症の学生の自殺のすべてを病的自殺とみなすのは正しくないだろう。かつて石井・河合（1977）は「発症期・回復期の谷間で，より多くは後者の時期に異常体験残存後の二義的な心理的負荷すなわち『悪しき自己の切断・再生』，『再発恐怖』，『学業復帰への絶望』等が主動因となっている」と述べたが，これは大切な指摘である。

大学生の自殺の予告サインも前節で述べた予告サインがほぼそのままあてはまる。親や友人の話，本人の残した日記などから自殺の決意の時期を調査した京都大学の石井（1982）によれば，自殺学生の8割強は自殺を決意してから1か月以内に自殺を決行する。1か月というと時間的には短いが，彼らはその間にさまざまな予告サインを発するので，そこに介入のチャンスも生まれてこよう。

少し古い資料になるが，『二十歳の原点』の作者である高野悦子の場合，彼女は大学紛争のなかで自己不信に陥り，1969年6月24日の午前2時36分ごろ，貨物列車に飛び込み自殺した。当時大学3年生，20歳であった。自殺にいたるまでの半年間の日記（高野，1971）を読むと，「胸を拳で思い切りなぐる」「カミソリで指を切る」「自分の首を絞めてみる」「ポットのコードを首に巻いて引っ張る」「ウイスキーをすきっ腹にぐい飲みする」といった自己破壊的な行動と並んで，「自殺しようと思う」「生きてる実感がない」という言葉がある。そして，日記の最後（つまり自殺の直前）に書かれた詩のなかには，「旅に出よう」「静かに休もう」「静かに眠ろう」といった間接的な言葉がみられる。このように彼女の日記には種々の予告サインがうかがえるが，残念ながら彼女の日記は自殺前に他者に読まれることはなかった。

2．対応上の留意点

大学生の自殺に関する対応上の留意点としては，以下のようなものがある。
(1) 自殺者の9割は生前に何らかの精神障害にかかっているといわれているが（張，2006を参照），精神障害を有する者がすべて自殺するわけではない。重要なのは絶望感と孤立感である。自分がこの世で独りぼっちであり，みなから見捨てられており，誰からも期待されていない存在だと感ずること——これが危険

な要素となる。逆に，自分が誰かに見守られているとか，誰かから心配されているという感じを有している人はなかなか自殺しない（自殺できない）ものである。カウンセラーの存在意義はここにあろう。

(2) 自殺の緊急度が高い場合，学生を医師のいる保健管理センターに連れていく。保健管理センターが休みの日とか，学外の場合であれば，消防署や警察，保健所などに連絡する。もしも自分の車ですぐ近くの医療機関（精神科病院がよい）に連れていく場合には，まず学生を説得して医療機関に行くことに同意してもらい，そして数人の教職員といっしょに動く。学生の家族には必ず連絡しておいて，できるだけ早く病院に来てもらうようにする。

(3) カウンセリングを継続中のクライアント（来談者）の自殺問題に関しては，カウンセラーとしてはたえずカウンセラー－クライアント関係に注意しておく必要がある。クライアントの自殺行動がカウンセラーを意識的・無意識的に操作するための手段となっていることがあるから。クライアントが自殺未遂を行なったり面接のなかで不意に自殺念慮を表明したりする場合にはそれまでの面接記録をもとにして面接経過を振り返り，カウンセラー－クライアント関係がどのようなものになっていたのかを吟味することが大切である。ただし，この作業をカウンセラーが1人だけで行なうのはむずかしいことも少なくないので，ベテランのカウンセラーにスーパーヴィジョンを受けるとよい。なお，クライアントの自殺行動の背景に，それまで顕在化していなかったクライアントの病理性（精神疾患）が存在することもあるので，精神科医のコンサルテーションを受けることも大切となる。

(4) クライアントのなかには，対人的ストレス状況に直面するたびに「死にたい」と言う人がいる。自殺志向学生はストレス対処技能が貧弱なことが多いので，クライアントがそのときに直面している厄介な問題ごと（悩み）を乗り越えるための打開策をいっしょに考えてあげるようにするとよい。

　一般的にいって，自殺の是非についてクライアントと言い争ったり，自殺を考える「弱さ」を非難したり，〈本当に死ぬ気もないのにそんなことを言うな（するな）〉と挑発したりするといったことはしないほうがよい。〈自殺しなければかたづかないという問題は，人生にはそれほどあるものではありません。自殺以外の解決策が本当にないのかどうか，ここで話し合ってみませんか〉といった形でクライアントとじっくり向き合うほうがよい。

ところで，連鎖自殺の特徴は，最初の自殺と時間的に近接して次の自殺が生ずる

ことと，類似した自殺手段がとられることである。この連鎖自殺を阻止するための一般的な留意点としては，以下のものがある。

①自殺現場を最初に見た学生，たとえば，大学の構内で自殺した遺体を最初に発見した学生と面接する（その後も間隔をおいて定期的に）。

②自殺した学生とたいへん親しかった学生，たとえば親友や恋人と至急面接する（その後も間隔をおいて定期的に）。

③自殺した学生と同じ学科，同じサークル・同好会に所属している学生たちと至急面接する（その後も間隔をおいて定期的に）。この場合，必ずしも同じ所属でないこともあるので注意する。たとえば，自殺した学生と同じ趣味・関心（音楽活動やスポーツ）を有する学生たちが自殺した学生のアパートの部屋にしばしば集まって談笑していたりした場合，異なる学部・学科や異なるサークルの学生，さらには他大学の学生も含まれてくる。

以上のような学生たちに緊急面接を行なう場合には1人のカウンセラーだけでは手に余ることになるので，学生相談所や保健管理センター所属のカウンセラー，保健管理センターの医師，臨床心理学の教官，各学部の学生委員，指導教官といった人たちと連携することが大切となる。他大学の学生が関与している場合には，その大学の学生相談カウンセラーと連絡をとって，協力を依頼する。

学生たちと面接する場合の留意点としては次のようなものがある。

①いわゆる「取り調べ面接」にならないように注意する。特に自殺学生を最初に発見した学生，それも特に自殺学生と親しかった学生は警察で詳しく事情聴取をされているので，そのような学生との面接では学生の精神状態に配慮しながら面接する。

②面接の間隔や回数は学生の状態によって異なってくる。一般的には数日おきか1週間に1回くらいで，学生が落ち着いてきたら数週間に1回程度である（学生が以前から精神障害に罹患している場合には事情が異なってくる）。

③親しかった友人に自殺された場合，その学生の心のなかには自分を見捨てて死んでしまった友人に対する怒り，自殺するほどの苦しみを気づいてあげられなかったという悔しさ，生前の友人に冷たくしてしまったという後悔の念など，さまざまなものが渦巻くので，学生の苦衷に共感しながら話を聞いていく。

④学生のなかでも，かつて自殺企図した学生，近親者に自殺者のいる学生，精神科病院への入院歴のある学生，抗うつ薬などの薬物療法を現在受けている学生には注意する。これらの学生では連鎖自殺の可能性が高くなる。

⑤緊急面接（電話も含まれる）は，少ししつこいと思えるくらいがよい。親しかった友人に自殺されたある男子学生（友人の遺体の発見者でもあった）では，自殺事件の後，不眠や飲酒（自殺学生の友人たちが集まっての連夜の飲酒）が続いた。筆者は短期間のうちに何度もその学生と電話や面接で話した。ずっと後になって，筆者の行動は少ししつこすぎはしなかったかとその学生に聞いたところ，彼は否定して，「友人が突然自殺した後みんなパニックになってしまって，どうしたらよいかわからなかった。（筆者からのアプローチによって）大学側がきちんと自分たちを見守ってくれているという安心感があった」と答えた。

誰にしろ，親しかった友人の自殺という緊急事態に際して，適切に自己対処することはたいへんむずかしいものである。学生相談所のカウンセラーや保健管理センターの医師をはじめとする大学側のスタッフが学生たちに早期に，かつ何度も接触することは，学生たちにとっては大きな安心感をもたらすものであるといえよう。

5節　青少年の自傷行為について

自傷（self-mutilation, self-injury）とは，自分で自分の体を直接傷つけることをいう。自傷行為はあらゆる年代に頻繁にみられるもので，これまで自傷行為について書かれた論文や本は数多い（名島・切田, 2011a, 2011b を参照）。

自傷には，「手首や腕を切る」「針やピンで刺す」「ライターで腕を焼く」「タバコや蚊取り線香の火を皮膚に押しあてる」「皮膚をかきむしる」「爪を剥がす」「紙ヤスリで皮膚を擦る」「腕を噛む」「頭を壁や床に打ちつける」「自分で自分を殴る」「髪の毛を引き抜く」などがある。一般的にいってこれらは，怒り・みじめさ・自責感・孤立感などを言葉ではなく行為で表現するものである。

「手首自傷症候群（wrist-cutting syndrome）」（Rosenthal et al, 1972）は「死との戯れ」（西園, 1983）ともいわれる。もっぱら利き手の反対側，つまり左手首の内側の表皮を鋭利な刃物（カミソリやカッター）で傷つける。皮膚の表面近くの毛細血管や静脈を傷つけるだけなので，放置しておいても出血は自然に止まることが多い。傷が少し深くて傷口を縫ったとしても，ほんの数針程度。ただし，この手首自傷は何回もくり返されることが多い。手首だけでなく，前腕部や手の甲，まれには下腿や頸部を傷つけることもある。ちなみに，自傷部位が頸部の場合でも浅く切った場合には頸静脈を傷つけるだけであるが，頸部自傷の場合には場所が場所だけに

学生が主観的にどう思って切ったのかを慎重に確認してみることが大切となる。松沢ら（1998）は、「頸部自傷は他者との関係を変えようというより、飛び降り自殺のように他者との関係を断ち切ろうとする行為との境界線上にあるといえる」と述べているが、参考とすべきであろう。

手首自傷は思春期に頻発する（筆者の臨床経験では小学校高学年から）。人が見ている前で手首を傷つけることはまずないが、自傷した後で血の流れ出る手首を家族や友人、教師に見せたりすることがある。手首自傷の機制としては、①ストレスによる緊張からの解放、②他者へのコミュニケーション、③「だめな自分」「悪い自分」に対する自己処罰、④冷淡な母親への象徴的攻撃、⑤自分が生きていることの確認、⑥葛藤の否認、⑦支配されることに対する抵抗などがある（安岡，1996；Walsh & Rosen, 1988を参照）。

手首自傷は大学生にもみられる。筆者の印象では、女子学生のほうが多い。出血している左手首の内側を携帯電話のカメラで撮影してわざわざそれを見せてくれたり、画像をメールで友人に送りつけたりする学生もいる。手首自傷を行なう場所は、自分の家の自室、アパート、大学内のトイレなど。手首自傷の契機としては、①成績の悪さを母親からひどく責められる、②友人たちから無視される、③好きな男性から冷たくされたり失恋するなど。面接場面では、自傷行為に先行するこのような悪性の対人状況を吟味することになる。

手首自傷症候群の場合傷はごく浅いので、出血多量で死ぬといったものではない。しかし、長期的にみた場合、手首自傷は自殺の危険因子の1つとなる。自分の苦衷を周囲の人々に訴えるための自傷行為が逆に周囲の人々から迷惑がられたりうとんじられたりして、かえって孤立感を深めて自殺する。手首自傷をくり返しているうちに自傷のもつ怒りや不安のコントロール効果が薄れてくれば、自殺へと直結するおそれが出てくる。また、竹内ら（1986）のいう手首自傷の「抑うつ群」のそれは「自殺の予備的試行」とも考えられるものである。それに、習慣性の自傷行為者でかつ摂食障害的傾向やアルコール・薬物乱用があり、過去に処方薬・市販薬の過量服薬をした経験がある場合には自殺のリスクがたいへん高くなる（松本，2009）。経験豊かな精神科医の牛島も、手首自傷をくり返す人の6～10％は自殺していると述べている（牛島・川谷，2004）。

学生が「最近手首を切ったことがある」と言ったら、それを見せてもらって傷の度合いを確認しておくとともに、自傷したときの学生の気持ちも確認しておく。一般的にいって、「なんとなく切ってみた」「いらいらしていたから」などと言う場合

よりも,「死んだら死んだで,まあそれもいいと思って」とか「死ぬつもりで切った」などと言う場合には,たとえ傷が浅くても危険である。

6節　自殺への対応方法を研究することのむずかしさ

　本章においては,筆者の臨床経験を交えながら,小学生から大学生までの自殺問題に対してカウンセラーとしてどのように対処したらよいかということについて述べた。自殺というたいへん大きな課題に対して社会学的・統計学的・精神医学的に接近することは重要ではあるけれども,日々学校現場で苦闘しているカウンセラーにとっては,臨床的にどう対応していけば最善なのかを探求していくことが大切だと思える。

　これはしかし,なかなか容易なことではない。カウンセラーが自殺問題に関する経験を積み重ねていくことが最も重要なのであるが,1人のカウンセラーの経験は限られているので普遍化するのがむずかしい。特に,小学生の自殺者数は1年間に8人前後とごく少ない。小・中・高校のスクールカウンセラーたち,大学の学生相談カウンセラーたちがそれぞれの経験を持ち寄って議論し,議論を深めていくなかでより有効な対応方法を見いだしていくことが今後の課題としてあげられよう。

第7章

学校臨床場面における不登校について，実際の支援を通して理解する

1節　不登校から何を学ぶのか？

　本章では，不登校をめぐる2つの問いについて考察を試みた。1つは，不登校の理解に向けられた問いである。子どもがなぜ学校に行かなくなるのかについて，1つの原因から不登校になるという単純化したとらえ方ではなく，不登校にいたる背景要因についてできるだけ幅広い角度から取り上げることによって考察したい。具体的には，社会，学校，地域，家庭，個人それぞれのどのような点が不登校の生じやすさと関連があるのかについて言及する。もう1つは，不登校支援に向けられた問いである。これについては，近年みられるようになった不登校の特徴を提示するとともに，どのような支援が求められるのかについて考えてみたい。支援に関しては，いかに学校に戻すかが重要であるとする立場から，不登校支援を通して子どもから何を問いかけられているのかを深く考えていく立場まで，さまざまな立場がある。本章は後者の立場からの論考を展開する。

　ところで，不登校は一般的にどんなイメージでとらえられているだろうか。「いじめを受けることで学校に行けなくなった子」「本人に何らかの問題があって学校に行かなくなった子」あるいは単に「学校に行かずに怠けている子」というイメージをもっている人が多いのではないだろうか。あるいは，自分の仲のよかった友だちが不登校だったので，なぜ学校に行けなくなったのか知りたい。あるいは，自分のきょうだいが不登校だったので，少しは本人のことがわかる。あるいはもしかしたら，自分自身がかつて不登校であり，ようやく最近になってあのころのことが話せるようになったという人もいるかもしれない。さらには，教師やカウンセラーの立場で不登校の子どもや保護者とかかわったことがあり，支援についてはむずかしいものがあるとの印象をもっている人がいるかもしれない。

不登校という現象に対する筆者の最も大きな関心は，この現象が私たちに何を問いかけているのかということにある。これは哲学的な問いというよりも，不登校との臨床的かかわりを通して私たちが何を学ぶのかという実践的問いである。たとえば，なぜ学校に行かなくなる子がいるのかというこの一見素朴な問いに関心のある人は多いのではなかろうか。不登校を理解していくためには，それが起こってくる背景にどのような要因があるのかを，個人のアセスメントにとどまらず，家庭，地域，学校，社会までを視野に入れ，できるだけ幅広く多様な視点から考えてみることが重要になってくる。それと同時に，支援においては，個々のケースごとに不登校の臨床像を適切にとらえていくことが求められる。なぜなら，臨床像をどうとらえるかが支援の方法を決定づけていくからである。

　支援の観点からすれば，いつどのような形で行なわれる支援が不登校の子どもにとって意味のある支援となるのかを個々のケースごとに考えていくことになる。また，周囲からのどのような働きかけであれば本人が受け入れてくれるのかという実践的な問いも重要になってくる。たとえば，不登校を怠け，あるいは自分とは無関係のこととしてとらえているほど，不登校の子どもにはとにかく学校に行くように指導すればよいという支援になりやすいことが予想される。かといって逆に，親身になってかかわれば必ず心を開いてくれるとも限らない。では，この子たちはどのような支援を求めているのだろうか。一見，どんな支援も求めていないように見受けられるかもしれない。支援者の立場にある者であれば，支援に際して自分のとらえ方やかかわり方が適切であるかどうかをいく度となく考えさせられる。しかし，それこそが不登校という現象がわれわれに投げかけている問いそのものなのであり，その問いを前に私たちが自分自身とどう向き合うのかがその子たちをどう支援していくかの答えになっていくだろう。その意味で，不登校支援は人間の「生」の意味を問う心理学である。

　現実の支援においては，不登校である本人自身でさえ，自分がなぜ学校に行けないのか，本当はどうしたいのかが自分でもわからないことが多い。そして，状況によっては何かしてあげるよりも何もせずに見守っていることがよいと判断されることもある。しかし，いつまでも何もせずに放置されることを心から望んでいるようにもみえない。このような状況にある子どもたちを前にしたとき，あなたなら援助者としてどうふるまうだろうか。これが本章を通して筆者が読者に投げかけてみたい問いである。

2節　不登校の現代的傾向と背景理解

1．「現代型不登校」について

　非社会的問題としての不登校は，すでに1960年代から存在していたが，中学校を中心とする校内暴力などの反社会的問題が沈静化し始めるころより目立ち始め，1980年代後半からは増加の一途をたどることになる。文部科学省は，不登校の児童生徒を「何らかの心理的，情緒的，身体的あるいは社会的要因・背景により，登校しない，あるいはしたくともできない状況にあるため年間30日以上欠席した者のうち，病気や経済的な理由による者を除いたもの」と定義している。文部科学省（2008）の平成20年度学校基本調査によれば，1991（平成3）年度の不登校児童生徒数小学校1万2,645人，中学校5万4,172人計6万6,817人であったのが，2001（平成13）年度には，小学校2万6,511人，中学校11万2,211人計13万8,722人へと10年間で2倍以上に増加している。また，不登校児童生徒数の全児童生徒数に占める割合をみてみると，1991年に小学校0.14％，中学校1.04％であったものが，2001年には，小学校0.36％，中学校2.81％へと約3倍に増加している。その後，2001年以降は現在までほぼ横ばいの状況が続いているが，中学校では36人に1人，つまりクラスに1人という数値を維持したままである。

　大石（2003, 2009, 2010）は，この90年代以降から急増してきた不登校の中核的特徴を，「悩みを悩みとして悩めない不登校」としてとらえている。これは，単に不登校の子どもたちが悩まなくなったとか，学校に行っていないことに葛藤を感じなくなったということではない。学校に行きたくない気持ちははっきりと意識しているし，学校に行けていない自分に対して「これではいけない」とも感じているが，その状況を悩みとして体験し，それを他者に向かって言葉にしていくことができない子どもたちが増えてきたことを意味している。このような特徴は，従来から文部科学省が用いている不登校の一類型である「不安など情緒的混乱の型」と「無気力型」の複合型，あるいは小泉（1988）が指摘した「甘やかされタイプ」，さらには，保坂（1999）の「脱落型不登校」とよばれる子どもたちとも重なる。しかし，実際に不登校の子どもたちとかかわってみると，これらの言葉だけではとらえきれない生真面目な面や神経質な面をあわせもっている。

　そこで，筆者は，現在の不登校の中核群を，無気力や甘え，怠けなどにより学校適応から脱落した子どもたちという視点ではなく，なおかつ「よい子の息切れ」（過

剰適応)とも区別してとらえるほうがより実像に近いと考えるようになった。そして，このような不登校を，現代という時代的・社会的影響を受けた形の不登校という意味で「現代型不登校」と命名することにした。

従来の不登校については，学校に行きたくない気持ちやその背景にある思いを抑圧し，無理をして登校していた子どもが，それ以上抑圧が効かなくなることで不登校になる。その当初は，心の葛藤は身体症状として表現されるが，その後，神経症的な悩みとして意識化されていくことになる。この状況は精神分析理論における「抑圧モデル」によって説明できる。これに対して，「現代型不登校」は，学校に行きたくない気持ちそのものを抑圧することができず，結果的に学校に行きたくない気持ちに自我が負け，妥協し，時に共謀する形で現実を回避するという心理機制としてとらえることができる。これは葛藤に直面することを避け，その都度自己を分割していく「解離モデル」によってよりよく説明できる。たとえば，傷つく出来事や困難に直面した場合，それに向かっていくのではなく，自らその場所を退くことで安定を保とうとする心性が強く働く。葛藤を引き起こすような他者からの働きかけや出来事に対しては，「疲れる」「面倒くさい」「意味がわからない」という言葉ですべてをかたづけようとする。それらを嫌だと認識することはできるが，葛藤として体験できない。このように「回避性」と「解離性」とをおもな適応機制とする不登校の支援においては，この傾向がどうすれば改善していくのか，あるいは逆にこの傾向の中に健康な面をどのように見いだしていくかを目指さなければならない。しかし，現状では，これらの傾向が，周囲の仲間や大人たちの目には「勝手気まま」「わがまま」「ずる休み」「甘え」などと映り，不登校への理解と援助を困難にしている。

表7-1　2つの不登校の対比

	神経症的不登校	現代型不登校
説明モデル	抑圧モデル	解離モデル
自我機制	・超自我とエスとの葛藤が中核にある。 ・葛藤を抱えきれず，身体症状が出る場合もある。	・エスに自我が妥協または共謀する形で現実に対処しようとする。 ・葛藤を引き起こすような事柄に対しては，心の中に別の部屋をつくることで全体の安定を保とうとする。
行動特性	・不登校になったきっかけや今の自分の状態，気持ち，本当はどうしたいかなどをある程度言葉にできる。 ・思春期以降のケースにおいては，対話によるカウンセリングが可能である。	・学校に行けなくなったきっかけがはっきりせず，「何となく」行かなくなる。 ・楽しい行事だけの参加などに対しては抵抗なく参加できる。 ・カウンセリングにおいて一方的に進路などの話題を提示すると，カウンセリングに来なくなる。 ・自分の好きなことに対しては積極的に動ける。

表7-1は，2つの不登校を説明モデル，自我機制，行動特性の3つの側面から対比したものである。

2．不登校をとらえる2つの視点

不登校をとらえる視点の1つに，「周囲の期待に対する態度」がある。この場合，一方の極は，集団規範よりも自分に価値を置く傾向，いわゆる「マイペースの子」であり，場合によっては，怠け，わがまま，甘え，弱さ，ズルさ，などとみられることもある。もう一方は，周囲の期待に応えようとする傾向，無理してがんばる子，過剰適応を強いられた状況にある子である。この視点からは，不登校の子どもたちはこの2つの極のどこかに位置づくことになる。たとえば，不登校は怠け，わがままなどとしてとらえる見方からは，本人が現実と向き合えるようなかかわりをもつことで，通常の登校に戻すことを目指す支援が提案されることになる。逆に，不登校をがんばりすぎた子どもの息切れだとする見方からは，まずは子どもをゆっくり休ませ，その後，回復に応じた教育的受け皿を用意していく支援が目指される。そして，現実の支援は，これら2つの方向の支援を織り交ぜたものになる。

次に，不登校を理解するためのもう1つの視点は，「本人自身が感じている教室での居場所感」である。このことに関して，自らも不登校の体験をもつ貴戸（2011）は，不登校の原因を個人の能力的な側面に帰属していく現代の傾向に疑問を投げかけ，不登校の背景に個人にも社会にも還元できない人と社会の「関係性」の問題，すなわち，「関係的な生きづらさ」の問題が存在しているという。また，そのことを，個人の特性や社会要因には還元されない「人が他者や集団につながるときにある局面で不可避に立ち現われてくる関係性の失調のようなもの」であると述べている。

また，芹沢（2010）は，ひきこもりを人間存在が「社会的自己」と「存在論的自己」という2つの自己を二重性として生きているがゆえに起きる出来事であるととらえ，前者を「する自己」，後者を「ある自己」と関連づけ，「存在論的自己」が社会適応の基盤になると主張する。すなわち，ひきこもりからの回復は，「ある自己」が充実し安定してくることではじめて，「する自己」が動き出すこと，「ある自己」が「する自己」を支え育む関係にあるという認識こそが重要であるとしている。

ここで，「関係的な生きづらさ」や「ある自己」が指し示す次元のことを，本人が感じる居場所感という言葉でとらえ直すと，不登校を理解するためのもう1つの視点が開けてくる。その次元における一方の極は，ある生徒が学校の仲間や教師との関係において自分のことを適度に表現でき，まわりから自分の存在が認められていると感じられる状況にあることを意味する。もう一方の極は，ある生徒が学校

図7-1　不登校タイプ

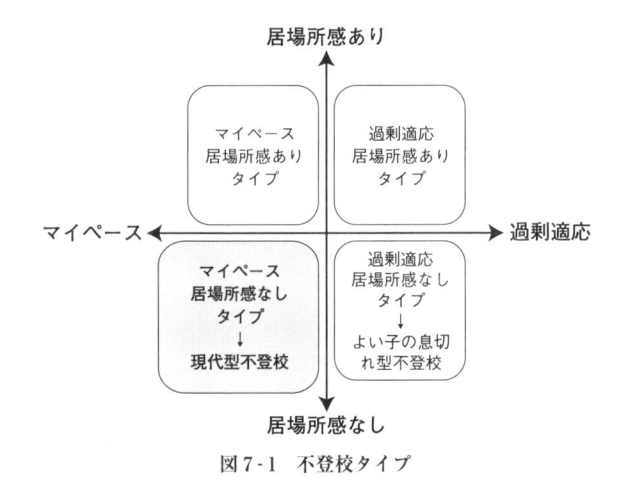

の仲間や教師との関係において自分の存在感が感じられず，漠然とした不安を抱いている状況に置かれていることを意味する。

不登校をこれら2つの軸による位置関係によってとらえると，マイペースで居場所感ありタイプ，マイペースで居場所感なしタイプ，過剰適応で居場所感ありタイプ，過剰適応で居場所なしタイプの4つに区分される。従来の枠組みでいうよい子の息切れは，過剰適応で居場所感なしタイプと重なる。筆者が指摘する「現代型不登校」はマイペースで居場所感なしタイプと重なる。

ただし，いずれのタイプも，環境によって変動する可能性をもっており，マイペースで居場所感ありタイプや過剰適応で居場所感ありタイプが居場所を失って不登校になることは十分考えられる。また，「現代型不登校」を表面上はマイペースにみえるが，内面には過剰適応的なデリケートな側面をもった子どもたちであるととらえる視点からは，マイペース—過剰適応の軸よりも関係性の軸，すなわち居場所の感覚がもてるかどうかのほうが不登校にとってはより第一義的な適応の基盤となる軸であることが推察される。ここで特に重要な点は，その生徒が一見マイペースにふるまっているからといって，必ずしも学校や教室に居場所があると感じているとは限らないということである。図7-1は，上述したことを図示したものである。

3．不登校の背景—なぜ学校に行かなくなるのか？

そもそも子どもたちは，なぜ学校に行かなくなるのだろうか。従来，不登校のとらえ方に「よい子の息切れ」という視点が多く用いられてきたが，これは自分の素の状態に対して無理をしてがんばりすぎた結果の失速状態として理解することがで

きる。一方,「現代型不登校」は,学校に行きたくても行けない状況にあるのではなく,学校に行きたくない気持ちに自我が屈服し,妥協し,共謀する出来事だと筆者は考える。そして,そこには,時代的・社会的背景が大きく影響していると考える。以下,社会,学校,地域,家庭,個人という5つの各領域のどのような状況が不登校の出現およびその長期化と関連があるのかについて述べてみたい。

(1) 社会要因

まず,不登校は現代という時代の影響を強く受けていると考えられる。それは単純に不登校数の増大だけでなく,不登校の質にも変化をもたらしている。滝川(2004)は,高校進学率が急上昇し始めた1975(昭和50)年を境目に長欠率が一転して上昇に向かい始めたことを踏まえ,不登校をまずは社会的現象としてとらえられることを指摘し,この変化に伴い学校や勉強が子どもたちを惹きつける力が衰退したことで,不登校が生じやすくなったという。これに関連して,1960年代から70年代の高度経済成長の時代が終焉を迎え,80年代の校内暴力が頻発した時期を経て,90年代になるとバブル崩壊後からの低成長期に入ったことにより,まじめに努力することの意味と努力した後の成果の保証が見えにくい社会になったことが,何か嫌なことがあってもそれを乗り越えて登校する子どもの耐性を低下させた可能性がある。そのことは同時に,学校が担っていた子どもの将来を保証する機能を弱体化させ,不登校を生じやすくさせている。端的にいえば,将来が保証される社会から将来が見えにくい社会への変容,がんばれば幸せが保証される時代から,がんばっても幸せになれるとは限らない時代になったことが,「現代型不登校」増大の背景要因になっていると筆者は考えている。

また,1980年代以降,自己実現という言葉があたり前のように囁かれる時代の到来により,規範よりも自分の価値が優先される時代となったことも,不登校の増加と質の変容に影響を与えている。特に,バブル期以降の社会をポスト工業化社会とよぶならば,このような社会では,子どもたちは人生の早い時期からサービスを受ける消費者として位置づけられ,子ども自らが学校を評価するようになった。そして,学校教育の場が保護者にとってはわが子に教育サービスを提供してくれる場所として認識されるようになることに伴い,教員もそのニーズに応えようとしながらも,その一方で,学校は依然として個人よりも集団を重視する生徒指導を変わらず保持しているという現状がある。このような状況は,子どもたちを保護者のあり様と教師のあり様のダブルスタンダードの狭間に立たせることになり,結果的に不登校を生じやすくする素地を形成しているものと考えられる。

(2) 学校要因

　まず，小学校6年生から中学校1年生にかけて，不登校の数が3倍以上に跳ね上がる現象は「中1ギャップ」とよばれている。その背景には，小学校までのクラス担任制から教科担任制に変わること，生徒指導体制が厳しくなること，部活動という新たなタテ関係の時間が増えること，学習内容がむずかしくなることなどが指摘されている。特に中学校から始まる生活スケジュールの過密化は，生徒たちの慢性疲労の蓄積をもたらし，不登校を生じやすくしている可能性が考えられる。これは，部活動の過熱，学校で教科ごとに出される宿題，塾の宿題など，各担当領域ごとに出される課題が，1人の生徒が引き受ける量としては過大となることによるものである。その結果，睡眠不足や慢性疲労によるイライラ感が増大し，それが仲間関係での攻撃的な言動となり，トラブルのもととなる。その攻撃を受けた生徒が不登校になることもあり得る。

　また，土井（2008）は，思春期の仲間関係に「やさしさ」が拡がってきていることを指摘し，その「やさしさ」の背景には自分が傷つくことへの不安があるという。1人になることへの不安が強い集団では，子どもたちはグループ化しやすい。たとえば，グループ化の強い学級のなかでは，仲のよいグループと仲のよい2人組が増え，自分が仲よくしたい子が他のグループにいても，その子のことを自分のグループの子たちが嫌っていると，その子に近づけない。その結果，どの相手とも居づらく感じるようになり，クラスのなかに自分の居場所がなくなったように感じる。一見すると，このとても「やさしい」関係は，それぞれが自分のことで精一杯という状況と表裏であり，ちょっとした出来事がきっかけで思春期の仲間関係の脆さが露呈することにもなる。

　たとえば，中学校1年より突然学校に行かなくなったAさんは，自分が学校に行けなくなった理由を振り返り，「あのころ，クラスのなかにいることが耐えられなかった。特に休み時間に1人で机に座っていることがつらかった。そのクラスの空気に馴染めず，どうすることもできなかった。そんなある日，『このまま私が教室からいなくなっても，何も変わらないだろうな』そう思ったら，次の日から学校に行けなくなった」という。

　学校や学級の集団のあり様は，図7-1で示した子どもの居場所感にも影響を与えており，居場所感が得られない場合は不登校の発症を招きやすい。特に，同質性への圧力が強い教室では，ある生徒の行動に対して生じた少しの違和感を，陰で「ウザい」「キモい」などの言葉で表出するような空気が充満しており，多くの生徒た

ちが「関係的な生きづらさ」を意識できないまま過ごしている状況も考えられる。

(3) 地域要因

　まず，かつて地域とよばれる場が子どもの発達を支えてきたが，そこには2つの機能が存在した。1つは，たとえば，近所に住むおじさんやおばさん，おじいさんやおばあさんとよばれる大人たちとのかかわりに象徴される「斜めの関係」である。もう1つは，大人たちが介入しない子どもどうしだけの対人経験である。地域コミュニティの衰退とともに，これら2つの機能を地域が担えなくなってきている。加えて，保護者どうしのつながりも希薄化し，子どもをどう育てていくのかについての方向性が多様化し，共通のラインを共有しづらくなってきている。これらのことが，子どもの自我や社会性の発達を困難にしていることが考えられる。

　また，地域での異年齢集団での子どもどうしの群れ遊びや自然体験が減少したことだけでなく，携帯用ゲーム，インターネットによるゲームやメールなどが浸透してきたことで，子どもの遊びが，従来の身体全部を使った集団遊びではなく，室内での画面を介した遊びや画面を前にしての横並び型の遊びへと大きく変化してきている。これらの現象が子どもの社会性の発達にマイナスの影響を与えていないかどうか，今後の研究による慎重な議論が必要である。

(4) 家庭要因

　以上のような家庭を取り巻く環境の変化と連動する形で，家庭内での変化も生じている。まず，最近の親の特徴として，先まわりして子どもの危険や問題を回避しようとすることで，結果的に，子どもが困難に直面しそれを乗り越えていく経験を奪ってしまう傾向がさまざまな研究者によって指摘されている。地域コミュニティの衰退とともに，親が子どもの社会化をうながし，困難を乗り越えさせていく力が弱まり，母子癒着の状態にある親子関係が一般化してきていることが考えられる。

　また，モンスターペアレントという言葉に代表されるように，教師の権威が低下するとともに，子どもが学校で問題を起こした場合，その原因を学校に求める傾向が強くなったことも大きく影響している。たとえば，子どもが学校に行きたくない理由として，「友だちにいじめられた」とか「先生からひどく叱られた」などの発言をした際，保護者がその言葉に過度に同調し，子どもと一体となって学校や教師にクレームをつけるとする。その保護者の姿をみて，子どもは自分が学校に行かなくてもすむ理由を得るといった状況がある。問題が起これば外部に責任を求めるというクレーム型社会の到来は，子どもたちが社会を意識した厳しさのもとで育てられるのではなく，親の庇護のもとで育てられる環境を用意する。このような現状は，

子どもたちが家族のなかでますます父性的なかかわりを経験しないままに，学校という社会に参入していくことを意味する。これらの状況は，生徒指導の厳しさがピークを迎える中学校において，子どもたちにとって大きなギャップとして体験される。このことも，中学校から不登校が急増することの一因となっているものと考えられる。

(5) 個人要因

まず，不登校の子どもたちに共通する性格傾向としては，ものごとに対して生真面目なところがある，自分の気持ちを表現することが苦手，周囲の目を過度に気にする，自分から仲間に入っていくことが苦手などの特徴があげられる。これらの性格傾向をさらに抽象化すると，「融通の効かなさ」と「回避傾向」の同居という特徴が認められる。ただし，臨床的支援においては，これらの性格特性と発達障害による特性との識別が重要となる。現在増加の一途をたどっている発達障害をもつ子どもたちが，その特性ゆえに不登校のきっかけや不登校を長びかせている要因となっているケースも少なくない。

また，本人の生物学的レベルでの問題が絡んでいるケースとしては，統合失調症，うつ病などの精神疾患が背景にあって不登校を起こしている場合がある。また，ネグレクトをはじめとする虐待が背景にあって不登校が発生しているケースもある。このことと関連して，生活リズムが夜型となり，朝起きの習慣が確立しにくい家庭環境にある子どもたちが増えているとの指摘もある。このように，不登校支援に際しては，子どもの養育環境と個人特性を十分にアセスメントした上で支援を進めていくことが求められる。これらのケースは，環境的困難や個人の器質的な疾患あるいは障害を主たる背景にもつ不登校であり，「現代型不登校」をはじめとする中核群に対して例外群として位置づけられる。表7-2は，特別な配慮が求められる不登校群をまとめたものである。

不登校はさまざまな要因が複合的に重なり合うことで生じてくる。きっかけは本

表7-2 特別な配慮を要する不登校群

①**いじめによる不登校**
　教員チームによる迅速な対応が求められる。いじめた側への介入と本人の心のケアを同時進行で行なっていく。
②**精神疾患を背景にもつ不登校**
　統合失調症やうつ病などの可能性が疑われるケースについては，精神科や心療内科と連携をとりながら支援していく。
③**発達障害を背景にもつ不登校**
　医療機関や発達支援機関と連携をとりながら，不登校支援と発達障害への支援を同時進行で行なっていく。
④**ネグレクトをはじめとする虐待が背景にある不登校**
　児童相談所が関与すべきケースかどうかを検討し，子どもの支援と同時に母親をカウンセリングにつなぐ。

人に自覚されている場合もあるが，現実には本人にもよくわかっていないことが少なくない。ただ，個々のケースをみていくと，そのうちのどの要因がより大きな影響を与えたかは異なってくる。たとえば，不登校の背景として性格のかたよりなどの個人要因が大きいと考えられるケースもあれば，ネグレクトに近い状況など家庭要因が大きな位置を占めていると考えられるケースもある。また，いじめのように学校要因が大きく影響しているケースもある。先に述べた貴戸の指摘を踏まえれば，不登校は人と人との間に存在する「関係的な生きづらさ」を背景にした問題としてもとらえることができる。

3節　支援の実際──発達を踏まえた支援

1．前思春期までの不登校支援

まず，発達状況との関連でいえば，不登校は，小学校低学年から前思春期までのものと前思春期から青年期にかけてのものの2つに分けることができる。子どもの自我と社会性の発達という視点から考えると，小学校の低学年に比較的多くみられるのが母子分離不安を背景にもつ不登校である。このタイプの不登校では，母と子の不安が共鳴し合う状態になっている場合が多い。したがって，母親がゆったりとした気持ちで子どもと接することができるよう支援することが重要となる。これは学校に通うという社会的生活習慣が定着するまでの揺らぎの時期に発症しやすい不登校である。

その後，小学校の中学年になると，学級担任の学級経営と本人の資質とが合わないことによって不登校が生じることがある。たとえば，厳しい学習指導や給食指導などがきっかけで教室に入れなくなる児童がその典型である。その背景には，本人の繊細な気質，まじめさ，完全主義などがあり，これらの特徴が担任の学級経営と齟齬を生じた結果，子どもが不登校になる。母親も繊細で不安の高いタイプが多く，子どもは家では安心して過ごせるが，家庭環境と学校環境とのギャップが大きい結果，教室で過ごすことに「関係的な生きづらさ」が生じているケースが多いといえる。たとえば，ある小学校のクラスでは給食を残さず食べるよう厳しく指導している。昼休みに全員が遊んでいるときに教室に1人残って食べることがつらい。また，給食を残さないことを学年で競っており，「私が残食を出すと，このクラスが負ける」と考え自分を責めてしまう。その後，本人の心の負荷が限界に達し，学校に行けなくなる。このような場合，そのことに母親も傷ついている。教師が子どもと母親の

繊細さを理解しようとしない場合，問題は教師の指導の仕方ではなく本人や母親に求められることとなる。その結果，両者の間にはコミュニケーション不全の状況が引き起こされる。

特に，10歳までの不登校支援においては，母親と学級担任との信頼関係が重要である。母親が学校に向けて安心してわが子を押し出せるようになるための支援が必要であり，母親と担任の関係を橋渡しするスクールカウンセラーなどの専門家の存在が大きな意味をもつ。母親の思いと担任の思いが専門家によって橋渡しされた結果，両者の間に「安心して背中を押せる母親と，ていねいに子どもを迎える先生」という関係が生まれることが，子どもの不登校の改善に直結する。表7-3は，10歳までの発達段階にある不登校の子どもと母親への支援のポイントをまとめたものである。

10歳以降の不登校になると，その背景に子どもの社会性の発達が関与してくる。特に，10歳ごろを境に子どもは自分のことを他者の視点からとらえることができるようになる。女子の場合は，このころを境目に小グループの仲間とだけつき合うようになるし，男子の場合は，ギャングエイジとよばれ，同姓の仲間と親密な関係を取り結ぶようになる。さらに，思春期になると，親から離れ，仲間関係のなかで自己のアイデンティティを確認し合うという発達課題に直面する。さらに，子どもが思春期を迎えると，保護者と担任の協力体制だけでは，不登校は改善しなくなる。特に思春期以降からは，子どもは保護者とも担任とも距離をとるとともに，仲間関係からも退却する。そして，自分自身と向き合う態勢に入る。それに伴い，援助の方法も本人の自分自身との向き合いを見守り，保証するかかわりへと変えていかなければならない。

表7-3　前思春期までの不登校支援のポイント

①子どもを学校に行かせることに対する母親の不安を受けとめる
　学級担任と直接やりとりできることが望ましいが，むずかしい場合は他の教員やカウンセラーが仲介する。
②母親と学級担任または本人と直接かかわりのある教員との信頼関係の構築
　たとえば，教師から「母子分離不安」という見方をされることで，母親が傷ついていることがある。
③子どもの気持ちを受けとめられるだけの母親の心理的安定の確保
　たとえば，母親だけに登校をうながす役割を課さない。教師は，子どもが休んだこと，休んでいることを責めるのではなく，「行けるときは行こうね」と伝える。母親は，1日と1週間それぞれのスパンで生活リズムをつくる工夫など，子どもがやる気を出せるような生活習慣を心がける。子どもが登校した日は，家庭で本人の話をよく聞いてやる。
④登校へのきっかけづくりと誘い
　登校へのきっかけは学級担任を中心に提供するが，誘いかけは母親と教師双方がタイミングをみながら行なう。朝友だちが誘ってくれることが奏功することもある。
⑤校内での教室以外の居場所ないしは逃げ場の確保
　校内の別室で対応する場合は，勉強や教室に入ることを強要し過ぎない。まずは居場所の中で自分が必要とされる場面がつくれるとよい。

2. 思春期からの不登校支援

　10歳からの思考の発達に加え，思春期に入ると，学校に行くことの意味や自己存在の価値をめぐる思考が始まる。この時期は，親や教師をはじめとする大人たちと距離をとり，仲間との関係を通してアイデンティティの確立へ向けての模索が始まる時期でもある。このような発達特性が，先に述べた中学校生活の過密スケジュールや「中1ギャップ」と重なり合う形で不登校が出現する。

　不登校も思春期を迎えると，本人が援助者や相談室を訪れることは少なくなる。保護者，とりわけ母親がカウンセラーなどの援助者のもとを訪れることから支援が始まることが多い。筆者の経験では，学校に行っていない本人が保護者とともに相談室を訪れるケースは，不登校全体の1～2割程度だとの印象をもっている。その意味で，思春期不登校への支援は，母親をはじめとする保護者から始まり，その後いかにして本人への支援につなげていくかが重要な課題となる。以下に紹介するケースは，母親の支援から始まり，その後，本人や担任を巻き込む形で展開したものである。なお，ケースの内容については，プライバシー保護のため，その本質を失わない範囲で改変を施していることを付記しておく。

3. 思春期不登校の支援事例

(1) 事例の概要

- ・事例：中学校1年生男子B君
- ・家族構成：父親，母親，本人，弟
- ・不登校のきっかけ：B君は野球が大好きな中学校1年の男子生徒であった。他県より転入する形で入学したが，5月より野球部の友だち数人から何度かからかいを受け，その体験を深刻に受け止め不登校になった。母親は当初慌てて本人にその理由を尋ね，学級担任やスクールカウンセラーにからかった子たちを指導してほしいと願い出たが，思うように聞き入れてもらえず，結局，母親は本人とともに学校に対する被害意識を募らせた形で家にひきこもることになった。その後，約半年が過ぎ，母親は2学期の11月にC相談室のカウンセラーのもとを訪れる。

(2) 援助経過

　#1では母親によって，B君のこれまでのいきさつが口惜しさとともに語られ，カウンセラーはその言葉に聞き入る。そのとき母親から受けたインパクトを吟味した上で，母子ともに5月の体験をもう一度整理し直す必要があると判断した。そこで，まず本人を相談室に連れて来られないものかと母親に頼んでみた。また，それ

がむずかしいようであれば，母親を通して担任に相談室に来てもらえないかをうながしてみた。

#2．担任が母親とともに相談室を訪れる。そこでカウンセラーは担任の立場からみた本人のそのときのようすを聞き出しつつも，母親の何とかしてほしい今の思いを代弁して伝えた。具体的には，家庭訪問を3度実施してみてほしいこと，1度めは顔を見せることが目的，2度めは2人でキャッチボールに誘ってみること，3度目は部活だけでも来ないかと誘ってみることを提案した。担任は，以前不登校の生徒を無理やり学校に連れていこうとして逆にひきこもってしまった経験をもっており，これまでB君にも積極的にかかわることを避けていたらしい。今回は専門家に指示してもらえたので，その通りにやってみたいと言い，その帰りの足でさっそくT君宅を訪問する。

#3の面接にはB君が母親と相談室を訪れる。カウンセラーは本人が相談室に来てくれたことを喜ぶとともに，5月の出来事についてそれとなく尋ねてみた。すると，本人の表情がにわかに険しくなった。その後，カウンセラーはB君に2つのことを伝えた。1つは，仲間から嫌なことをされてとてもつらかったであろうこと，もう1つは，それはわかるが，傷を受けたほうが学校に行けなくなるのは筋違いであること。そして，「5月のことについて，もう一度先生たちにしっかりと対応してもらってはどうか」と提案し，「それは，きみを学校に行かせるためではなく，大人として当然の責任を果たすという意味だ」とつけ加えた。すると，B君は黙って深くうなずいた。帰り際，もし野球をやるとしたらどのポジションがやってみたいか尋ねると「キャッチャーがやりたい」と応えたのが印象的であった。

#4では，カウンセラーは再び母親と担任に来室してもらい，担任に5月の出来事についてからかった生徒たちにそのときの状況を聞き出し，可能であれば，たとえ悪気はなかったとしてもそれがB君にとってはとてもつらかったことを当該生徒たちに伝えていただくことをお願いした。その後，担任はB君をいじめた仲間たちを呼び出して指導を行ない，いじめの中心となっていた生徒を連れてB君宅を訪れたが，本人は出てこなかったという。しかし，そのころからB君は家で見せる表情がとても明るくなったという。

#5以降の面接は，母親のみの単独面接として継続し，3月に入ってからの面接（#9）では，カウンセラーから母親に「2年生にあがるときが大きなチャンスです。学校の先生方も協力してくださっています。息子さんに学校に行ってほしいとはっきり言ってあげてください」と伝える。以下は，4月に入ってからの面接（#10，

#11）において母親から報告された内容である。

　#9での面接のやりとりから，母親は始業式の3日前から本人に対して毅然とした態度で臨む心の準備をしたらしい。当日，「学校に行くよ」と力強く誘うと，意外に素直に車に乗った。そのまま車を学校に乗り入れたが，B君はどうしても降りようとしない。そこに担任がやってきてとりあえず教室へと誘おうとするが，むずかしそうである。そこにたまたま学校事務職員のDさん（男性）が通りかかり，しばらくそのようすを見ていた。そして，「私に話させてもらえませんか？」と言って近づいてきたので，担任と母親はその場を離れた。Dさんが車の窓越しから話しかけた後，B君は車のドアを開け，校内の空き教室に移動し，30分ばかり話しをして戻ってきた。Dさんと何やら約束したらしく，B君は翌日から学校の相談室に行くと言い出し，母親が車で連れていくこととなった。朝学校に着いてから車から降りると，相談室に直行し，そこにDさんと担任が待っていた。その日から，B君の相談室登校が始まった。相談室ではDさんだけでなく担任や手の空いた先生が相談室に立ち寄り，声をかけ勉強を教えるようになる。授業に出るまでにはいたらなかったものの，10か月の間家に居続けたB君にとって，それは成長への大きなステップであったと思われる。

　その後，母親面接は2週に1回のペースで続けられたが，B君の相談室登校を境に母親の表情はずいぶん明るくなる。B君は1学期の終業式の日には担任の誘いで教室にあがり，ホームルームの時間を過ごす。その後カウンセラーは，その中学校のスクールカウンセラーと連絡をとり，B君と母親のこれまでの面接の経緯と支援の方向を伝え，B君への対応に関して随時担任のコンサルテーションをしていただくようお願いする。

　その後，夏休みには弟を連れて公園でキャッチボールをするなど，徐々に行動範囲が広がっていく。2学期の始業式にもホームルームの時間には教室に入る。その日の夕方，同じクラスの2人の友だちから「明日いっしょに学校に行こう」とのメールが入り，翌朝，約束の時間にいっしょに登校し，そのまま教室に入り，最後まで授業を受ける。およそ1年4か月ぶりの教室復帰であった。その後，体育祭も元気に参加し，2学期が終わるまで毎日登校する。結局，野球部には復帰しなかったものの，教室への通常登校はそのまま定着する。2学期以降，母親もずいぶん安定してきたので，10月から月に1度の面接となり，B君が2年を終了したことを機に計24回にわたる母親面接は終結する。

　その後の情報によれば，B君は，市内の高校に入学し，野球部に入って活躍して

(3) 考察

　最初に面接室を訪れたのは母親であった。ここで，援助の各時期において，クライアントにとって最も重要な役割を担う者のことをキーパーソンとよぶとすれば，このケースの最初のキーパーソンを担ったのは，C相談室のカウンセラーであった。カウンセラーは母親の誰からも受けとめてもらえなかった口惜しい思いに耳を傾け，まずは母親と学級担任の心の溝を埋める場を設定した。その結果，担任は本人とかかわりをもつための家庭訪問へと踏み出すことになる。その後，半年間かけて，担任，Dさん，仲間，スクールカウンセラー，学年の教員チームへとかかわりの輪が拡がっていくことになった。もちろん，これらの支援の中心に本人の成長を願う母親の姿があったことは言うまでもない。

　不登校支援においては，キーパーソンが中心となって，本人にとっての人的資源となる周囲の者どうしの思いが結びつき，1つの方向性を得るための場が用意されなければならない。キーパーソンは母親の理解者であるとともに本人の理解者でもなければならず，周囲の者に自分が理解した本人の状態像を伝え，どう動けばよいかの見通しを伝える。その理解のイメージが本人を取り巻く者の間で共有されることで，周囲の者たちが，それぞれの立場でタイミングのよい適切な動きができるようになる。周囲の者どうしがつながり，呼吸が合い始めることで，本人も元気を取り戻していく。

　村瀬（2003）は，カウンセラーが1人のクライアントを引き受ける際の心構えとして，クライアント本人に注ぐエネルギーは6〜4割であり，そのことによって必要となる本人を取り巻く他の人たちとの連携，すなわち，クライアントのことやクライアントとの面接のことを他のスタッフにどう説明し理解してもらうかに，残り4〜6割のエネルギーを注ぐという。そして，子どもの支援者どうしがコラボレイティヴな雰囲気をもってかかわってくれることが，子どもの精神安定にとってとりわけ重要であるという。不登校支援は，最初は母親と援助者，あるいは本人と援助者という2者関係から始まりながらも，その後は，本人の回復に伴い，さまざまな人とのかかわりと出会いを提供していくことが求められる。

　また，河合（1967）によれば，ユング心理学では，心理療法の進展とともにクライアントを取り巻く環境のなかで意味ある変化が生じてくることを「布置（コンステレーション　constellation）」とよんでいる。本人を取り巻く人的資源が1つの方向性をもって動き始めると，その援助的な「布置」のなかで意味のある偶然の出

表7-4　思春期不登校への支援のポイント

本人を別室に誘うまで…
①担任やスクールカウンセラーが家庭訪問するなどして本人と会い，登校に関して本人のなかに何らかの行きづらい理由があれば，それを聞く。そして，それを取り除くことがどこまで可能かを検討する。
②支援の中心となるキーパーソンが，支援者どうしがつながり，支援の方向性を共有するための場を設ける。
③教室復帰がむずかしい場合は，別室に登校してもよいことを本人に伝える。本人のニーズによっては，学校以外の受け皿（たとえば，適応指導教室，フリースクール，大学などの相談室やフリースペースなど）についても検討する。
別室に登校するようになってから…
④教師は，教室復帰には細やかなステップが必要であることをあらかじめ認識しておく。教室復帰のみを急がず，別室でどう過ごすか，教師側のかかわりをどう行なうかを本人やキーパーソンと話し合う。
⑤本人の回復過程に沿った形で，教室復帰へのきっかけが与えられることが何より重要である。

来事や出会いが用意されることがある。この事例でいえば，学校事務職員Dさんとの出会いがそれである。車の窓越しで押し問答をくり返していたところにたまたま出くわしたDさんとの出会いが，B君の登校への初めの第一歩を可能にした。また，それと並行して行なわれた母親面接において，カウンセラーは母親の思いを受けとめつつも，本人としっかり向き合えるよう勇気づけを行なった。

ただし，援助者の「クライアントのことを何とかしてあげたい」との思いが自らの強い感情から生じている場合には，自分の思いが「逆転移」によるものである可能性を冷静に吟味できる能力が備わっていなければならない。表7-4は，思春期不登校への支援に関する実践上のポイントをまとめたものである。

4節　不登校が問いかけていること―「自己領域」の視点から

1．学校と教師への問いかけ

芹沢（2002）は，ひきこもりに関する興味深い考察のなかで「自己領域」という言葉を用いている。大石（2009）は，この言葉を「自分がありのままでいることができる時間および空間」と定義し，不登校の子やひきこもりの人たちを援助していく際には，①本人の「自己領域」が守られること，②本人が「自己領域」を大事にし合える周囲との関係性を構築できること，③その関係性に支えられ，本人が自分から動けること，という3つのステップを踏んで回復していくことが重要であることを指摘した。ウィニコット（Winnicott, 1958）は，他者がいるときに1人でいることの健康な側面について言及し，これを「1人でいられる能力（capacity to be alone）」とよんでいる。そして，この能力の起源を幼児期に母親といっしょにいて1人であったという体験に置いている。この能力は，言い換えれば，人が他者との関係のなかで「自己領域」を維持する力でもある。この視点からすれば，思春期不

登校とは単なる学校不適応ではなく，人との関係で無理をしない自分のあり方を模索するために本人によって選ばれた1つの形であるとの理解が可能となる。不登校には自己の立て直しという積極的な意味が含まれているということである。「自己領域」が，ありのままでいることを許容されている時間と空間を意味するとすれば，「自己領域」が保証されない家族，学校，社会であるほど，不登校が出やすいという仮説が成り立つ。「自己領域」が保証されることの逆は，相手の期待を読み取って動かなければならない関係や状況のことである。あるいは，一方的に何かをさせられる関係や状況も同様であろう。

たとえば，仲間どうしであることを過度に気遣い合う「やさしさ」や同質性への圧力がちょっと変わった生徒を排除していく空気の強い学級集団，あるいは，からかいやふざけが頻発し，秩序が守られない学級集団の場合，対人関係に敏感な生徒にとっては，教室で過ごす際の安全と安心が保証されなくなる。これは生徒の「自己領域」が侵害されている状況を意味する。

学級の土壌づくりの担い手は教師であり，教師には1人ひとりの生徒の個性を受け止めていく力量だけでなく，集団生活の安全と安心を損なう言動に対する毅然とした指導を行なっていく力が求められる。生徒指導はこの部分にしっかりと力を注げているだろうか。少なくとも，同質性への圧力が強い集団から排除されがちな生徒を，「この生徒のほうにも問題がある」として放置しない態度をもつことは重要なことである。

また，対人関係に敏感な生徒にとって，つらくなったら行ける場所があり，逃げ場が用意されていることは，「自己領域」が保証されることの具体例である。たとえば，過敏性腸症候群の診断を受けている生徒が，お腹が痛くなったときに，必要に応じてトイレや保健室に行けることは重要である。あるいは，不登校から復帰してきた生徒が，どうしても苦手な体育の時間は保健室で休めることやどうしても家に帰りたくなったときは帰ってもよいことなどを学校が保証してくれれば，再び家にひきこもらなくてすむケースもある。しかし，居場所であり逃げ場でもある保健室で，教師が教室に戻ることを急ぎすぎると，再び学校に行けなくなることもある。そこに必要なものは，自分の主体的判断に基づいて行動してもよいという周囲の大人や仲間たちの温かいまなざしである。どうしてもつらくなったときは自分で判断して一時的に教室を離れることができる。その判断を大人たちが信頼する。それが「自己領域」が保証されることの具体的な意味である。したがって，キーパーソンとなる支援者の最も重要な仕事は，教師が中心となって本人が学校で少しでも安心

して過ごせる時間と空間とを提供する話し合いのための場づくりである。仮にスクールカウンセラーが当面のキーパーソンとして動くならば，本人の状況を本人または保護者からていねいに聞き取り，それをまず教育相談担当教員と学級担任とで共有することから始めることになるだろう。

とかく教師の立場からは，個々の子どもの「自己領域」を保証することに対して，規律やルールが成り立たなくなるといった批判を受けやすい。もちろん，ある程度の許容範囲のなかで子どもたちの主体性の領域である「自己領域」を尊重し，ルール違反については厳しく指導することは重要である。集団で目標を掲げることは大事であるが，その一方で一人ひとりの対応においては教師が生徒の個々のがんばりを認め，それぞれの生徒の能力と資質に見合う教育援助を行なっていくことが求められている。

筆者は，スクールカウンセリングの体験を通して，特に不登校の子どもたちとかかわっていく上で，「自己領域」を見守り育てる関係性は非常に重要であると感じている。たとえば，学校に行けない子に対して，教師の視線で「どうして行けないのか」と尋ねる。生徒は「わからない」としか答えられない。質問を叱責のように感じ，ますます言葉が出てこなくなる。そんなとき，教師がまず子どもに寄り添う気持ちをもてるかどうかが重要である。「何があってこの子は学校に行けないのだろう」「どんな気持ちで家にいるのだろう」「本当はどうしたいのだろう」などと自問自答しながらかかわってみる。そのやりとりのなかで，「どんな形であれば学校に来れそうかな？」「どんな工夫をすれば少しでも行きやすいかな？」ということをいっしょに考えてみる。このように接してくれれば，生徒は自分がどうしたいのかについて少しだけ具体的に考えられるようになるかもしれない。もしかしたら，そのとき生徒は「保健室だったら大丈夫かもしれない」と答えるかもしれない。あるいは，「しばらく仲間とは離れたい。今は学校を休みたい」と答えるかもしれない。たとえしばらく学校を休むという選択をしたとしても，周囲の者から見放されて休むのと，周囲の者の信頼のもとで休むのとでは後に大きな違いを生むのではないだろうか。

このように，生徒一人ひとりの「自己領域」を大事にした教師との関係性は，不登校の子どもが出にくいクラスづくり，不登校の子どもがいつでも戻れるクラスづくりの基盤となるのではないかと考えられる。このような教師の対話的かかわりは，生徒の機嫌をとろうとするものではないし，逆に学校に来させることだけを意図したマニュアル的かかわりとも異なるものである。

2．保護者への問いかけ

　保護者による子どもへのかかわりや子どもへと注がれる関心が，学校に行くことの一点に向けられており，そのことを子どもが感じ取っている場合，子どもの不登校は改善しにくい。子どもは，学校から退却するという形で「自己領域」を確保しようとしたにもかかわらず，家庭でも保護者による無理解に晒されると，さらに「自己領域」を守るために自分の部屋に立てこもるなどの行動がみられることがある。思春期を迎えた不登校の子どもの多くは，不登校という形でしか今の自分がうまくやれていないことを示す手段がないという状況にある。したがって，保護者による不登校支援は，子どもがその存在をかけて表現していることは何であるのかを感じ取っていくことから始まる。

　しかし，わが子の成長への課題や保護者自身が抱える課題と向き合うことをせず，学校が何かしてくれることのみを求める保護者は少なくない。このような保護者に対しては，過度の子どもへの庇護が何をもたらすのかを認識し，自立に向かって子どもを育てるにはどうすればよいのかを冷静に考えてみるための場が必要かもしれない。

　その一方で，子どもが必要としているかかわりを提示できない保護者にはそれぞれの事情がある。たとえば，子どもが学校に行かずに家でゲームばかりしている状況に耐えきれず，衝突をくり返している保護者の場合，耐えきれなくなるのは，子どものことを思うからであり，それ自体が悪いものではない。ただ，子どもがどんな気持ちでゲームに没入しているのか，日々どんな気持ちで過ごしているのかを想像する余裕がないままに，ゲームをやめさせようとすることで，親子関係がこじれていくことがある。その結果，保護者自身が精神的に追い込まれているケースは少なくない。そして，その状況を周囲の者から理解してもらえない保護者は孤独である。

　その意味で，不登校の子をもつ保護者支援において援助者が直面するのは，わが子の不登校を前にしてなかなか変われないでいる保護者の問題である。そこには，保護者自身の生い立ちの問題や保護者の不調，その背景にうつ病や発達障害などの問題が存在することもある。いずれにせよ，子育てをむずかしくする何らかの家庭の事情があるものである。これらのことを，まずは学校教師が認識しておく必要がある。さもなければ，教師はいつの間にか不登校の原因を保護者に求め，さまざまな要求を課し，互いの立場に溝ができてしまうこととなる。学校に行かない子どもへのかかわりがたいへんであるにもかかわらず，保護者としての適切なかかわりを周囲から求められる状況がいかにつらいものであるかを，保護者支援に携わる者は

しっかりと認識しておかなければならない。

　このような状況にある保護者をどのようにサポートすれば，子どもとのかかわりに「ゆとり」が生まれるのだろうか。それは，面接室においてカウンセラーとのやりとりのなかで保護者自身に「ゆとり」が生まれてくることと深く関連している。たとえば，面接場面のなかで保護者の笑顔が増えていくことは，保護者自身の回復だけではなく，本人や家族の再生に影響を与える。保護者面接において笑いがみられるようになることは，保護者が行き詰まった状況を肯定的にみることができるようになることとつながっており，そのことは子ども自身の回復にプラスの影響をもたらす。

　支援者にとっては，必ずしも望ましい方向に変わることができないでいる保護者を肯定的に支えていくことが当面できることである。保護者の思うようには変われないわが子と，支援者の思うようには変われない保護者とは相互に入れ子の関係にある。支援者が保護者を抱えられることで，保護者は子どもを少しずつ抱えられるようになっていく。思うようには変わってくれないわが子を抱えながらも，少しでも充実した日々を子どもとともに過ごせるよう支援者は保護者を支えていくことになる。これらの経験を通して，子どもから保護者が育てられ，保護者から支援者が育てられるという相互の学びが成立していく。保護者のなかに子どもを抱える力が育つことを支援することの基本は，まずは「変われない保護者とともにいる」ということにある。

3．関係性の結び直しとしての不登校支援

　子どもの問題行動はそれ自体が表現であり，援助者はその行動の背景に何があるのかを問いかけながら，子どもに寄り添っていくことが求められる。そのための想像力を磨いていくことは支援者に求められる専門性のひとつである。たとえば，毎朝，他の生徒と時間をずらして登校する生徒の気持ちを「対人緊張が強い子」という言葉でとらえるだけでは適切な援助はできない。「何がこの子をそうさせるのだろう」と問い，そこから働く想像力があってはじめて具体的な援助が可能となっていく。そのクライアントにふさわしいかかわりを，現にかかわることを通して見いだしていこうとする地道な態度が何より重要である。「何がこの子をそうさせているのだろう」「何があれば少しでも元気になれるだろう」「本当はどうしたいのだろう」これらの問いかけが援助の始まりにおいて，援助者自身になされなければならない。

　今後，気になる子どもたちへの心理臨床的援助は，ますます専門分化していくこ

とが予想される。脳科学が進歩し，認知行動療法がブームとなる時代においては，不登校もいずれは認知特性の問題として解明される時がくることをも予感させる。科学的知見の深化とともに，子どもの存在全体ではなく，人格の一部分にかかわる特化した専門家がこれから次つぎと出てくることにもなるだろう。そのなかで学校と関係機関との連携はますます必要になってくる。しかしその一方で，思春期不登校の子どもの多くが，その援助や治療の土俵にはなかなか乗ってこないという現実的な問題は，今と変わりなく存在し続けるように思われる。その子が学校に行けない気持ちをまずは尊重され，自分の持ち味を大事にされながら生きていけるように支えていくことは，支援の専門性がどんなに高度になっても変わることのない援助の基本である。

　援助者は，子どものことを想像しながら，子どもとつながるだけでなく，その子を取り巻く支援者たち──保護者，教師，他の専門家ともつながり，本人にとってのよりよい支援とは何かについてともに考えていく場をつくっていくことが求められる。支援の中心に位置するキーパーソンは，本人の言葉にならない心の叫びの代弁者を引き受けながら，その回復へ向けての協力が得られるよう他の支援者たちとつながっていかなければならない。その意味で，不登校支援とは，現代社会が失いつつある対人関係，すなわち，細やかな気遣いのもとで人と人とがつながっていく関係性の回復に他ならない。そのことが，1人の不登校生徒が抱える「関係的な生きづらさ」を解消していくことに寄与するものであるとき，その支援はうまくいっているとみなすことができよう。

　「自己領域」とは，自分自身との対話が行なわれる孤独の領域であり，本人の主体性が生まれてくる場所である。援助とは，その「自己領域」を侵襲することなく根気強く見守り，時にそこに働きかけていくことである。支援者は，どのような言葉で不登校の子どもの「自己領域」に迫り，子どもの心に届く言葉で語りかけ，現状に揺さぶりをかけることができるだろうか。そのために支援者は子どもの声に耳を傾ける一方で，自分自身の内なる声にも耳を傾ける必要がある。来談者中心療法の創始者であるロジャース（Rogers, 1967）はこのような援助者の態度のことを「自己一致（congruence）」とよんでいる。そしてその態度は，子ども自身のなかにも自分の内なる声を聞き取る耳を育てていく。

　周囲の支援者にとっては，本人がいつ学校に行く気になるのか，たとえ学校に戻らなくてもいつ外の世界に向けて動き出すのかは，最大の関心事であろう。しかし，この「時」は科学の予測や物理的時間を超えた「時」，すなわち「心の時間」に属

している。その「時」というのは誰にもわからない。本人自身にもわからないことである。心が脳の問題として語られ，その人の人柄までもが「能力」という1つの言葉に還元されていく時代のなかにあって，私たちは不登校の子どもたちが，関係から退くという形で表現している生きづらさを，どこまで理解することができるだろうか。不登校はこのことを私たちに問うているのではないかと考えられる。

第8章

学校臨床場面における発達障害について，実際の支援を通して理解する

　最近の心理臨床では，発達障害にかかわる相談が増加している。この場合，学習障害，注意欠陥多動性障害，広汎性発達障害などを主訴とする直接的な相談だけでなく，不登校，場面かん黙，いじめなどの間接的な相談を含めるとかなり高い割合の相談件数になることは事実である。ところが，こうした相談ニーズと裏腹に学校場面を含めた発達障害への正しい理解と支援は十分といえない状況である。

　そこで本章では，筆者の長年にわたる臨床経験を通して，最近の研究成果から明確になってきた発達障害への支援の重要性（同時に，むずかしさ），そして，発達障害との「出会いと発見」のおもしろさを基本に置きながら，発達障害に対する学校臨床場面での支援の進め方について私論を伝えたい。

1節　発達障害の最近の研究動向

　発達障害に関する研究の流れは，大きな転換点を迎えている。そこには，大きく2つの流れがある。第1に，脳画像研究の進歩に伴って明確になってきた一次的原因としての生物学的研究の大きな成果である。第2に，発達障害の当事者の手記を通して初めて明確になってきた「自分らしく生きる」ことの困難さである。この2つの方向性は一見異なるようにみえるが，後述するように，われわれ臨床心理士が理解すべき「障害の特性」とその障害を抱えながらも「日々懸命に生きている」発達障害児者を支援するためには欠かすことができない両輪である。

　この両面の大きな成果を受けて，発達障害にかかわる教育者・研究者も認識の大きな転換点を迎えなければならないが，現実にはなかなか進まない現状である。

　したがって，本節では，最初に発達障害研究の2つの大きな成果について概観した上で，学校臨床場面での支援が進まない状況について検討する。

1. 発達障害に関する生物学的研究の概観

　臨床心理学では，医学的研究論文を概観する機会が少ない。ところが，この5年あまりの発達障害にかかわる世界の医学関係の論文数は膨大であるが，幸運なことに，わが国で報告される発達障害，特に「自閉症」に関する知見は，世界的に大きなインパクトを与える高い水準の論文が多く，電子ジャーナルなどから容易に入手できるようになってきた。

　具体的には中村ら（Nakamura et al., 2010）のセロトニントランスポーターの機能低下の研究，山崎ら（Yamasaki et al., 2010）のオキシトシンの作用に関する研究など，脳画像と代謝系との因果関係をめぐる重要なエビデンスが明確になってきた。同時に，発達障害の原因として多因子疾患（鷲見，2011）の考え方から，発達障害にかかわる多くのリスク遺伝子の候補があがっている（今村ら，2009）。したがって，杉山（2007）が指摘するように，予想以上に早い段階で，発達障害の原因が明らかになるだけでなく，個々の障害特性に対する的確で長期的な包括的支援パッケージが開発される期待感も高くなっている。

　一方で，こうした生物学的知見が明らかになるにつれて，医学的な検査や投薬などの対応で発達障害はなんとかなるといった短絡的な発想に傾く危険性がある。ところが，最先端の研究に携わる研究者たちは，次の点をはっきりと主張している。それは，できるだけ早い段階で発達障害に関与する潜在的リスクを発見することは医学的に可能になり，同時に予防的対応は医学として進めることはできる。しかし，本当に大切なことはそこからどうするかであり，発達障害がもつ「発達の可能性」に対して「個々の特性に配慮した的確な教育」が重要な役割を果たす時代であると述べている（中村・森，2007）。つまり，学校教育において，特別支援体制を充実させることが急務であると医学が問い直す時代が来ていることをわれわれ臨床心理士も認識しなければならない。

2. 当事者の手記から理解できる世界

　発達障害の当事者が書いた手記は，わが国では森口（1996），海外ではウィリアムズ（Williams, 1992），グランディンとスカリアノ（Grandin & Scariano, 1986）が有名である。その後も，多くの当事者が手記を書いているが，そこに2つの共通点がある。

　第1に，当事者が日々生活している体験世界の独特さである。第2に，たいへんな体験世界に生きながらも，定型発達者が生活するこの世界で懸命に生きていこうと前向きに歩んでいる（だからこそストレスも高くなる）姿である。われわれ臨床

心理士がこうした手記を読む場合，第1の視点にかたよる傾向が高いが，実際に支援する立場で考えると，第2の視点のほうが重要であり，この視点を見失ってしまうと，支援ではなく同情的な立場に陥ってしまう危険性がある。

　実際に，当事者（おもにアスペルガー障害）からも同じ考えを聞くことが多い。また，当事者が切実に訴えることがある。それは，手記に自分自身の体験を発表することは，大きなリスクもあるからだ。具体的には，「こんなふうに自分自身の内面を言葉にできるのだから，本当に発達障害なのか」と一方的に批難を受けている当事者もいる。それを考えると，手記を発表することは発達障害の支援には大きなチャンスであり，当事者自身が一歩定型発達の世界に踏み出そうとしているにもかかわらず，定型発達者が当事者の世界に「一歩踏み出す」勇気をもたない事実に対して，当事者は心から残念がっている。

　心理臨床を目指す若い研究者たちも，当事者の手記を通して，発達障害の世界に一歩踏み出す勇気をどれだけもっているだろうか？

3．発達障害への理解と対応のむずかしさ

　発達障害研究の概観で示したように，学校臨床や学校教育場面で発達障害児への支援が重要になってきている。ところが，支援を進める場合，次の2つの困難さに直面する。

　最初に，発達障害に対する臨床心理士側がもつむずかしさである。具体的には，臨床心理士養成大学院のカリキュラムがもつ限界である。科目の名称は大学院によって異なるが，「障害児・者心理特論」がわずか2単位（半年の1科目）しかない現状である。そこからわかるように，実際の心理臨床の現場で増加している相談ニーズと授業科目とのギャップからは，発達障害に関する研究を進める大学院生の研究や臨床指導の体制が十分にシステム化されていない状態が浮き彫りになってくる。

　次に，発達障害に対する学校教育側がもつむずかしさである。発達障害にかかわる学校教育モデルは，従来からの特殊教育の流れを受けたカリキュラム内容が中心であり，筆者が研修している児童精神医学的モデルとは大幅に異なる。その詳細を述べる紙面の余裕がないので，重要な一点だけを示す。特殊教育の視点では，現在の社会の価値観（定型発達者中心）に適応できて，社会や地域に貢献できる人材が「自立した発達障害者」と考えている。もちろん，こうした視点は重要であるが，児童精神医学の研究成果からわかるように，障害特性の個別化がみられる上に，個々の生活実態も多様化している現在社会において，すべての発達障害児者を同じ方向に一様に教育する方法は疑問である。

2節 「発達障害」との出会い

　以上のようなむずかしさを抱えながらも，われわれ臨床心理士が発達障害臨床を学び続けるおもしろさをここでは伝えたい。そこには筆者自身が体験してきた発達障害との「出会いと発見」が背景にある。ある意味では，この「出会いと発見」があるからこそ，現在実践している学校臨床場面での発達障害への支援が効果的に進んでいることは確かである。

　その最初の「出会いと発見」は，筆者が九州大学教育学部に入学した直後から参加した自閉症児の療育を目的としたボランティアグループ（通称「土曜学級」）への参加である（村田，2009）。そこでは，ロジャースの受容・共感を頭の片隅におきながらも，自閉症児と同じ視点で同じ体験世界を味わっていた。この体験を通して気づいたことは，彼らは「自閉症児」とよばれていても，けっして「自閉的な」子どもたちなのではなく，好奇心旺盛だが，「喜び」や「うれしさ」を他者と共有することや，タイミングよく言葉にすることが苦手な「1人の子ども」だという大きな発見であった。しかも，家族とかかわるなかで，家族の育て方が問題というよりも，家族にも適切な支援が必要であることに気づかされた。

　次の（専門家としての）「出会いと発見」は，大学院に入り，いくつかの児童相談所で非常勤心理判定員として出会った発達障害児者とその家族がもつ苦悩である。具体的には，現在のように「発達障害」や「高機能」の概念が専門家のなかでも共有されない時代（今もまだまだの感はあるが）にあって，田中・ビネー式知能検査で測定された知能指数（IQ）が中度以下（おおむね50以下）であれば公的支援は充実しているが，軽度（おおむね51～75）だと支援内容はないに等しい状態で療育手帳が発行（もしくは，更新）される。ところが，自閉症児の場合，言語性課題のIQは低いが，動作性課題では高く出る（視覚優位な特徴）ために，日常生活での家族のたいへんさと異なる高いIQが出る場合が多い。しかも，IQが75以上の場合（現在でいう高機能），手帳は発行されないので，公的支援が得られない。しかし，学校や社会生活で理解されないために不適応になりやすいという矛盾に，家族は大きく苦悩することを発見した。その結果，IQがもつ意味，さらに自閉症児や発達障害児にとって，「アセスメントとは何か」を考える機会となった。

　そして，高機能群との「出会いと発見」があり，現在にいたっている。特に，アスペルガー症候群（以下，AS）の青年期以降の当事者との面接や後述する自助グ

ループでの出会い，さらに学校支援を継続している AS の追跡調査（木谷, 2007; 2010）を通して発見したことは，次の3点であった。

　第1に，AS が語る「心の世界」からは，実際の日常生活や学校生活で抱える問題を筆者がわかっているからこそ共有可能な，「豊かな情緒的体験世界とその裏腹にある傷つきやすさ」が紙一重で同居する姿にいつも驚嘆している。第2に，長年の支援を通して成長する姿からは，「成長するからこそ生じる新たな問題」が予想されるので，けっして手放しで成長を喜ぶことができない辛さを経験している。そして，第3に，AS がもつ「不器用さ」からは，AS が「自分らしく生きる」ために，不器用ながらも誠実にこの世界を生きていこうとしている純粋さに敬意の念を感じている。

　なお，この一連の内容に関しては，筆者が連載している「アスペハート」（NPO 法人アスペ・エルデの会発行）を参照されたい。

3節　発達障害児者がもつ「豊かな心の世界」へのアプローチ

　以上のように，筆者の発達障害とのさまざまな「出会いと発見」とその後の試行錯誤のなかで，現在は次の4点を基本に学校臨床場面での支援を展開している。その支援を通してみえてきた発達障害児者の「豊かな心の世界」について伝えたい。

1．ウェクスラー式知能検査（WISC-Ⅲ・WAIS-Ⅲ）の臨床的活用を通した支援

　この一連の研究成果は，山口大学教育学部附属教育実践総合センター研究紀要（木谷・脇田, 2009; 木谷ら, 2007, 2009, 2010）や日本児童青年精神医学会（詳細は略す）において報告してきた。この一連の報告を通して，筆者らが主張する重要な視点は一点だけである。つまり，知能検査は「検査者のための検査ではなく，発達障害児者が『自分らしく生きる』手立てを見つけるための検査」である。そして，この可能性を高める代表的な知能検査がウェクスラー式知能検査である WISC-Ⅲ（2011 年から WISC-Ⅳが出ている）や WAIS-Ⅲ である。

　ところが，実際の臨床心理士養成の場合，ロールシャッハ・テスト（ロ・テスト）に代表される投影法を中心に大学院で学習が進んでいるが，このウェクスラー式をはじめとした発達検査や知能検査の学習機会は乏しい。日本心理臨床学会の研修では，知能検査を学ぶ機会が少しずつ増えているようだが，筆者が行なっている個人や集団でのスーパーヴィジョンの経験からは，ウェクスラー式が有効に活用されているとは言いがたい。その理由の1つとして，「IQ とは何か？」をめぐる論議が不

十分であると指摘できる．実際に，われわれの研究グループでは，IQを次のように定義している．「初めての場面で，初めての検査者と，初めての課題という環境において，1人でどのくらいの能力を発揮できるかをみる」もの，つまり，社会性の基礎的能力を測定する重要な心理検査である．したがって，IQだけでなく，10から13の検査項目から構成されるプロフィール（図8-1参照）を通して，発達障害児者のより具体的な認知構造の特性だけでなく，対人関係や日常生活での困り感を理解しつつ，具体的な学校場面での支援に結びつけることが有効である．

そこで，実際に支援している事例を紹介する．

A男は幼児期にASの診断を受けている．小学校入学時は通常学級と通級制度を並行しながら支援を受けていた．小学1年生では，図8-1からわかるように，視覚優位な情報処理の特徴から周囲の児童の動きを模倣しながら学校で行動していたが，言語的なコミュニケーションでは受け身的な特徴がみられた．さらに，「組合」と「理解」がともに低下するプロフィールからは，学校生活では昼前や午後の授業で疲れが出ると集中力が低下する特徴も理解できた．

小学3年生になると，支援の成果（言語性全体の評価点の向上）が出てきた．実際に，言語表現も伸びてきたので，A男は周囲とコミュニケーションを積極的に取ろうと動き始めた．ところが，そこで初めてA男がもつ「社会性の質的障害」である周囲の雰囲気が読めない特徴が顕在化した．具体的には，当時A男がこだわっていた「新幹線百科」を周囲の児童にくり返し自慢する行動がみられた．その結果，最初は「すごいね」と反応してくれた児童も，徐々に離れていく状況が理解できないA男は，周囲にイライラした行動を示すようになり，そこで教師も「成長する

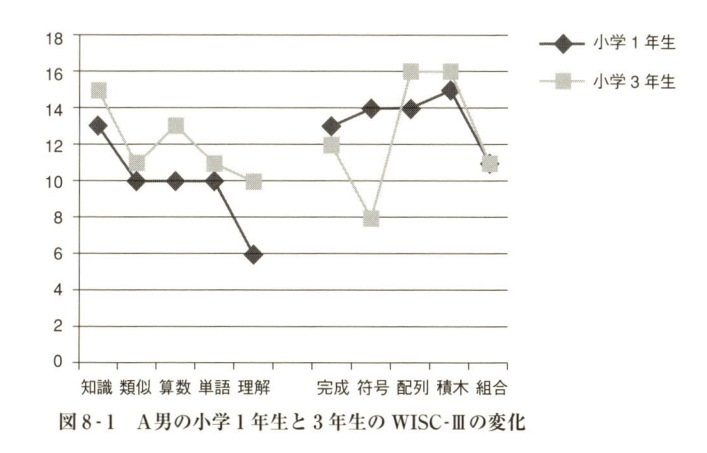

図8-1　A男の小学1年生と3年生のWISC-Ⅲの変化

からこそ生じる新たな問題」に気づき，支援の方向性を切り換えて対応することができた。また，動作性では，「符号」の低下（むずかしい課題内容に変わったため）から書字障害の問題も顕在化したので，ノート整理の方法についても支援をお願いすることが早い段階で可能になった。

以上の内容からわかるように，検査所見は専門用語だらけの抽象的な文章では，発達障害児と家族，そして教師が支援に活用できない。それよりも，検査を受けた発達障害児自身がわかるような日本語で表現できて，学校生活での問題解決につながるように工夫することが，本当の心理アセスメントであり，臨床心理士の役割だと伝えたい。

2．「自分らしく生きる」姿が反映される心理アセスメントを通した支援

ここでは，筆者が独自に開発した臨床描画法である「○△□物語法（以下，本方法）」を中心に述べる。本方法の詳細は木谷（2008a, 投稿中）に譲るが，図8-2に示したように，単純な○と△と□から想像性を発揮して新たな描画をつくり，その3つの描画を通して，1つの物語を構成する臨床描画法であり，同時にASをはじめとした高機能広汎性発達障害児者を対象に研究を進めている。

裏を返せば，従来からの投影法やさまざまな心理アセスメントを活用した場合，発達障害の理解に限界を強く感じたからである。その最大の理由は，従来からの心理検査の多くが，解釈の背景に精神分析的視点が強く影響する考え方（マコーバーの人物画，ロ・テストなど）や定型発達を基準とした解釈（したがって，発達障害の場合には，そこからの逸脱状態と判断される）では，発達障害がもつ「障害像」のイメージから「障害のたいへんさ」だけが強調される傾向があり，その結果，支援がむずかしいと一方的に結論づけられる場合が多い。

ところが，実際に発達障害者が困っていることは「日常生活のささいな出来事」でのつまずきである。しかも，「わかっていても，同じ失敗をくり返してしまう」結果，自己評価が低下して，学校生活や社会生活にゆとりを失っている状態である。したがって，発達障害児者が自己評価を下げることなく日常生活を送り，さらに「自分らしく生きる」ことが可能になるように支援できる心理アセスメントの開発が重要だと考えて，本方法を考案した。それだけ，「豊かな心の世界」への理解はむずかしいことである。

そこで，2つの事例を紹介する。

最初の事例は，前節で紹介したA男である。図8-2は，A男が小学3年生で描いた「○△□物語法」である。○は「大よう」（「太」の誤字），△は「やどかり」（か

なり強引だが），□は「エレベーター」（当時のA男のこだわりの対象）が描かれ，物語は「やどかりはたいようのひかりより，エレベーターがすき」（原文のまま）と主観的な内容になっている。

この描画からわかるように，学校でのコミュニケーションをめぐる不適応の背景には，高いIQにもかかわらず，

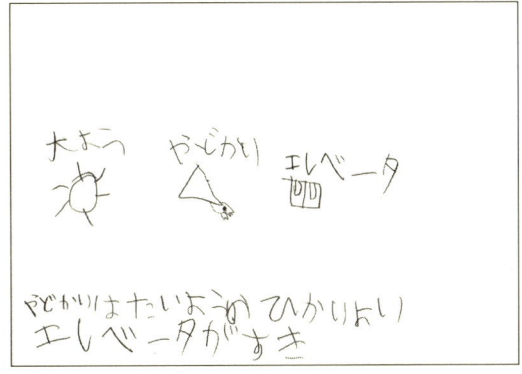

図8-2　A男の○△□物語法

こだわりが強く，主観的な認知が日常生活にみられることがわかる。しかも，成長するにつれて，自己主張が強くなり，結果的に「こだわり」の世界も強く，今回の検査場面で「自分に何が求められているのか」といった社会的文脈理解が十分でないことが明確になった。そのため，日常生活でもかえって「わがままになってきた」と思われてしまう懸念も生まれやすい。

次の事例は，青年期のASの2枚の「○△□物語法」である。

この青年は，小学4年生でASの診断を受けた。その後は，支援を受けながら高校，そして得意なコンピュータ関係の専門学校に進学した。その専門学校2年生の夏休みに実施した「○△□物語法」が図8-3である。○は「巨大な目」，△は「ピラミッド」，□は「窓」となる。それぞれにかなり時間がかかったが，手を抜くことなく，懸命に描いてくれた。しかし，圧倒されるような「巨大な目」が描かれるようすを目の前で見るだけで，外界に対する強い緊張が伝わってきた。したがって，物語は無理だと判断した。

当時の状況としては，家庭ではパソコンでゲームやインターネット中心の生活を続けて安定していたが，専門学校

図8-3　1回目の「○△□物語法」

では極度の緊張から慢性的な過敏性腸症候群の心身反応に苦悩していた。また，他者とのコミュニケーションが苦手なために，就職活動への自信もなく，気分的にも抑うつ状態だった（この時点で描画を実施した）。そのために，障害者職業センターと連携して，インターンシップとして学校内でパソコンを使っての事務仕事をさせてもらったところ，周囲から高い評価を受けて，卒業後もセンターで訓練を受けて，障害者就労枠で就職することができた。同時に，心療内科での投薬の結果，身体症状も少しずつ安定して，仕事も維持することができた。

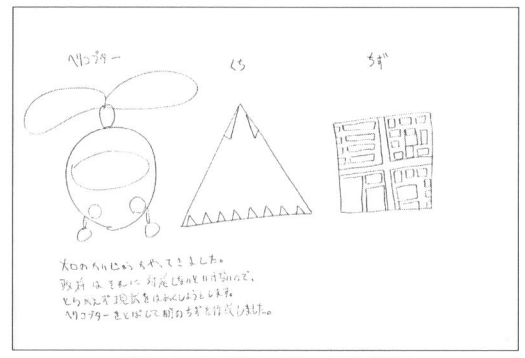

図8-4　2回目の「○△□物語法」

　この時点で2回目を実施したところ，図8-4のように○が「ヘリコプター」，△が「怪獣の口」，□が「町の地図」となり，今度は余裕をもって物語を想像することができた。なお，3つの描画からわかるように，「○の形を使って，他の物に」という教示を字義通りに受け止めて，○だけでヘリコプターを描き，△と□も同様に描く行動特徴からは，ASとしての特性は残っていることを示す。

　ところが，物語をみると興味深い点に気づく。第1に，物語を描くことができたこと（精神的ゆとり）である。第2に，○△□の順番とは異なる順番で物語を想像した点（視点の切り替え）である。そして第3に，「とりあえず」とパニックになることなく，ちょっと問題点と距離をとることができた点（こだわりの軽減）である。このように，安定した生活と就労を通して自己評価の維持ができることで，ちょっとだけではあるが，「自分らしく生きる」手だてがついたことが理解できる。

　以上のことからわかるように，発達障害への心理アセスメントは，社会からの逸脱の程度を測る道具ではなく，日常生活での苦悩とそれでも前向きに生きる姿を共有するための大切な表現手段であると伝えておきたい。

3．学校という「場」への支援

　心理臨床の基本は，「来談」といわれるようにクライアントが面接室に来て，面接室のなかで，受容・共感を主体にした中立的な治療構造で面接を進める方法である。発達障害への心理臨床でも，この方法は母親面接や青年期以降の当事者との面

接では有効である。しかし，実際の心理臨床場面では，学齢期の発達障害児への対応が中心であり，その場合，面接室という「場」での行動と家庭という「場」での行動にはかなり差異が生じる。このことは同時に家庭という「場」と学校という「場」での行動の差異とも関連する。実際に，家庭では問題行動が目立つ一方で，学校では何も問題がないと教師が指摘する結果，「家庭での接し方が問題だ」（逆の立場でも家庭のせいにされやすい）と一方的に判断されて，家族が抑うつ的になる場合も多い。

　こうした発達障害児に特有な「場」による行動の差異（特に，ADHD）を客観的に精査するために，筆者の場合，直接学校に出向くことが多い。そこでは，学校という「場」での子どもたちの行動特徴を精査するだけでなく，学校という「場」がもつ発達促進的要素や逆に発達阻害的要素を体感することも重要である。具体的には，通学路の安全性や距離，学校の静けさ，学習する教室の雰囲気（他の児童生徒の安定感，黒板の周囲が乱雑でないか，教師の授業中の対応など）を発達障害児の視点から共有・体感することで，新たな支援の方向性がみえてくることが多い。この実践に関しては，長期間にわたり支援を継続している小学校の実践例（木谷，2009）を参照願いたい。

　あわせて事例を紹介する。家庭と小学校での暴力を主訴に小学4年生のB太が母親と来談した。精査の結果，ADHDと判明して，投薬を並行しながら家庭での支援を進めた。ところが，小学校でのストレスから家庭での不安定さが続いたので学校訪問を行なうことにした。この学校は各学年一学級の小規模校で，この学級自体が学級崩壊に近い状態で授業が成立しない状況であった。しかも，B太の不安定さが学校崩壊の原因と教師もかたくなな状態になっていた。

　ところが，実際に授業を見たところ，授業が混乱する過程は次の通りであった。騒々しい状態で授業が始まると，教師の声がだんだん大きくなる。すると，B太の集中力も低下して，教師から怒られる。そこに，B太にちょっかいをかけてあおり立てる男子児童（定型発達児）数名がいて，B太はさらに混乱を強める。そして，教師の怒る声がさらに高くなり，授業が進まなくなる。この悪循環の連続であった。すると，女子児童からの発言が消えて，だんだん元気がなくなる姿がみえてきた。

　その後の研修の場で，この点を指摘すると同時に，次の3点を学級支援の方向性とした。①授業が成立しないもっとも大きな要因はB太ではなく，B太をあおる児童であり，その児童への対応が第一であること。②自己表現ができなくなっている女子児童への対応として，養護教諭との連携が必要であること。③その上で，3年

間時間をかけながら，学級のリーダーづくりを進めること。以上の点を伝えて，その後学期ごとに筆者が学校訪問を続けた結果，6年生になり，学級全体が安定して，B太も成長すると同時に，リーダーも育ち，女子児童の発言も増えてきている。

このように，学校臨床の視点から発達障害の支援を進める場合，学校という「場」をしっかりと把握した上で対応する視点をもつことが肝要である。その視点がないまま，発達障害児の問題だけを一方的に指摘しても，何も問題解決に結びつかない場合がほとんどといっても過言ではない。

4．地域がもつ特性を活かす支援―心理的環境の重要性

筆者が山口大学に着任して10年以上になる。その間に地域支援として発達障害児の親の会の立ち上げや活動にかかわってきている。具体的には，下関市の「キラキラ☆キッズ」（木谷・宮崎ら，2003）・NPO法人「シンフォニーネット」，長門市の発達障害児親の会「ブルースター」（木谷，2008b），そして「山口県アスペの会」（木谷・奥原ら，2003）。また，下関市で平成14年度から継続している「イルカふれあい体験」（木谷，2011）などである。そこでは，発達障害に関する啓発活動（講演会の開催など），相談会，生活・就労支援，そして余暇活動（キャンプなど）などを通して，その地域がもつ特性を活かした支援のあり方を長年にわたりご家族といっしょに取り組んでいる。

筆者からみると，学校という「場」と同様に，発達障害児者とその家族が住む地域という「場」が，発達障害児者の成長を治療的に促進させる「心理的環境」と考えている。実際に，近年注目されているレジリエンス（加藤・八木，2009）の視点も同様である。したがって，「心理的環境」を通して，発達障害児者が学校卒業後に地域就労と地域での豊かな生活（と余暇支援）を長期にわたって支援できるように環境整備することは，発達障害児者本人だけでなく，家族や学校の先生たちにとっても重要である。その理由は，将来への明るい展望が広がることで，学校での支援を促進させる原動力が生まれるからである。

しかも，自助グループの活動は，発達障害の当事者だけでなく，不安を抱える家族やきょうだい児にとっても重要な支援の場である。近年自閉症に関する研究において，BAP（broader autism phenotype：広義の意味での自閉的行動様式）が自閉症児をもつ家族に広く認められることがわかってきた（神尾，2009）。また，発達障害児をもつ家族に抑うつのリスクが高いことも明確になってきた（野邑ら，2010；木谷ら，2006）。さらに，きょうだい児がもつ発達的リスクの高さも注目されている（遠矢，2009）。そのために，地域のなかでサポートを受けながら，家族全体がレジ

リエンスを維持して長期的に安定した生活を営めるように，コミュニティ心理学的な視点からも支援できることは，特に若い心理臨床家にとっては大きな活躍の場にもなる。

4節 「発達障害」支援を通してみえる学校臨床の新たな可能性

　以上のように筆者が進めている直接的・間接的「発達障害」支援からみえてくる学校臨床の新たな可能性について伝えたい。この可能性を考えることは同時に「発達障害」支援を学ぶことの「おもしろさ」にもつながる。より現実的にいえば、「発達障害」支援の視点なくしては，臨床心理士としての活躍の場が狭まってくる時代を迎えている。特に，臨床心理士が期待されている学校臨床場面でスクールカウンセラー（以下，SC）が果たす役割は大きいが，果たして十分に機能しているかどうかは，疑問である。実際に筆者が経験した事例であるが，あるSCが地域の小学校の教員研修に呼ばれ，発達障害児の事例検討がなされた。そのSCは事例をじっくり聞いた後（実際の子どもには会っていない）のコメントで，「この事例はたいへんです」と言ったが，具体的な対応へのヒントは「時間をかけてください」で終わったようだ。ところが，その後がたいへんであった。教師達は，それこそ「たいへんな子どもをどうしたらいいのか」わからずにパニックになり，筆者のところに相談が来た。そこで，学校を訪問して授業を観察したところ，たしかに発達障害の特徴はみられたが，成長に伴い行動は安定することが予測できたので，その間の対応を教師側に具体的に伝えた。その結果，教師側が落ち着き，冷静に子どもの姿を見ることができるだけで，その児童の行動が問題ではなく，成長の過渡期だと判断できて，支援が進んだ事例を体験している。

　この事例は数年前の事例であるが，現在こうした状態が改善されたとはけっして楽観的に思ってはいない。こうした学校現場の高いニーズや，早期の対応による二次障害の予防の観点からも，「発達障害」支援が重要であることがわかる。そこで，次世代の臨床心理士に伝えたい視点は次の3点である。

1．心理的環境としての日常生活への支援を基盤とする視点

　従来からの精神分析的視点や来談者中心療法の考え方が心理臨床で大切なことは事実だが，「発達障害」の場合には先に述べたように日常生活への具体的支援が重要になる。そのために，発達障害児者個々が生活する心理的環境と行動パターンへの多面的理解が必要になる。その多面的理解を広げるために，筆者自身は発達精神

病理学だけではなく，知覚心理学（アフォーダンス理論）・認知心理学（ロボット工学）・発達心理学（特に，現場心理学の視点）・基礎医学（生理学・脳神経科学）などの関連諸科学の知見を大切にしている。

　こうした多面的な視点をもちながら，個々の発達障害児者の日常生活を取り巻く心理的環境のなかで，発達障害児者がどのように日常生活を感じ取りながら，日々努力しているかを追体験することが，本当の意味での発達障害児者との共感だと考えている。しかも，こうした視点をより確かにするために，推測やアセスメントの結果だけで判断することなく，エビデンスとして日常生活や学校生活に関する事実関係（家庭でのビデオ，学校のテスト，通知表など）を緻密に確認する作業も重要である。

　以上のことからわかるように，臨床心理士養成大学院2年間で身につける「教科書に書かれたテクニック」だけで臨床心理士になったとしても，正直「発達障害」支援はむずかしい。ところが，こうした臨床心理士側の問題点がいつの間にかすり替えられて，「発達障害はむずかしい」といわれることが多いのは残念である。むしろ，「発達障害」支援に不可欠な多面的理解の考え方は，発達障害だけでなく，広く心理臨床全体に援用できる重要な視点であることを伝えたい。

2．発達を長期的に支援する視点

　「発達障害」支援では，原則として終結する事例は少ない。たしかに，二次障害を主訴とする事例では，問題行動が消失することを契機に，家族がいったん面接を終結させる場合はある。しかしながら，先天的な脳の機能障害を基盤とする発達障害の場合，成長とともに対人関係や情緒的な安定感が高まることは事実であるが，中核となる症状自体は残存することも確かである。

　したがって，「発達障害」支援を行なうと事例が次つぎと増えていくが，けっして減ることがないむずかしさをもつ。筆者も同じ状態になっているが，実際には，後述する視点をもつことで，精神的負担は軽減されるだけでなく，逆に，長期にわたり発達障害児者の成長を見守ることができるメリットのほうが大きいと考えている。具体的には，数多くの発達障害児者の成長を通して，発達障害児者の成長にみられるいくつかのパターンを理解することで，新たに出会った事例でも発達の将来予測が可能になる。また，青年期以降に特徴的にみられる中核的な症状を理解することで，幼少期の発達障害児への対応もポイントを絞って行なうことが容易である。

　実際に，筆者の場合，大学でのボランティア時代から見ている自閉症者では，30年あまり成長をみている事例もあり，こうした長期的に経過をみることができる経

験とそこからの発見が，現在の「発達障害」支援に大きくつながっている。成人当事者もこうした長期的に支援できる専門家が必要だと指摘している（高森ら，2008）。学校現場では，小学校6年間，中学・高校3年間と限られる時間のなかで，しかも最近の小学校では毎年担任が変わる状況では，長期的に安定した対応はむずかしい。たしかに，個別支援計画の作成が進んでいるが，実際には活用されていない。

こうした「細切れの支援」では，本当の意味での発達障害児の成長を支援することはむずかしい。それだけに，臨床心理士として長期にわたり支援できる役割は，今後さらに重要度を増すことは確かである。

3．人的ネットワークで支援する視点

「発達障害」支援において臨床心理士が果たすべき役割は，発達障害児者の周囲にいる家族や教師など多くの関係者のネットワーク全体の力動関係を察知しながら，そのネットワークが有機的に活性化するようにコーディネートする能力だと考えている。つまり，発達障害児者がもつさまざまな特性や可能性を「通訳」として周囲に伝達しながら，発達障害児者が日常生活で周囲とのコミュニケーションを豊かに育めるように仲介することである。

こうしたアプローチはむずかしいようにみえるが，こうした視点がなければ，SCも機能しないはずである。筆者が学校と直接かかわる場合には，次の4点を中心に，学校ならではの「おもしろい」ネットワークを活性化させている。

第1に，教師をほめることである。発達障害児が数名いる教室環境を考えると，そのなかで授業を進めることは本当にたいへんな場合もある。したがって，授業を見学したあとに，その授業で効果的だった具体的な工夫をほめることから支援はスタートする。

第2に，その教師とその発達障害児だからこそできる「楽しい支援」を具体的に考えるようにしている。教師1人ひとりにも得意なことと苦手なことがある。その得意さを活かしながら支援が必要な発達障害児と楽しい時間を過ごせること，そして児童の「笑顔」が1日でも早く取り戻せるような支援の工夫をすることは，長期的な支援を行なうためには絶対に必要である。

第3に，「最小限で，最大の効果が出る支援」を工夫することである。支援を行なう場合，たくさんの課題を学校側に期待することがある。それでは，どの課題が効果的であったかが測定できない。しかも，たくさんの課題を行なうために，かえって課題がすべてうまくいかない場合もある。それよりも，1つか2つの簡単な課題からスタートして，教師と児童がともに達成感を体験できるように工夫すること

が必要である。

　第4に上手な「叱り役」をつくることである。学校の支援では，どうしても「叱る」役割が重要になる。ところが，教師と発達障害児との信頼関係ができつつある段階で，その教師が「叱る」役割をとることにちゅうちょする場合がある。それは当然のことである。したがって，この「叱り役」を一時的に代理する役割が重要になってくる。筆者の場合，筆者自身がこの役割を担うこともあるが，校長先生に黒子としてこの役割を担ってもらうことをお願いする場合が増えている。

　このように，学校独自のネットワークを上手に活用する能力が，むずかしさもあるが，臨床心理士に問われている時代である。そこで，このネットワークを活用するための大切な視点として，支援を必要とする発達障害児に関する「情報の共有」を進める必要がある。そのために筆者が大切にしていることがある。それは，小学校から中学校までの9年間のカリキュラムの概要を理解することである。学校で行なわれる授業内容やテストでのつまずきの意味などを教師と共有するためには，その教育的意義を理解することは当然である。ところが，臨床心理士の場合，心理的な側面だけを重視するために，「学校場面でくり返される行動」への理解では教師の視点とズレが生じやすい。それを防ぐために，また教師からの信頼を得るためにも，カリキュラムの概要を理解することの時間を惜しんではならない。

5節　まとめにかえて

　これまで述べたように，「発達障害」がむずかしいのではなく，「発達障害」支援に必要な「視点を獲得するまでに時間がかかるために，対応がむずかしい」だけの問題だと筆者は考えている。

　ところで，学校現場で支援が必要な児童生徒は，文科省が報告した6.3％どころではなく，実際には，20％以上だと筆者は考えている。同時にこの数字が示す意味としては，社会にも20％以上の支援が必要な方々が潜在的にいることを示唆している。もちろん，そのすべてが発達障害であるとは限らないが，その視点に準拠した心理臨床の枠組みで理解・対応する必要性は高い。

　したがって，時代が，そして社会が求めるニーズに応じることが臨床心理士の社会的責務であるならば，これからの時代は「発達障害」支援への視点を着実に積み重ねていかなくてはいけない時が来たといえるだろう。

文　献

◆序章◆

藤木大介・沖林洋平（2008）．入学後3ヶ月間の大学教育を通じた批判的思考態度の変化―新入生がもつ専攻領域に関する知識の影響―　日本教育工学会論文誌, **32**(suppl.), 37-40.

福田　廣（1990）．心理学概論の客観テストと論文体テスト　中国四国心理学会論文集, **23**, 57.

福田　廣（1994）．SD法による講義印象の測定　山口大学教育学部研究論叢, **44**(3), 17-24.

福田　廣・恒吉徹三（2007）．テスト成績と授業評価からみた「リレー講義」―共通教育「心理学」における実践事例を通して―　第13回大学教育研究フォーラム発表論文集, 42-43.

平山るみ・楠見　孝（2004）．批判的思考態度が結論導出プロセスに及ぼす影響―証拠評価と結論生成課題を用いての検討　教育心理学研究, **52**, 186-198.

小杉考司・福田　廣・恒吉徹三・沖林洋平（2009）．心理学におけるFD実践事例報告：リレー講義の試み　山口大学教育学部研究論叢, **59**(3), 79-83.

小杉考司・沖林洋平・恒吉徹三・福田　廣（2008）．テスト成績と授業評価からみた「リレー講義」(2)―共通教育「心理学」における実践事例―　第14回大学教育研究フォーラム発表論文集, 102-103.

小杉考司・沖林洋平・恒吉徹三・福田　廣（2010）．心理学教育におけるミニマム・エッセンスとは何か　第16回大学教育研究フォーラム発表論文集, 60-61.

子安増生（2011）．批判的思考力の知的側面　楠見孝・子安増生・道田泰司（編）「批判的思考力を育む」　有斐閣　pp.25-44.

沖林洋平・小杉考司・恒吉徹三・川崎徳子・白石敏行・福田　廣（印刷中）．学部共通科目における複数授業横断的効果測定の検討　日本教育工学会論文誌

小野擴男（2003）．「陶冶」　山﨑英則・片上宗二（編）　教育用語辞典　ミネルヴァ書房　pp.399-400.

吉村文男（2003）．「形式陶冶」，「実質陶冶」　山﨑英則・片上宗二（編）教育用語辞典　ミネルヴァ書房　pp.159, 232.

◆第1章◆

Baldo, M. V., Ranvaud, R. D., & Morya, E. (2002). Flag erros in soccer games: The flash-lag effect brought to real life. *Perception*, **31**, 1205-1210.

Bargh, J. A., Chen, M., & Burrows, L. (1996). Automaticity of social behavior: Direct effects of trait construct and stereotype-activation on action. *Journal of Personality and Social Psychology*, **71**, 230-244.

Block, R. A., & Zakay, D. (1997). Prospective and retrospective duration judgments: A meta-analytic review. *Psychonomic Bulletin & Review*, **4**, 184-197.

Brown, S. W. (1985). Time perception and attention: The effects of prospective versus retrospective paradigms and task demands on perceived duration. *Perception & Psychophysics*, **38**, 115-124.

Coren, S., & Enns, J. T. (1993). Size contrast as a function of conceptual similarity between test

and inducers. *Perception & Psychophysics*, **54**, 579-588.
Damisch, L., Mussweiler, T., & Plessner, H. (2006). Olympic medals as fruits of comparison? Assimilation and contrast in sequential performance judgments. *Journal of Experimental Psychology: Applied*, **12**, 166-178.
Dijksterhuis, A., & van Knippenberg, A. (1998). The relation between perception and behavior, or how to win a game of trivial pursuit. *Journal of Personality and Social Psychology*, **74**, 865-877.
Doherty, M. J., Campbell, N. M., Tsuji, H., & Phillips, W. A. (2010). The Ebbinghaus illusion deceives adults but not young children. *Developmental Science*, **13**, 714-721.
濱田治良 (1994). 明るさの同化と異化　大山正・今井省吾・和氣典二 (編)　新編感覚・知覚心理学ハンドブック　誠信書房 p.348.
Helson, H. (1963). Studies of anomalous contrast and assimilation. *Journal of the Optical Society of America*, **53**, 179-184.
Hicks, R. E., & Brundige, R. M. (1974). Judgments of temporal duration while processing verbal and physiognomic stimuli. *Acta Psychologica*, **38**, 447-453.
Holland, M. K., & Lockhead, G. R. 1968 Sequential effects in absolute judgments of loudness. *Perception & Psychophysics*, **3**, 409-414.
Köhler, W. (1920). *Die physischen Gestalten in Ruhe und im stationären Zustand*. Braunschweig: Vieweg.
近藤あき・新美亮輔・高橋康介・渡邊克巳 (2011). 物体と顔の魅力度評定における系列効果　信学技報, **111**, 63-68.
Lewin, K. (1951). *Field theory in social science; selected theoretical papers*. In D. Cartwright (Ed.), New York: Harper & Row.
Matthews, W. J., & Stewart, N. (2009). Psychophysics and the judgment of price: judging complex objects on a non-physical dimension elicits sequential effects like those in perceptual tasks. *Judgment and Decision Making*, **4**, 64-81.
Naito, S., & Cole, J. B. (1994). The gravity lens illusion and its mathematical model. In G. H. Fischer & D. Laming (Eds.), *Contributions to Mathematical Psychology, Psychometrics and Methodology*. New York: Springer-Verlag. pp.39-50.
Nijhawan, R. (1994). Motion extrapolation in catching. *Nature*, **370**, 256-257.
小野史典・渡邊克巳 (2010). オブジェクトの視覚的形状は逆行性にも歪められる　日本基礎心理学会第29回大会発表要旨, p.72.
Ono, F., & Watanabe, K. (2011). Attention can retrospectively distort visual space. *Psychological Science*, **22**, 472-477.
Oudejans, R. R. D., Verheijen, R., Bakker, F. C., Gerrits, J. C., Steinbrückner, M., & Beek, P. J. (2000). Errors in judging offside in football: Optical trickery can undermine the assistant referees view of this ruling. *Nature*, **404**, 33.
Page, L., & Page K. (2009). Last shall be first: A field study of biases in sequential performance evaluation on the Idol series. *Journal of Economic Behavior & Organization*, **73**, 186-198.
Petzold, P., & Haubensak, G. (2001). Higher order sequential effects in psychophysical judgments. *Perception & Psychophysics*, **63**, 969-978.
Sawyer, T. F., Meyers, P. J., & Huser, S. J. (1994). Contrasting task demands alter the perceived

duration of brief time intervals. *Perception & Psychophysics*, **56**, 649-657.
Stewart, N., Brown, G. D., & Chater, N. (2005). Absolute identification by relative judgment. *Psychological Review*, **112**, 881-911.
Suzuki, S., & Cavanagh, P. (1997). Focused attention distorts visual space: An attentional repulsion effect. *Journal of Experimental Psychology: Human Perception and Performance*, **23**, 443-463.
Suzuki, S., & Cavanagh, P. (1998). A shape-contrast effect for briefly presented stimuli. *Journal of Experimental Psychology: Human Perception and Performance*, **24**, 1315-1341.
Watanabe, K. (2008). Behavioral speed contagion: Automatic modulation of movement timing by observation of body movements. *Cognition*, **106**, 1514-1524.
Whitney D. V., & Cavanagh P. (2000). Motion distorts visual space: Shifting the perceived position of remote stationary objects. *Nature Neuroscience*, **3**, 954-959.

◆第2章◆

Abelson, R. P., & Rosenberg, M. J. (1958). Symbolic Psycho-Logic: A model of attitudinal cognition. *Behavioral Science*, **3**, 1-13.
American Psychological Association (2001). *Publication Manual of the American Psychological Association*. 5th ed. Washington, D. C.: American Psychological Association. 江藤裕之・前田樹海・田中建彦（訳）（2004）．APA論文作成マニュアル　医学書院
Baron-Cohen, S. (2004). *The essential difference*. London: Penguin. 三宅真砂子（訳）（2005）．共感する女脳，システム化する男脳　日本放送出版協会
大坊郁夫（1989）．社会心理学パースペクティブ(1)　誠信書房
遠藤由美（2000）．「自尊感情」を関係性からとらえなおす　実験社会心理学研究, **39**(2), 150-167.
藤澤　等（1998）．「関係科学」への道　北大路書房
福岡伸一（2009）．世界は分けてもわからない　講談社現代新書
Gergen, K. J. (1973). Social Psychology as History. *Journal of personality and social psychology*, **26**(2), 309-320.
Heider, F. (1983). *The life of a psychologist: An autobiography*. University press of Kansas. 堀端孝治（1989）．ある心理学者の生涯　協同出版
Heider, F., & Simmel, M. (1944). An experimental study of apparent behavior. *American Journal of Psychology*, **57**, 243-259.
Horgan, J. (1996). *The end of science*. New York: Broadway Books. 竹内　薫（訳）（1997）．科学の終焉　徳間書店
井庭　崇・福原義久（1998）．複雑系入門　NTT出版
川喜田二郎（1967）．発想法―創造的開発のために―　中央公論社
河本英雄（1995）．オートポイエーシス　青土社
Kelley, H. H. (1967). Attribution theory in social psychology. In D. Levine (Ed.), *Nebraska symposium on motivation*. 15. University of Nebraska Press. pp.192-238.
小杉考司・藤澤隆史・藤原武弘（2004）．バランス理論と固有値分解　理論と方法, **19**, 87-100.
Lewin, K. (1951). *The field theory in Social Science*. New York: Harper & Bros. 猪股佐登留（訳）（1956）．社会科学における場の理論　誠信書房

鞠子英雄 (1996).「複雑安定性」のドグマ　ハーヴェスト社
Maturana, H. R & Varela, F. J. (1980). *Autopoiesis and cognition: The realization of the living.* Dordrecht, Holland: Reidel Publishing. 河本英雄(訳)(1991). オートポイエーシス　国文社
道又　爾 (2009). 心理学入門一歩手前　勁草書房
永田　靖 (2003). サンプルサイズの決め方　朝倉書店
西里静彦 (2007). データ解析への洞察　関西学院大学出版会
Ross, L. (1977). The intuitive psychologist and his shortcomings: Distortions in the attribution process. In L. Berkowitz (Ed.), *Advances in Experimental Social Psychology*, 10. New York: Academic Press. pp.173-220.
下山晴彦・丹野義彦 (2001). 講座臨床心理学2　臨床心理学研究　東京大学出版会
竹村和久(編著)(2004). 社会心理学の新しいかたち　誠信書房
豊田秀樹 (1992). 原因を探る統計学　講談社
豊田秀樹 (2007). 共分散構造分析【理論編】　朝倉書店
豊田秀樹(編著)(2009). 検定力分析入門　東京図書
辻本昌弘 (2010). 地域研究の視点から　日本社会心理学会大会第50回大会シンポジウム「新たな社会心理学の展開と現状からの脱却」講演資料
Waldrop, M. M. (1992). *Complexity: the emerging science at the edge of chaos.* New York: Simon & Schuster paperbacks. 田中三彦・遠山峻征(訳)(1996). 複雑系　新潮社
Weiner, B., Frieze, L., Kukla, A., Reed, L., & Rosenbaum, R. M. (1972). Perceiving the cause of success and failure. In E. E. Jones, D. E. Kanouse, H. H. Kelley, R. E. Nisbett, S. Valins & B. Weiner (Eds.), *Attribution: Perceiving the cause of behavior.* Morristown, N. J.: General Learning Press. pp.95-120.
吉森　護 (2002). アナトミア社会心理学　北大路書房

◆第3章◆

Albrecht, T. L., & Adelman, M. B. (1987). Communicating social support: A theoretical perspective. In T. L. Alberckt & M. B. Adelman (Eds.), *Communicating social support.* Newbury Park, CA: Sage. pp.18-39.
Cho, C-H., & Leckenby, J. D. (1999). Interactivity as a measure of advertising effectiveness. In M. S. Roberts (Ed.), *Proceedings of the American Academy of Advertising.* Gainesville, FL: University of Florida. pp.162-179.
Ennis, R. H. (1987). A taxonomy of critical thinking dispositions and abilities. In J. B. Baron & R. J. Sternberg (Eds.), *Teaching thinking skills: Theory and practice.* New York: W. H. Freeman. pp.9-26.
Ha, L., & James, E. L. (1998). Interactivity reexamined: a baseline analysis of early business Web sites. *Journal of Broadcasting & Electronic Media*, 42, 457-474.
Halpern, D. F. (1998). Teaching critical thinking for transfer across domains. *American Psychologist*, 53, 449-455.
Heeter, C. (2000). Interactivity in the content of designed experience. *Journal of Interactive Advertising*. 1, 4-15.

平山るみ・楠見　孝（2004）．批判的思考態度が結論導出プロセスに及ぼす影響：証拠評価と結論生成課題を用いての検討　教育心理学研究, **52**, 186-198.

廣岡秀一・小川一美・元吉忠寛（2000）．クリティカルシンキングに対する志向性の測定に関する探索的研究　三重大学教育学部研究紀要（教育科学）, **51**, 161-173.

Institutional Portfolio: Indiana University Purdue University Indianapolis. http://iport.iupui.edu/iupui/statportrait/data.aspx　（2012年1月31日閲覧）

清河幸子・犬塚美輪（2003）．相互説明による読解の個別学習指導：対象レベル - メタレベルの分業による協同の指導場面への適用　教育心理学研究, **51**, 218-229.

Kuhn, D. (1999). A developmental model of critical thinking. *Educational Researcher*, **28**, 16-28.

楠見　孝（1996）．帰納推論と批判的思考　市川伸一（編）『思考』認知心理学4　東京大学出版会 pp.37-60.

楠見　孝（2011）．批判的思考とは　楠見孝・子安増生・道田泰司（編）批判的思考力を育む　有斐閣 pp.2-24.

Levenson, R. W., & Ruef, A. M. (1992). Empathy: a physiological substrate. *Journal of Personality & Social Psychology Bulletin*, **63**, 234-246.

Liu, Y. P., & Shrum, L. J. (2002). What is interactivity & is it always such a good thing? Implications of definition person & situation for the influence of interactivity on advertising effectiveness. *Journal of Advertising*, **31**, 53-64.

Maddux, C. D., Johnson, D. L., & Wills, J. W. (1997). *Educational computing: Learning with tomorrow's technologies*, 2nd ed. Needham Heights, M. A.: Allyn and Bacon.

文部科学省中央教育審議会大学分科会大学教育の検討に関する作業部会（2008）．（第1回）議事録・配付資料［資料9］　http://www.mext.go.jp/b_menu/shingi/chukyo/chukyo4/022/gijiroku/08100110/009.htm#top　（2012年1月31日閲覧）

元吉忠寛（2011）．批判的思考の社会的側面―批判的思考と他者の存在―　楠見　孝・子安増生・道田泰司（編）批判的思考力を育む　有斐閣 pp.45-65.

中山留美子・長濱文与・中島　誠・中西良文・南　学（2010）．大学教育目標の達成を目指す全学的初年次教育の導入　京都大学高等教育研究, **16**, 37-48.

沖林洋平・野中陽一朗・山田洋平・石井眞治（2008）．CSCLにおける協同的読解活動が学生の学習課題の反省的活動に及ぼす影響 中国四国心理学会論文集, **41**, 48.

沖林洋平・藤木大介・小杉考司（2009）．CSCLにおける非同期ディスカッションが協同的読解活動に及ぼす影響　中国四国心理学会論文集, **42**, 50.

Phillips, V., & Bond, C. (2004). Undergraduates' experiences of critical thinking. *Higher Education Research & Development*, **23**, 277-294.

Principles of Undergraduate Learning: IUPUI Institutional Portfolio　http://iport.iupui.edu/selfstudy/tl/puls/　（2012年1月31日閲覧）

Rafaeli, S. (1998). Interactivity: form new media to communication. In R. P. Hawkins, J. M. Wiemann & S. Pingree (Eds.), *Advancing communication science: merging mass & interpersonal process*. Sage Publications. pp.110-134.

Rafaeli, S., & Ariel, Y. (2007). Assessing interactivity in computer-mediated research. In A. Joihnson., K, McKenna., T. Postmes., & U-F, Reips (Eds.), *The oxford handbook of internet psychology*. Oxford, New York: Oxford University Press. pp.72-102.

Rafaeli, S., & Sudweeks, F. (1997). Networked interactivity. *Journal of Computer-Madiated Communication*, 2(4).

Reeves, S., Spears, R., & Postmers, T. (1995). A social identity model of deindividuation phenomena. In W. Stroebe and M. Hewstone (Eds.), *European Review of Social Psychology*, 6, Chichester, England: Wiley. pp.161-198.

Samup, J., & Yungwook, K.(2003). The effect of web characteristics on relationship building. *Journal of Public Relation Research*, 15, 199.

瀬尾美紀子(2005).数学の問題解決における質問生成と援助要請の促進：つまずき明確化方略の教授効果　教育心理学研究,53,441-455.

田島充士(2010).「分かったつもり」のしくみを探る　ナカニシヤ出版

田島充士・森田和良(2009).説明活動が概念理解の促進に及ぼす効果―バフチン理解の「対話」の観点から―　教育心理学研究,57,478-490.

Tanis, M., & Postmers, T. (2005). A social identity approach to trust: interpersonal perception, group membership and trusting behavior. *European Journal of Social Psychology*, 35, 413-424.

富田英司・丸野俊一(2004).思考としてのアーギュメント研究の現在　心理学評論,47,187-209.

若山　昇(2009).大学におけるクリティカルシンキング演習授業の効果―クリティカルシンキングに対する志向性と認知欲求の変化から―　大学教育学会誌,31,145-153.

Zimmerman, B. J. (1986). Development of self-reglated learning: Which are the key subprocesses? *Contemporary Educational Psychology*, 16, 307-313.

Zimmerman, B. J., & Schunk, D. H.(Eds.),(2001). *Self-regulated learning and academic achievement: The- oretical perspectives*. 2nd ed. Mahwah, NJ: Erlbaum.　塚野州一(編訳)(2006).自己調整学習の理論　北大路書房

【参考文献】

Chase, W. G., & Simon, H. A.(1973). Perception in chess. *Cognitive Psychology*, 4, 55-81.

伊東昌子(1992).設問に対する論述筆記解答が説明文の批判的な読みに及ぼす影響　読書科学,36,22-30.

Kintsch, E. (1990). Macroprocess and microprosesses in the development of summarization skill. *Cognition and Instruction*, 7, 161-195.

Kintsch, W. (1998). *Comprehension: A paradigm for cognition*. New York: Cambridge University Press.

Mayer, R. E.(2001). *Multimedia learning*. New York: Cambridge University Press.

道田泰司(2011).授業においてさまざまな質問経験をすることが質問態度と質問力に及ぼす効果　教育心理学研究,59,193-205.

文部科学省中央教育審議会大学分科会(2008).学士課程教育の構築に向けて http://www.mext.go.jp/component/b_menu/shingi/toushin/__ icsFiles/afieldfile/2008/12/26/1217067_003.pdf　(2012年1月31日閲覧)

文部科学省中央教育審議会大学分科会(2008).学士課程教育の構築に向けて(審議のまとめ) http://www.mext.go.jp/b_menu/shingi/chukyo/ chukyo4/houkoku/0804 10/003.pdf (2012年1月31日閲覧)

OECD(2010). *Education today 2010: The OECD perspective*. Organization for Economics.

Wolfe, M. B., Schreiner, M. E., Rehder, R., Laham, D., Foltz, P. W. Landauer, T. K., & Kintsch, W. (1998). Learning form text: matching reader and text by latent semantic analysis. *Discourse Process*, **25**, 309-336.

Zeitz, C. M. (1994). Expert-novice difference in memory, abstraction, and reasoning in the domain of literature. *Cognition and Instruction*, **12**, 277-312.

◆第4章◆

Allan, J. (1988). *Inscapes of the child's world: Jungian counseling in schools and clinics*. Dallas: Spring Publications, Inc. 安部秀雄(監訳)本山芳男・鎌倉和子・山田敏久(訳)(1990). 描画から箱庭まで―ユング派による子どもの心理療法― 学苑社

Clement, J. (1988). Observed methods for generating analogies in scientific problem solving. *Cognitive Science*, **12**, 563-586.

古川昭夫・廣中平祐(2003). 教育対談―原理・原則を具体的な現象を通して理解させ,数学,理科の面白さを伝えることが重要である― サンデー毎日2月23日号 毎日新聞社

Gentner, D., & Stevens, A. L. (1983). *Mental models*. Hillsdale, New Jersey: Lawence Erlbaum Associates Inc.

Grady, J. (1997). *Foundations of meaning: Primary metaphors and primary scenes*. Barkley: University of California.

Hayakawa, S. I. (1972). *Language in thought and action*. 3rd ed. New York: Harcourt Brace Jovanovich. 大久保忠利(訳)(1974). 思考と行動における言語原著第3版 岩波書店

Hesse, M. B. (1966). *Models and Analogies in Science*. University of Notre Dame Press. 高田紀代志(訳)(1986). 科学・モデル・アナロジー 培風館

廣繁和明(2006). 科学概念への変容を図るメタファ活用の一試み 第1回メタファ研究会資料 未公刊

Holyoak, K. J., & Thagard, P. (1995). *Mental leaps: Analogy in creative thought*. Cambridge Massachusetts: Mit Press. 鈴木宏昭・河原哲雄(監訳)(1998). アナロジーの力 認知科学の新しい探求 新曜社

岩本純恵・宮野大輔(2000). 数学的思考と比喩 平成12年度山口大学教育学部数学教育教室卒業研究 未刊行

古根川円(2008). イメージの喚起による音楽の創出―ピアノ指導の可能性への考察― 平成20年度山口大学大学院教育学研究科教科教育専攻音楽教育専修修士論文

久米 博(1992). 隠喩論 思索と詩作のあいだ 思潮社

楠見 孝(2005a). 認知心理学から見た比喩 日本語学 特集比喩の世界 明治書院 pp.26-36.

楠見 孝(2005b). 第3章 文芸の心理―比喩と類推から見た三島由紀夫の世界― 子安増生(編)心理学の新しい形11 芸術心理学の新しい形 誠信書房 pp.52-72.

楠見 孝(2007). 第12章 批判的思考とメタファ思考 新訂 認知過程研究―知識の獲得とその利用― 放送大学教育振興会 pp.153-168.

Lakoff, G., & Johnson, M. (1980). *Metaphors we live by*. Chicago: The University of Chicago Press.

Lakoff, G., & Núñez, R. E. (2000). *Where mathematics into being*. New York: Basic Books.

前田 満(2006). 英語教育におけるメタファー理論の活用 第1回メタファ研究会資料 未公

刊
松永公廣(1985).パソコン教材　宇都宮敏男・坂本　昂(監修)教育情報科　学研究会(編)講座 教育情報科学2　第一法規 pp.131-158.
森本信也・尾崎幸哉(1995).子どもの自然認識におけるメタファ表現の意味するもの　日本理科教育学会研究紀要, **35**(3), 1-9.
向山洋一(編)・小森栄治(著)(2001).中学校の「理科」がよくわかる本　PHP文庫
中本敬子(2005).第4章　比喩の理解　川崎恵里子(編)ことばの実験室　心理言語学へのアプローチ　ブレーン出版 pp.79-102.
中山　迅(1998).子どもの科学概念の比喩的な構成　科学教育研究, **22**(1), 12-21.
中山　迅・里岡亜紀(1998). 32メタファ　日本理科教育学会(編)キーワードで探る これからの理科教育　東洋館出版会 pp.194-199.
日能研(1996).伸び続ける牙─知の翼伝説─　6年生テキスト1月号, 22.
仁平　勝(2002).比喩の力とは何か　海野謙四郎(編)俳句3月号 特集比喩の力　角川書店 pp.66-99.
大堀壽夫(2002).認知言語学　東京大学出版会
Pepper, S. C. (1942). *World Hypotheses*. Berkeley, Los Angeles & London: University of California Press.
利沢行夫(1985).戦略としてのメタファー　中教出版
西郷竹彦(1998).新版「詩の授業」─理論と方法─　明治図書
関口靖広(2003).学校数学カリキュラムにおける数学的概念の取り扱い方に関する認知意味論的研究　平成12～平成14年度科学研究費補助金(基盤研究(C)(2))研究成果報告書
瀬戸賢一(1995).メタファ思考─意味と認識のしくみ─　講談社現代新書
下瀬昌巳(2006).国語科教育におけるメタファ─ことわざメタファを使った短作文─　第1回メタファ研究会資料　未公刊
潮田幸子(2006).仲間と話し合いながら自分なりの表現を創り出していく音楽科授業　第1回メタファ研究会資料　未公刊
庄司和晃(1985).認識の三段階関連理論　季節社
鈴木宏昭　日本認知科学会(編)(1996).認知科学モノグラフ1 類似と思考　共立出版
Swanwick, K. (1988). *Music, mind, and Education*. London and New York.　野波健二・石井信生・吉富功修・竹井成美・長島真人(訳)(1998).音楽と心と教育─新しい音楽教育の理論的指標─　音楽之友社
Swanwick, K. (1999). *Teaching music musically*. Taylor & Francies Group. London.　塩原麻里・高須一(訳)(2004).音楽の教え方─音楽的な音楽教育のために─　音楽之友社
田邊敏明(2008).心理学概念の保持に対する比喩的説明文の特性の効果　山口大学教育学部研究論叢, **58**(3), 205-221.
田中雅人(2000).ことばによる運動イメージの共有　愛媛大学教育学部教育科学, **47**(1), 145-158.
山田次郎(2006).教育と文化シリーズ第4巻 食育の本質を語る 食事は愛のハーモニー─食事で子どもは変わる─　東京書籍
山梨正明(1988).認知科学選書17　比喩と理解　東京大学出版会

◆第5章◆

Casement, P. (1990). *Further Learning from the Patient: The Analytic Space and Process*. London: Routledge.
Casement, P. (2002). *Learning from Our Mistakes: Beyond Dogma in Psychoanalysis and Psychotherapy*. Hove, East Sussex: Brunner-Routledge.
土居健郎（1960）.「自分」と「甘え」の精神病理　精神神経学雑誌, **62**, 149-162.
土居健郎（2009）. 臨床精神医学の方法　岩崎学術出版社
Erikson, E. H. (1959). *Psychological Issues Identity and the Life Cycle*. New York: International University Press.　小此木啓吾（編訳）（1973）. 自我同一性 アイデンティティとライフ・サイクル　誠信書房
乾　吉佑（1980）. 青年期治療における"new object"と転移の分析　小此木啓吾（編）. 青年の精神病理2　弘文堂 pp.249-276.
北山　修（1993a）. 言葉の橋渡し機能―およびその壁―　日本語臨床の深層第2巻　岩崎学術出版社
北山　修（1993b）. 自分と居場所　日本語臨床の深層第3巻　岩崎学術出版社
北山　修（2001）. 幻滅論　みすず書房
前田重治（1985）. 図説　臨床精神分析学　誠信書房
前田重治（1994）. 続 図説　臨床精神分析学　誠信書房
箕浦康子（編）（1999）. フィールドワークの技法と実際―マイクロ・エスノグラフィー入門―　ミネルヴァ書房
Moore, C., & Dunham, P. J. (1995). *Joint Attention: Its Origins and Role in Development*. Lawrence Erlbaum Associates.　大神英裕（監訳）（1999）. ジョイント・アテンション―心の起源とその発達を探る―　ナカニシヤ出版
岡本祐子（1985）. 中年期の自我同一性に関する研究　教育心理学研究, **33**, 295-306.
小此木啓吾（1985）. 治療関係論　小此木啓吾（編）新・医療心理学読本　日本評論社 pp.30-40.
Sullivan, H. S. (1954). *The Psychiatric Interview*. New York: The William Alanson white Psychiatric Foundation W. W. Norton & Company.　中井久夫（訳）（1986）. 精神医学的面接　みすず書房
高橋祥友（2004）. シネマ処方箋―精神科医がすすめる―　こころにスーっと効く映画　梧桐書院
鑪　幹八郎（1990）. アイデンティティの心理学　講談社現代新書
恒吉徹三（2004）. 臨床心理学的視点を理解するために視覚的媒体を用いること（その2）　山口大学教育学部附属教育実践総合センター研究紀要, **17**, 1333-142.
恒吉徹三（2005）. 臨床心理学的視点を理解するために視覚的媒体を用いること（その3）　山口大学教育学部附属教育実践総合センター研究紀要, **19**, 135-142.
恒吉徹三（2008）. 映画に学ぶ臨床心理学―「自分らしさ」の発達―　山口大学教育学部附属教育実践総合センター研究紀要, **26**, 157-165.
Winnicott, D. W. (1941). *Collected Papers: Through Paediatrics to Psycho-Analysis*. London: Tavistock Publications, 1958.　深津千賀子（訳）（1989）. 設定状況における幼児の観察　北山修（監訳）　小児医学から児童分析へ　岩崎学術出版社　pp.75-102.
Winnicott, D. W. (1951). *Collected Papers: Through Paediatrics to Psycho-Analysis*. London:

Tavistock Publications, 1958. 北山修（訳）（1989）．移行対象と移行現象　北山修（監訳）小児医学から児童分析へ　岩崎学術出版社　pp.105-126.
Winnicott, D. W. (1952). *Collected Papers: Through Paediatrics to Psycho-Analysis*. London: Tavistock Publications, 1958. 妙木浩之（訳）（1989）．安全でないことに関連した不安　北山修（監訳）小児医学から児童分析へ　岩崎学術出版社　pp.145-150.
山中康裕・橋本やよい・高月玲子（1999）．シネマのなかの臨床心理学　有斐閣ブックス

【映画作品】

『サイドカーに犬』フィルムパートナーズ（2007）．サイドカーに犬［DVD］　PONY CANYON
『サイドカーに犬』フィルムパートナーズ（2007）．『サイドカーに犬』劇場用パンフレット　ビターズ・エイド
佐藤多佳子（1997）．しゃべれども しゃべれども　新潮文庫
『しゃべれども しゃべれども』制作委員会（2007）．しゃべれども しゃべれども［DVD］　アスミック・新潮社
『しゃべれども しゃべれども』制作委員会（2007）．『しゃべれども しゃべれども』劇場用パンフレット　アスミック・エース　エンタテインメント
『憑神』制作委員会（2007）．憑神［DVD］　東映ビデオ
『憑神』制作委員会（2007）．『憑神』劇場用パンフレット　東映事業推進部

◆第6章◆

Birleson, P. (1981). The validity of depressive disorder in childhood and the development of a self-rating scale: A research report. *Journal of Psychology and Psychiatry*, **22**, 73-88.
張　賢德（2006）．人はなぜ自殺するのか―心理学的剖検調査から見えてくるもの―　勉誠出版
張　賢德・竹内龍雄・林　竜介・池田政俊・花澤　寿・日野俊明・冨山学人・鈴木和人・広瀬徹也（1999）．自殺行為の最終段階についての研究：「解離」仮説の提唱と検証　脳と精神の科学, **10**(3), 279-288.
傳田健三（2005）．子どものうつ病―その心に何が起きているのか―　児童精神医学とその近接領域, **46**(3), 248-258.
Harrington, R. (2005). Affective disorders. In M. Rutter, E. Taylor, L. Hersov (eds.), *Child and adolescent psychiatry: Modern approaches*. 3rd ed. Oxford: Blackwell Science. pp.330-350.
飯田完彦・影山隆之（2005）．　平成16年度厚生労働科学研究費補助金（こころの健康科学研究事業）　自殺の実態に基づく予防対策の推進に関する研究　分担研究：青少年の自殺予防対策のあり方に関する精神保健研究(6)　症例報告からみた大学生の自殺危険因子
稲村　博（1977）．青年期と自殺―現代的特徴を中心に―　精神医学, **19**(12), 103-113.
石井完一郎（1982）．現代学生の自殺とうつ病―京大生への25年研究から―　サイコロジー, **30**, 46-55.
石井完一郎・河合逸雄（1977）．修学・相談・治療12年後に自殺した分裂病学生の症例について―なぜ防ぎえなかったか―　京都大学学生懇話室紀要, **7**, 1-24.
笠原　嘉（1976）．精神科医のノート　みすず書房
警察庁生活安全局生活安全企画課（2011）．平成22年中における自殺の概要資料　http://www.npa.go.jp/safetylife/seianki/H22jisatsunogaiyou.pdf
北村陽英・和田慶治・北村栄一・井上洋一・山本　晃（1981）．青少年自殺企図の縦断的研究

精神神経学雑誌, **83**(6), 372-385.
Kovacs, M.（1981）. Rating scales to assess depression in school-aged children. *Acta Paedopsychiatrica*, **46**, 305-315.
松本俊彦（2009）. 自傷行為の理解と援助―「故意に自分の健康を害する」若者たち―　日本評論社
松沢信彦・石黒大輔・岩谷泰志・上別府圭子・牛島定信（1998）. 境界型人格障害, 頸部自傷, そして家族内力動　臨床精神医学, **27**(11), 1447-1453.
文部科学省（2009）. 教師が知っておきたい子どもの自殺予防　http://www.mext.go.jp/b_menu/shingi/chousa/shotou/046/gaiyou/1259186.htm
文部科学省（2010）. 子どもの自殺が起きたときの緊急対応の手引き　http://www.mext.go.jp/b_menu/houdou/22/04/1292763.htm
文部科学省（2011）. 平成22年度児童生徒の自殺予防に関する調査研究協力者会議審議のまとめ　http://www.mext.go.jp/b_menu/shingi/chousa/ shotou/063_1/gaiyou/1306734.htm
村田豊久・清水亜紀・森陽二郎・大島祥子（1996）. 学校における子どものうつ病―Birlesonの小児期うつ病スケールからの検討―　最新精神医学, **1**(2), 131-138.
長岡利貞（1980）. 中・高校生の自殺予防　東山書房
名島潤慈（1980a）. 青年期の自殺とカウンセリング　熊本県精神衛生センター（編）学校精神衛生の手引き第1版―特に思春期問題を中心として―　熊本県精神衛生センター発行 pp.60-67.
名島潤慈（1980b）ある自殺未遂者の心理療法―樹里子の症例―　上里一郎（編）自殺行動の心理と指導　ナカニシヤ出版　pp.196-223.
名島潤慈（1981）. 自殺未遂　品川浩三・藤土圭三・前田浅子（編）子どもの精神健康と相談活動　東山書房　pp.272-278.
名島潤慈（1989）青年期における自殺の心理力動的意味　熊本大学教育実践研究, **6**, 133-136.
名島潤慈（2006）. 大学生の自殺問題―教職員の対応上の留意点―　山口大学学生相談所年報, **15・16・17**合併号, 9-25.
名島潤慈（2007a）. 大学生の自殺問題と対応（その1）　山口大学心理臨床研究, **7**, 35-46.
名島潤慈（2007b）. 大学生の自殺問題と対応（その2）　山口大学心理臨床研究, **7**, 47-57.
名島潤慈（2007c）. 小学生・中学生・高校生の自殺問題と対応　山口大学教育学部附属教育実践総合センター研究要, **23**, 151-165.
名島潤慈（2009a）. 自殺予防対策の現況　山口大学教育学部附属教育実践総合センター研究紀要, **27**, 105-115.
名島潤慈（2009b）. 自殺の危険性の査定　山口大学心理臨床研究, **9**, 3-10.
名島潤慈（2011）. 小学生の自殺危険度のアセスメントに関する留意点　山口大学教育学部研究論叢, **61**(3), 283-296.
名島潤慈・切田祐子（2011a）. 日本における自傷行為研究の展望と課題（その1）　山口大学大学院教育学研究科附属臨床心理センター紀要, **2**, 45-56.
名島潤慈・切田祐子（2011b）. 日本における自傷行為研究の展望と課題（その2）　山口大学大学院教育学研究科附属臨床心理センター紀要, **2**, 57-65.
西園昌久（1983）. 死との戯れ―手首自傷症候群を中心に―　岩波講座 精神の科学10 有限と超越　岩波書店　pp.95-227.

Paulson, M. J., Stone, D., & Sposto, R.（1978）. Suicide potential and behavior in children ages 4 to 12. *Suicide and Life-Threatening Behavior*, **8**(4), 225-242.
Poznanski, E. O., Grossman, J.A., Buchsbaum, Y., Banegas, M., Freeman, L., & Gibbons, R.（1984）. Preliminary studies of the reliability and validity of the Children's Depression Rating Scale. *Journal of the American Academy of Child Psychiatry*, **23**, 191-197.
Rosenthal, R. J., Rinzler, C., Wallsh, R., & Klausner, E.（1972）. Wrist cutting syndrome. *American Journal of Psychiatry*, **128**, 1363-1368.
Rosenthal, P. A., & Rosenthal, S.（1983）. Suicide among preschoolers: Fact or fallacy? *Child Today*, **12**, 21-25.
Rosenthal, P. A., & Rosenthal, S.（1984）. Suicidal behavior by preschool children. *American Journal of Psychiatry*, **141**(4), 520-525.
Sullivan, H. S.（1947）. *Conceptions of Modern Psychiatry*. Washington: William Alanson White Psychiatric Foundation. 中井久夫・山口　隆（訳）（1976）.現代精神医学の概念　みすず書房
高橋祥友（1996）.自殺の危険性の評価　精神科治療学, **11**(10), 1019-1026.
高橋祥友（1998）.群発自殺　中公新書
高橋祥友（1999）.青少年のための自殺予防マニュアル　金剛出版
高野悦子（1971）.二十歳の原点　新潮社
竹内龍雄・小泉準三・上月英樹・白石博康・嶋崎素吉・宮本真理・須磨崎加寿子・長瀬清一・大福浩二郎（1986）.Wrist cuttingの30自験例について　臨床精神医学, **15**(2), 217-227.
内田千代子（2006）.大学生の自殺を統計調査から考える　*Campus Health*, **43**(1), 76-78.
牛島定信・川谷大治（2004）.リストカットの理解と扱い方　川谷大治（編）自傷―リストカットを中心に―　現代のエスプリ, **443**, 5-28.
Walsh, B. W., & Rosen, P. M.（1988）. *Self-mutilation: Theory, Research, and Treatment*. New York: Guilford Press. 松本俊彦・山口亜希子（訳）（2005）.自傷行為―実証的研究と治療指針―　金剛出版
山根　望・名島潤慈（2006）.性同一性障害(GID)に関する心理学的研究の近年の動向　山口大学教育学部附属教育実践総合センター研究紀要, **21**, 231-247.
安田素次（1992）.精神分裂病患者の自殺について　精神神経学雑誌, **94**(2), 135-170.
安岡　誉（1996）.自殺企図・自傷行為　臨床精神医学, **25**(7), 767-772.

◆第7章◆
土井隆義（2008）.友だち地獄―「空気を読む」世代のサバイバル―　ちくま新書
保坂亨（1999）.不登校の実態調査：類型分類の観点から　千葉大学教育学部研究紀要Ⅰ教育科学編, **47**, 7-18.
河合隼雄（1967）.ユング心理学入門　培風館
貴戸理恵（2011）.「コミュニケーション能力がない」と悩むまえに　岩波ブックレット No.806. 岩波書店
小泉英二（1988）.教育相談の立場からみた不登校の問題　児童青年精神医学とその近接領域, **29**(6), 359-366.
文部科学省（2008）.平成20年度学校基本調査速報　http://www.mext.go.jp/b_menu/toukei/

001/08072901/index.htm
村瀬嘉代子（2003）．日本学生相談学会第21回大会特別講演「統合的アプローチの実践」（於：九州大学）
大石英史（2003）．不登校の今日的傾向とその課題　山口大学教育学部研究論叢, **53**(3), 35-46.
大石英史（2009）．「現代型不登校」の理解と援助『青年期の危機とケア』　ふくろう出版
大石英史（2010）．「現代型不登校」に関する一考察(1)(2)　山口大学大学院教育学研究科附属臨床心理センター紀要第1巻, **3**(13), 15-24.
Rogers, C. R.（1967）．*The Therapeutic Relationship and Its Impact*. University of Wisconsin Press. 友田不二男（編訳）ロジャーズ全集19巻　古屋健治（編訳）ロジャーズ全集20巻　藤 博（編訳）ロジャーズ全集21巻　岩崎学術出版社
芹沢俊介（2002）．引きこもるという情熱　雲母書房
芹沢俊介（2010）．存在論的ひきこもり論　雲母書房
滝川一廣（2004）．「こころ」の本質とは何か──統合失調症・自閉症・不登校のふしぎ──　ちくま新書395　筑摩書房
Winnicott, D. W.（1958）．*Collected Papers: Through Paediatrics to Psychoanalysis*. London: Tavistock.　牛島定信（訳）（1977）．情緒発達の精神分析理論──自我の芽ばえと母なるもの──　岩崎学術出版社　pp.21-31.

◆第8章◆

Grandin, T., & Scariano, M. M.（1986）．*Emergence: Labeled Autistic*. Arena Press.　カニングハム久子（訳）（1994）．我、自閉症に生まれて　学習研究社
今村　明・橋田あおい・中根允文（2009）．遺伝研究　高木隆郎（編）自閉症──幼児期精神病から発達障害へ──　星和書店　pp.121-138.
神尾陽子（2009）．自閉症の成り立ち──発達認知神経科学的研究からの再考──　高木隆郎（編）自閉症──幼児期精神病から発達障害へ──　星和書店　pp.87-100.
加藤　敏・八木剛平（2009）．レジリアンス──現代精神医学の新しいパラダイム──　金原出版
木谷秀勝（2007）．高機能広汎性発達障害児者の自己意識の発達的変化に関する基礎的研究　平成17〜18年度科学研究費補助金成果報告書（未刊）
木谷秀勝（2008a）．描画による広汎性発達障害児の理解と対応──「広汎性発達障害児として生きる」視点から──　臨床描画研究, **23**, 35-48.
木谷秀勝（2008b）．発達障害児への地域・家族支援の可能性を探る──長門市の発達障害児親の会「ブルースター」の活動から──　山口大学教育学部附属教育実践総合センター研究紀要, **26**, 147-155.
木谷秀勝（2009）．対人関係力を支援する　安達　潤（編）発達障害の臨床的理解と支援──学齢期の理解と支援──　金子書房　pp.77-97.
木谷秀勝（2010）．高機能広汎性発達障害児者の自己をめぐる葛藤に関する基礎的研究　平成19〜21年度科学研究費補助金成果報告書（未刊）
木谷秀勝（2011）．イルカ介在療法　心理臨床の広場, **3**(2), 36-37.
木谷秀勝　投稿中　○△□物語法の臨床的活用について
木谷秀勝・川口智美・美根愛・豊丹生啓子・原菜つみ（2010）複数同胞のアスペルガー症候群がいる家族への理解と支援──遺伝と環境との相互作用に視点から──　山口大学教育学部附

属教育実践総合センター研究紀要, 29, 131-139.
木谷秀勝・宮崎佳代子・市野瀬かの子・中村　剛（2006）．高機能自閉症・アスペルガー症候群への地域支援に関する一考察（第4報）─「山口県アスペの会」の活動を通して─　山口大学心理臨床研究, 6, 21-29.
木谷秀勝・宮崎佳代子・石村真理子（2003）．自閉症児への支援をめぐる新たな動向─「キラキラ☆キッズ」の活動から─　山口大学教育学部附属教育実践総合センター研究紀要, 15, 239-245.
木谷秀勝・奥原保彦・渡邉真美・宮崎佳代子・石村真理子（2003）．高機能自閉症・アスペルガー症候群への地域支援に関する一考察─「山口県アスペの会」の活動を通して　山口大学心理臨床研究, 3, 14-22.
木谷秀勝・高橋賀代・川口智美・美根　愛（2009）．高機能広汎性発達障害児の発達的変化─WISC-Ⅲの継続的変化からの分析─　山口大学教育学部附属教育実践総合センター研究紀要, 28, 105-114.
木谷秀勝・脇田賀代（2009）．ウェクスラー式知能検査の臨床的活用─WISC-ⅢとWAIS-Rを用いた縦断的活用の効果─　山口大学教育学部附属教育実践総合センター研究紀要, 27, 85-97.
木谷秀勝・山口真理子・高橋賀代・川口智美（2007）．WISC-Ⅲの臨床的活用について─双方向的な視点を取り入れた実践から─　山口大学教育学部附属教育実践総合センター研究紀要, 23, 143-150.
高森　明・木下千紗子・南雲明彦・高橋今日子・片岡麻実・橙山　緑・鈴木大知・アハメッド敦子（2008）．私たち，発達障害と生きてます─出会い，そして再生へ─　ぶどう社
森口奈緒美（1996）．変光星　飛鳥新社
村田豊久（2009）．子ども臨床へのまなざし　日本評論社
中村和彦・森　則夫（2007）．子どものこころの発達に関する研究について　脳21, 10(3), 219-222.
Nakamura, K., Sekine, Y., Ouchi, Y., Tsujii, M., Yoshikawa, E., Futatsubashi, M., Tsuchiya, K.J., Sugihara, G., Iwata, Y., Suzuki, K., Matsuzaki, H., Suda, S., Sugiyama, T., Takei, N., & Mori, N. (2010). Brain Serotonin and Dopamine Transporter Bindings in Adults With High-Functioning Autism. *Archives of General psychiatry*, 67(1), 59-68.
野邑健二・金子一史・本城秀次・吉川　徹・石川美登里・松岡弥玲・辻井正次（2010）．高機能広汎性発達障害児者の母親の抑うつについて　小児の精神と神経, 50(3), 259-267.
杉山登志郎（2007）．発達障害のこどもたち　講談社現代新書
遠矢浩一（2009）．障がいをもつこどもの「きょうだい」を支える─お母さん・お父さんのために─　ナカニシヤ出版
鷲見　聡（2011）．自閉症スペクトラム─遺伝環境相互作用の視点から─　そだちの科学, 17, 21-26.
Williams, D. (1992). *NOBODY NOWHERE*. New York: Times Books.　河野万里子（訳）（1993）自閉症だったわたしへ　新潮社
Yamasaki, H., Yamasue, H., Abe, O., Suga, M., Yamada, H., Inoue, H., Kawabata, H., Kawakubo, Y., Yahata, N., Aoki, S., Kano, Y., Kato, N., & Kasai, K. (2010). Reduced Gray Matter Volume of Pars Opercularis is Associated With Impaired Social Communication in High-Functioning Autism Spectrum Disorders. *Biological Psychiatry*, 68(12), 1141-1147.

人名索引

●A
エイベルソン（Abelson, R. P.）　30
アラン（Allan, J.）　81
アリエル（Ariel, Y.）　58, 59

●B
バフチン（Bakhtin, M.）　57
バーグ（Bargh, J. A.）　23
バロン＝コーエン（Baron-Cohen, S.）　29
バールソン（Birleson, P.）　111

●C
ケースメント（Casement, P.）　101
張　賢徳　108

●D
ダミッシュ（Damisch, L.）　23
デルブーフ（Delboeuf, J.）　16
傳田健三　111
ダイクステルハウス（Dijksterhuis, A.）　24
土居健郎　90
ダンハム（Dunham, P. J.）　102

●E
エビングハウス（Ebbinghaus, H.）　17
エニス（Ennis, R. H.）　47

●F
藤木大介　9
福田　廣　3, 5

●G
ゲントナー（Gentner, D.）　76
ガーゲン（Gergen, K. J.）　31

グレーディ（Grady, J.）　79

●H
ハ（Ha, L.）　59
ハヤカワ（Hayakawa, S. I.）　66
ヒーター（Heeter, C.）　59
ハイダー（Heider, F.）　28, 41, 43
ヘルソン（Helson, H.）　16
ヘッセ（Hesse, M. B.）　87
平山るみ　9, 48, 62
廣繁和明　69

●I
飯田紀彦　120
乾　吉佑　95
石井完一郎　121

●J
ジェームズ（James, E. L.）　59
ジョンソン（Johnson, M.）　67

●K
影山隆之　120
笠原　嘉　109
河合逸雄　121
川谷大治　125
ケリー（Kelley, H. H.）　29
切田祐子　124
北村陽英　119
北山　修　90, 102, 103
コフカ（Koffka, K.）　29
ケーラー（Kohler, W.）　26, 29
小杉考司　5, 7, 8
子安増生　10

楠見　孝　9, 46-48, 62, 63, 71

●L
レイコフ（Lakoff, G.）　67, 73
レヴィン（Lewin, K.）　27, 29, 43
リウ（Liu, Y. P.）　59

●M
前田重治　100
マシュー（Matthews, W. J.）　22
松本俊彦　125
松永公廣　76
松沢信彦　125
道田泰司　62
箕浦康子　91
ムーア（Moore, C.）　102
森本信也　85
森田和良　62
村田豊久　111

●N
長岡利貞　115
名島潤慈　108, 124
中山留美子　51, 68
仁平　勝　71
ニジャワン（Nijhawan, R.）　21

●O
岡本祐子　98
沖林洋平　9, 10
小此木啓吾　102
小野史典　18
小野擴男　1
尾崎幸哉　85

●P
ペイジ（Page, K.）　23
ペイジ（Page, L.）　23

ペッパー（Pepper, S. C.）　88
ポストマー（Postmers, T.）　58

●R
ラファエリ（Rafaeli, S.）　58, 59
リーヴス（Reeves, S.）　59
利沢行夫　72
ロジャース（Rogers, C. R.）　148
ローゼン（Rosen, P. M.）　125
ローゼンバーグ（Rosenberg, M. J.）　30
ローゼンサール（Rosenthal, P. A.）　109
ローゼンサール（Rosenthal, R. J.）　124
ローゼンサール（Rosenthal, S.）　109
ロス（Ross, L.）　29

●S
西郷竹彦　71
シャンク（Schunk, D. H.）　62
関口靖広　73
瀬戸賢一　67
下瀬昌己　69
シュラム（Shrum, L. J.）　59
スティーヴンス（Stevens, A. L.）　76
スチュワート（Stewart, N.）　22
サリヴァン（Sullivan, H. S.）　104, 113
スワンヴィック（Swanwick, K.）　80

●T
田島充士　57, 62
高橋祥友　91, 115, 116
高野悦子　121
竹内龍雄　125
鑪　幹八郎　98
田邊敏明　87
田中雅人　82
タニス（Tanis, M.）　58
塚野州一　62
恒吉徹三　5

●U
内田千代子　120
牛島定信　125

●V
ファン・クニッペンバーグ（van Knippenberg, A.）　24
ヴィゴツキー（Vygotsky, L. S.）　57

●W
若山　昇　52, 54
ウォルシュ（Walsh, B. W.）　125
渡邊克巳　18

●
ワイナー（Weiner, B.）　29
ウェルトハイマー（Wertheimer, M.）　29
ウィニコット（Winnicott, D. W.）　92, 93, 143

●Y
山田次郎　82
山中康裕　91
山梨正明　68, 88
安岡　誉　125
吉村文男　2

●Z
ジマーマン（Zimmerman, B. J.）　62

事項索引

● あ

アイデンティティ　138
アスペルガー症候群　29, 153
アナロジー　67
安全保障感　113

● い

e-learning　57
移行対象　92
意思決定　73
いじめによる自殺　112
異人の日　91
移動メタファ　74
いのちの電話　116
イメージスキーマ　68
因子分析　33, 36
インバランス（な）状態　30, 38, 41

● う

WISC-Ⅲ　154
WAIS-Ⅲ　154
ウェクスラー式知能検査　154

● え

ADHD　159
AD／HD　29
SD法　3, 4, 8
エビングハウス錯視　17
FD　3, 6, 12
遠隔的コミュニケーション　58

● お

オートポーエーシス　32
オンラインのソーシャルサポート　58

● か

外在化　69
概念構造化　69
概念メタファ　67
解離モデル　130
カウンセリング　92
拡散　80
学習者間相互作用　57, 58, 60
学齢期の発達障害児　159
可視化　76
過剰適応　129
学級崩壊　159
学校臨床　150
過敏性腸症候群　158
カリキュラム　164
関係的な生きづらさ　131
簡潔化　72
感性メタファ　83
関与的観察　104

● き

キーパーソン　142
幾何学的錯視　16
擬人化　72
帰属　28, 38
基礎メタファ　73
機能　44
虐待　136
逆転移　143
ギャングエイジ　138
共同注視（ジョイント・アテンション）　102

● く

クリティカルシンキング　52

群発自殺　116

●け

KJ法　39
形式陶冶　2
形状対比効果　19
形状同化効果　19
計測棒メタファ　74
頸部自傷　118
系列効果　22
ゲシュタルト心理学　30
原因帰属　28
検査所見　156
現代型不登校　130

●こ

効果量　39
講義構造　102
高機能広汎性発達障害　156
構成概念妥当性　36
構造　44
構造物メタファ　74
校長先生　164
行動の感染　23
広汎性発達障害　150
コーディネートする能力　163
個々の特性に配慮した的確な教育　151
心の時間　148
心の理論　29
悟性メタファ　83
子ども用抑うつ自己評価尺度　111
根拠　66
コンピュータによる協調学習支援（CSCL）　57, 60

●さ

錯視図形　30
三者言語　103

●し

自己一致　148
自己調整学習　62
自己評価　156
自己変容　92
自己領域　143
自殺威嚇　118
自殺計画　117
自殺の下限　109
自殺の危険因子　114
自殺の緊急度　122
自殺のプロセス　108
自殺の予告サイン　112, 115
自死遺児　117
自傷　124
自助グループ　160
実質陶冶　2
質的アプローチ　40
質的研究　34, 39
詩的創造　71
自分　90
自分らしく生きる　156
自閉症　151
社会性の質的障害　155
尺度　35, 37
集合メタファ　73
収束　84
従属変数　27
集団力学　30
重力レンズ錯視　18
主観的時間　25
小学生のうつ病　111
小・中・高校生の自殺者数　110
剰余変数　27
symbolic psycho-logic　30
心理アセスメント　156
心理的環境　160
心理－理論　31

●す
推移性　31, 38
数量化Ⅲ類　33
スクールカウンセラー　161

●せ
精神分析的視点　156

●そ
相関係数　33
双対尺度法　33
属性強調　72
属性導入　72
素朴心理学　41
存在論的メタファ　78

●た
対応分析　33
対比　14
対話（dialogue）　57
脱錯覚　97
達成感　163
田中・ビネー式脳検査　153
ためらいの時期　101

●ち
地域支援　160
知能検査　154
知能指数（IQ）　153, 155
注意　66
中1ギャップ　134
注意による引力効果　19
注意による反発効果　18
中学生の主要ないじめ自殺　113
抽象化　66
治療構造　102

●つ
追想的時間判断　25

●て
テキストマイニング　38
適正処遇交互作用　7
手首自傷　118
手首自傷症候群　124
手首自傷の機制　125
デルブーフ錯視　16
天秤メタファ　76

●と
投影法　156
同化　14
統計的仮説検定　39
陶冶　1
独立変数　27

●な
斜めの関係　135
ナラティブアプローチ　32

●に
二者言語　103
日本技術者教育認定機構（JABEE）　5
認知的経済性の原則　30
認知的倹約の原則　30
認知的バイアス　38

●ね
ネグレクト　136

●は
バイオロジカルモーション　24
媒体　66
発達障害　136, 150
発達障害がもつ「発達の可能性」　151

発達障害臨床　153
バランス状態　30, 41
バランス理論　28, 30
汎用的技能（ジェネリックスキル）　49

●ひ
否定的アナロジー　87
非同期的コミュニケーション　58
批判的思考　46, 48, 63
批判的思考態度　9-12, 48, 62

●ふ
複雑系科学　42
不思議な存在　95
布置（constellation）　142
プライマリーメタファ　79
フラッシュドラッグ効果　20
フラッシュラグ効果　20
プレグナンツの法則　30

●ほ
防御因子　113

●ま
○△□物語法　156

●み
魅力的な存在　95

●め
明度の対比　15

明度の同化　15
メタファ　66
メタ方略　58
メンタルモデル　68

●ゆ
ユング心理学　142

●よ
よい子の息切れ　129
容器スキーマ　73
養護教諭　159
要素還元主義　31
予期的時間判断　25
抑圧モデル　130
抑うつ状態　158

●り
リストカット　118
量的アプローチ　40
量的研究　34
臨床心理士養成大学院　162

●る
ルートメタファ　88

●れ
レジリエンス　160
連鎖自殺　116

おわりに

　本書『心理学へのいざない』は，山口大学大学院教育学研究科学校教育専攻学校臨床心理学専修に所属している先生方が執筆されたものです。監修者の福田廣先生と私は平成24年3月をもって山口大学を定年退職となりましたが，本書はこの二人の退職記念として編まれたもので，本書がこのような形にまとまるには編集者の田邊敏明先生のご尽力がありました。その労に感謝いたします。

　本書は，序章を含めて合計9つの章から構成されています。内容的には各章の執筆者が日頃力を注いでいるテーマが取り上げられておりますが，改めて本書全体を眺めてみますと心理学におけるいくつもの重要なテーマが深く追求されていて，心理学に関心を抱いている人々にとってこの上なくよい刺激剤になるものと思われます。本書が広く用いられることを心から願っております。

　末尾になりましたが，監修者や編集者からの細かい注文に対して誠実に対応してくださいました北大路書房編集部の北川芳美氏に深謝いたします。

（監修者　名島潤慈）

■執筆者一覧（執筆順）

福田　　廣（監修者）　　　　　　序章，第1章
小野　史典（山口大学教育学部）　　第1章
小杉　考司（山口大学教育学部）　　第2章
沖林　洋平（山口大学教育学部）　　第3章
田邊　敏明（編者）　　　　　　　　第4章
恒吉　徹三（山口大学教育学部）　　第5章
名島　潤慈（監修者）　　　　　　　第6章
大石　英史（山口大学教育学部）　　第7章
木谷　秀勝（山口大学教育学部）　　第8章

【監修者紹介】

福田　廣（ふくだ・ひろし）
1948年　長崎県に生まれる
1975年　広島大学大学院教育学研究科博士課程単位取得退学，文学修士
　　　　広島大学助手，山口大学講師，助教授，教授を経て，
現　在　山口大学名誉教授
主　著　現代青年心理学（共著）　協同出版　1977年
　　　　教育心理学概論（共著）　北大路書房　1986年
　　　　入門心の科学（共著）　福村出版　1987年
　　　　人生移行の発達心理学（共著）　北大路書房　1992年
　　　　心理学のための実験マニュアル（共著）　北大路書房　1993年
　　　　心理学からみた教育の世界（共著）　北大路書房　1993年

名島潤慈（なじま・じゅんじ）
1948年　広島県に生まれる
1974年　広島大学大学院教育学研究科修士課程修了，博士（心理学）
　　　　広島大学助手，熊本大学講師・助教授，山口大学教授を経て，
現　在　山口学芸大学教育学部教授，山口大学名誉教授，臨床心理士
主　著　精神分析的心理療法の手引き（共編著）　誠信書房　1997年
　　　　夢分析における臨床的介入技法に関する研究（単著）　風間書房　1999年
　　　　臨床場面における夢の利用―能動的夢分析―（単著）　誠信書房　2003年
　　　　夢と浄土教―善導・智光・空也・源信・法然・親鸞・一遍の夢分析―（単著）
　　　　　風間書房　2009年
　　　　心理臨床家の手引　第3版（共編著）　誠信書房　2010年
　　　　心理学研究の新世紀　第4巻　臨床心理学（共著）　ミネルヴァ書房　2012年
　　　　法然上人800年遠忌記念　法然仏教とその可能性（共著）　法蔵館　2012年

【編者紹介】

田邊敏明（たなべ・としあき）
1956年　山口県に生まれる
1981年　広島大学大学院教育学研究科博士課程前期修了，文学修士
　　　　高松短期大学講師・助教授，山口大学助教授を経て，
現　在　山口大学教育学部教授
主著・論文　比喩から学ぶ心理学―心理学の新しい見方―（単著）　北大路書房　1991年
　　　　教室でどう教えるかどう学ぶか―認知心理学からの教育方法学―（共著）
　　　　　北大路書房　1992年
　　　　心理学概念の理解と保持における比喩的説明の効果―比喩の特性と用法に関して―教育心理学研究　第38巻，2号，166-173．1990年
　　　　大学生におけるネガティブストレスタイプと対処行動の関連―性格類型およびストレス認知・反応を通した分析―　教育心理学研究　47巻，2号，239-247．1999年

心理学へのいざない
―研究テーマから語るその魅力―

| 2012年9月10日 初版第1刷印刷 | 定価はカバーに表示 |
| 2012年9月20日 初版第1刷発行 | してあります。 |

監 修　福 田　　廣
　　　　名 島 潤 慈
編 集　田 邊 敏 明
発行所　㈱北大路書房
　〒603-8303 京都市北区紫野十二坊町12-8
　　電　話　(075) 431-0361 ㈹
　　Ｆ Ａ Ｘ　(075) 431-9393
　　振　替　01050-4-2083

ⓒ2012　　制作／ラインアート日向　　印刷・製本／㈱太洋社
検印省略　落丁・乱丁本はお取り替えいたします。
　　　　　ISBN978-4-7628-2786-0　Printed in Japan

・ JCOPY 〈㈳出版者著作権管理機構 委託出版物〉
本書の無断複写は著作権法上での例外を除き禁じられています。
複写される場合は,そのつど事前に,㈳出版者著作権管理機構
(電話 03-3513-6969,FAX 03-3513-6979,e-mail: info@jcopy.or.jp)
の許諾を得てください。